LES

DIPLOMATES

EUROPÉENS.

LES
DIPLOMATES
EUROPÉENS

PAR M. CAPEFIGUE

CE VOLUME RENFERME LES NOTICES SUIVANTES

1° le prince de METTERNICH;
2° le prince de TALLEYRAND; 3° le comte POZZO DI BORGO;
4° le baron PASQUIER; 5° le duc de WELLINGTON; 6° le duc de RICHELIEU;
7° le prince de HARDENBERG; 8° le comte de NESSELRODE;
9° lord CASTLEREAGH.

PARIS
COMPTOIR DES IMPRIMEURS-UNIS
15, QUAI MALAQUAIS
—
1843

Les notices qu'on va lire ont été la plupart publiées par extraits dans les recueils ou grandes revues. Il m'a été conseillé de les réunir en un corps d'ouvrage, afin d'en mieux faire connaître la tendance et l'esprit.

Le but, que je m'étais proposé alors, avait été d'effacer les préjugés que les écoles décrépites de la révolution et de l'empire avaient jetés sur les vastes intelligences qui ont dirigé les cabinets ou qui les conduisent encore. Ce but, je le crois, fut en partie atteint par les quatre notices sur le prince de Metternich, les comtes Pozzo di Borgo, Nesselrode, et le duc de Wellington.

Il m'a paru d'autant plus essentiel aujourd'hui de

compléter cette publication, qu'on semble prendre à plaisir, depuis quelques années, de ne grandir que les démolisseurs. Les corps illustres se donnent le bonheur d'écouter les éloges de tous ceux qui ont ravagé notre vieille société, et l'on n'est pas un homme capable, savant, vertueux, si l'on n'a pas été au moins demi-régicide. Quant à moi, je demande une petite place pour les hommes politiques qui créent, conservent ou grandissent les états; pour ceux dont les œuvres durent encore et survivent à tous les déclamateurs. Je donnerais toutes les renommées des constitutionnels de 1791, de l'an III ou de l'an VIII, pour la moindre parcelle de l'intelligence du grand cardinal de Richelieu.

Ce n'est point au hasard que j'ai choisi les noms historiques des hommes d'état dont on va lire les notices : tous représentent une idée, un système, une politique. Le prince de Metternich est le créateur de cette théorie de balance et de neutralité armée qui a placé l'Autriche au premier rang des puissances; le prince de Talleyrand nous reproduit la diplomatie tempérée de l'empire, celle des premiers jours de la restauration et de la révolution de 1830; le comte Pozzo di Borgo personnifie l'habileté persévérante de la politique européenne, et le système russe depuis 1814; M. le chancelier Pasquier, c'est l'administrateur des derniers temps de l'empereur, le ministre modéré de la restauration; le duc de Wellington, c'est l'Angleterre armée et si active avec les tories; le duc de Richelieu est comme le symbole de la probité dans les affaires, des grands services méconnus, c'est l'homme qui a délivré de l'étranger le territoire, et que la génération actuelle connaît moins peut-être que tel agitateur d'assemblées ou tel parleur de hustings; le prince de Hardenberg représente la Prusse neutre d'abord, puis marchant en avant avec ses poétiques universités; le comte de Nesselrode, c'est la chancellerie russe depuis trente ans; enfin j'ai relevé à sa véritable hauteur ce caractère si méconnu de lord Castlereagh, l'expression fidèle du parti tory, le digne successeur de M. Pitt, et qui a préservé et grandi l'Angleterre. Ces notices forment donc par l'histoire des hommes une vaste histoire des cabinets.

On trouvera beaucoup de détails nouveaux dans ces portraits, et mon goût pour les esprits d'intelligence et de gouvernement m'a porté à les rechercher. Tout à fait en dehors des luttes du temps présent, je n'ai mis dans ces notices aucun nom mêlé aux agitations de la presse et de la tribune. Quelques-uns des hommes politiques d'aujourd'hui furent pourtant les nobles amis du duc de Richelieu; d'autres apportèrent en tout temps leur sagacité et leurs lumières à leur pays. Qu'ils marchent sans se fatiguer et se décourager dans les voies pénibles de la conservation et de l'ordre! qu'ils y persévèrent au milieu des tristesses du pouvoir aux temps de révolution! Pitt eut plus d'une fois les entrailles brisées tandis qu'il enfantait son œuvre magnifique, et l'Angleterre le proclame maintenant le prince de ses hommes d'état. La sueur et le travail sont les conditions de l'humanité, et l'on ne crée jamais quelque chose de fort et de durable, qu'en ameutant autour de soi les intelligences médiocres, les esprits passionnés et les ambitions déçues!

Juin 1843

I

M. DE METTERNICH

La monarchie autrichienne, composée de vieux États héréditaires et de récentes conquêtes, sorte d'échiquier de priviléges et d'immunités provinciales sous une unique pensée de gouvernement, est, pour ainsi dire, l'ouvrage d'un homme d'Etat qu'il faut placer hors ligne. Ce n'est pas seulement au point de vue d'une longue et grande carrière diplomatique qu'on doit juger la vie de M. le prince de Metternich, mais c'est encore comme le chef de cette vaste organisation administrative qui régit tant d'intérêts divers, tant de nationalités différentes sous un seul blason.

Jetez les yeux sur ces belles provinces qui s'étendent du centre de l'Allemagne jusqu'en Pologne, de l'extrémité de la Gallicie jusqu'à Venise et Milan, de Zara sur l'Adriatique jusqu'à Mantoue, la protectrice du lac de Garda et du Tyrol, on ne peut trouver une réunion de plus riches provinces, de plus opulentes cités. A M. de Metternich l'honneur d'avoir maintenu depuis plus de trente ans déjà les liens de ces différentes nationalités ! il a réalisé l'idée la plus difficile d'une administration locale et d'un gouvernement central : beaucoup de liberté domestique avec beaucoup de surveillance, une police active avec une tolérance bienveillante, le crédit le plus étendu et l'impôt le plus doux. On pourrait comparer le gouvernement autrichien à un père de famille inquiet, difficile pour tous ses enfants, avec des aînés paisibles, des puînés et des cadets un peu turbulents, qu'il tient très serrés pour avoir à les châtier le moins possible.

L'Autriche se couvre de chemins de fer et d'établissements industriels ; sa marine grandit sur l'Adriatique, et sert à développer les manufactures les plus florissantes. M. de Metternich a fait succéder l'époque du travail au temps de conquête et de guerre. L'antique constitution d'Allemagne a été détruite à la paix de Presbourg ; lors du bizarre et fragile assemblage de la confédération du Rhin, la maison d'Autriche a renoncé à la couronne germanique. Une nouvelle existence a commencé pour elle ; abattue par d'innombrables revers, sous la République et Napoléon, elle s'est relevée avec d'autres conditions de vie politique et de puissance militaire. Depuis 1815, l'Autriche s'est vue appelée à jouer un grand rôle dans les affaires de l'Europe ; et M. de Metternich a donné à sa politique un caractère de persévérance, ou plutôt d'immobilité, qui résulte d'une pensée fortement conçue et accomplie comme une mission.

La vie politique des hommes d'Etat se lie à l'œuvre qu'ils ont entreprise. Il n'est pas dans mes habitudes d'historien d'adopter les petites passions de partis et les déclamations usées : quand un ministre a réalisé les grandeurs d'une monarchie, résisté au vasselage sous l'empire de Napoléon; quand il a fourni la plus longue des carrières pour l'histoire, je n'irai pas, par un patriotisme idiot, m'élever contre cette tête haute et supérieure; assez d'hommes détruisent, il faut avoir du respect pour ceux qui créent et maintiennent.

Clément-Wenzeslaus, comte de Metternich-Winneburg-Ochsenhausen, est né à Coblentz, le 15 mai 1775, d'une bonne souche allemande, dont les ancêtres servaient dans les vieux siècles contre les Ottomans; je trouve aussi plusieurs officiers du nom de Metternich dans les compagnies des lansquenets, au temps de la Réforme et de la Ligue. Son père était le comte de Metternich, esprit fort modéré, homme de confiance du prince de Kaunitz, et dont le nom fut mêlé à toutes les transactions sur les Pays-Bas (1). Le jeune Metternich reçut les prénoms de Clément-Wenzeslaus du prince de Pologne et de Lithuanie, duc de Saxe, qui le tint sur les fonts de baptême. A l'âge de quinze ans, il entra à l'université de Strasbourg, si remarquable alors, et la plus forte des académies.

(1) Voyez mon travail sur l'*Europe pendant la révolution française.*

1.

C'était le temps de la philosophie de Voltaire, d'Helvétius et de Rousseau, de ce sensualisme vide qui jetaient les jeunes têtes dans des agitations effervescentes. L'université de Strasbourg était sous la direction du célèbre publiciste Kock. Par une circonstance singulière, un autre jeune homme faisait aussi ses études à la même université : c'était Benjamin Constant de Rebecque (1). Il se lia de quelque amitié avec le prince de Metternich, et, dans les jeux de la fortune, il est curieux de voir les différentes carrières qui s'ouvrirent devant les deux élèves du professeur Kock. Le comte de Metternich achevait sa philosophie avec l'année 1790 ; ses études furent complétées en Allemagne. A vingt ans il visitait l'Angleterre, la Hollande ; il vint enfin habiter Vienne, où il épousa Marie-Éléonore de Kaunitz-Rietberg.

M. de Metternich entra dans la diplomatie comme simple secrétaire au congrès de Rastadt, singulière négociation qui se termina par un drame ; puis il accompagna le comte de Stadion dans ses missions en Prusse et à Saint-Pétersbourg ; il était auprès du Czar, lors de cette alliance de la Russie et de l'Autriche qui n'aboutit à rien par la rapidité du mouvement militaire de Napoléon sur Ulm, et la défection de la Bavière, admirable campagne qui plaça l'empereur des Français au niveau des plus grands capitaines. L'opinion de M. de Metter-

(1) M. de Constant épousa une demoiselle de la famille de Hardenberg ; il se trouvait ainsi lié aux deux hautes existences diplomatiques de la Prusse et de l'Autriche.

nich, à cette époque, était déjà que pour comprimer Napoléon ce n'était pas trop de la triple alliance de la Prusse, de la Russie et de l'Allemagne : Austerlitz avait prouvé la grandeur de cette France et de son chef. Le comte de Metternich fut appelé à participer à tous les traités de cette époque ; ses idées jusqu'alors paraissaient appartenir à l'école de M. de Stadion, qui fut bientôt chargé du ministère des affaires étrangères. Ce ministre désigna M. de Metternich pour l'ambassade de Russie ; mais le traité de Presbourg ayant complétement modifié la situation de l'Autriche en Europe, François II préféra envoyer le jeune diplomate auprès de Napoléon. L'ambassadeur salua le 15 août 1806 cette majesté de la gloire et de la fortune ; il présenta ses lettres de créance le jour de l'anniversaire solennel.

Le système politique que le comte de Metternich représentait à Paris était compliqué. La maison d'Autriche avait subi bien des revers depuis la première coalition contre la France. Bonaparte, général et consul, lui avait arraché deux fois le Milanais ; Moreau l'avait refoulée sur le Danube. Rentrée en lice par son alliance avec la Russie, Austerlitz accabla cette nouvelle coalition, et le cabinet autrichien dut signer le traité de Presbourg : stipulation imposée par la nécessité, qui brisait le vieil empire d'Allemagne, et en finissait en quelque sorte avec la maison d'Autriche.

C'était la politique de ce traité, si fatal pour son empereur, que M. de Metternich était chargé de représenter à Paris. La confédération du Rhin avait bouleversé tout le système allemand, vieux comme la Bulle d'or : le Wurtemberg et la Bavière, cessant d'être de simples électorats, devenaient des royaumes. La Bavière recevait, aux dépens de l'Autriche, un territoire de plus de douze cents milles carrés, une population de près de trois millions d'âmes, et des revenus de plus de dix-sept millions de florins. L'agrandissement du Wurtemberg, également au préjudice de l'Autriche, quoique moins considérable sans doute, s'élevait encore à près de cent cinquante milles carrés. Le duché de Bade avait part à ces dépouilles. L'Autriche perdait l'État de Venise, le Tyrol, les cinq villes du Danube, la Dalmatie vénitienne, les bouches du Cattaro.

L'acte de la confédération du Rhin, œuvre de MM. de Talleyrand, Otto et Reinhard, déchira les derniers débris du vieux manteau impérial, et François II dut renoncer à cette antique dignité, désormais un vain titre. Le caractère de Napoléon était de tout envahir : un traité n'était pour lui que l'occasion de se précipiter dans de nouvelles conquêtes; il avait jeté sa famille en Allemagne en constituant le royaume de Westphalie; il s'unissait par des mariages au Wurtemberg et à la Bavière. Dans le traité de Presbourg, tout avait été stipulé contre l'Autriche avec une hauteur inflexible.

Après ces grands revers, M. de Metternich crut que le meilleur moyen de reconquérir un peu d'influence en Europe, était de conserver l'alliance de Napoléon, ou pour mieux dire, une exacte neutralité, qui pût permettre à l'Autriche de se dessiner avantageusement dans une circonstance décisive : tôt ou tard elle arriverait. La diplomatie de M. de Metternich fut donc expectante et toute d'examen ; il eut pour mission spéciale de se tenir bien informé des moindres particularités de cette cour si nouvelle et si étrange, de pénétrer les pensées et les caprices mêmes du puissant empereur des Français.

De nouveaux succès venaient de couronner les armes de Napoléon : la Prusse, après avoir malheureusement hésité, s'était jetée tête baissée dans l'alliance de la Russie ; vaincue à Iéna, la paix de Tilsitt avait posé les bases d'une trêve temporaire ; car les traités avec Napoléon ne pouvaient avoir que ce caractère d'instabilité. M. de Metternich reçut de sa cour l'ordre de se rendre favorable le grand souverain par une déférence respectueuse. On craignait alors à Vienne l'effet presque magnétique qu'avait produit Napoléon sur l'esprit d'Alexandre à Tilsitt ; l'entrevue d'Erfurt se préparait, et l'Autriche en redoutait sérieusement les conséquences. M. de Metternich parut souvent aux Tuileries ; représentant une vieille maison européenne, lui-même d'une bonne naissance, avec les manières de l'aristocratie, M. de Metternich réussit dans sa mission. Il régnait à la cour de Napoléon une étiquette, un ton tout à la fois soldatesque et gourmé, un formulaire de cérémonies puériles ; et l'homme de bonne maison y jouissait d'une supériorité incontestable, par cette aisance de bon goût que donne l'éducation et l'habitude du monde. L'ambassadeur avait alors trente-quatre ans ; sa physionomie était noble et distinguée ; il paraissait à toutes les fêtes de la cour, se faisait remarquer par l'élégance de ses équipages, par de grandes dépenses. Jeune, brillant, doué d'un esprit fin, d'une parole facile, légèrement accentuée, M. de Metternich passait pour un homme à bonnes fortunes.

L'ambassadeur se livrait à cette douce police politique, qui passait par le cœur pour arriver aux secrets du cabinet. Ses formes séduisantes lui avaient gagné aussi les bonnes grâces de Napoléon, qui aimait à le distinguer dans la foule des ambassadeurs, à causer avec lui, tout en lui reprochant d'être bien jeune pour représenter une vieille maison d'Europe : « Vous n'aviez guère plus que mon âge à Austerlitz, » lui répondit un jour l'ambassadeur. L'empereur n'avait jamais de paroles brusques pour M. de Metternich, car il le regardait comme l'expression du système français en Autriche ; plus d'une fois ils avaient agité ensemble ces questions de balance européenne qui occupaient l'esprit de l'empereur dans des proportions si gigantesques. Le système de M. de Metternich était de présenter l'alliance de la France et de l'Autriche comme une nécessité ; il rappelait ce traité de 1756, conclu sous l'influence du duc de Choiseul, comme la base de toute grande politique européenne. L'entrevue d'Erfurt était la crainte constante de M. de Metternich, et Napoléon venait de partir pour cette entrevue, qui devait rapprocher les deux empires du nord et du midi ; des promesses avaient été échangées entre les empereurs, et dans ces vastes plans, l'Autriche était sacrifiée ; on ne l'ignorait pas à Vienne ; les tentatives de M. de Metternich à Paris avaient donc été vaines! La guerre d'Espagne venait d'éclater, une race souveraine tombait encore du trône : n'était-ce pas un nouvel avertissement pour la maison d'Autriche? Elle s'en était ouverte à Londres, et l'Angleterre exagéra ses craintes afin de l'entraîner à prendre un parti vigoureux dans la guerre, et à cet effet on sema le bruit d'un changement de ligne dans la dynastie autrichienne, favorisé par Napoléon.

La paix de Presbourg, en posant partout, dans la confédération germanique, les principes et presque l'administration française, avait excité de vifs mécontentements. Des contributions de guerre considérables, les nombreuses vexations que les généraux et les employés s'étaient permises dans leur conquête, avaient exalté toutes les haines. Partout l'esprit anti-français éclatait pour la liberté de l'Allemagne parmi la noblesse et dans les associations secrètes, associations déjà formidables en 1808; le mouvement libéral était en Europe contre Napoléon, et ce ne fut pas une des dernières causes de sa chute. L'Angleterre encouragea ces dispositions; elle promit des subsides à un cabinet obéré, montrant de loin à l'Autriche la résistance de la Péninsule, les difficultés qu'elle créait à la puissance militaire de Napoléon, depuis la capitulation de Baylen surtout, et l'humiliation des fourches caudines qui avait abaissé l'aigle d'or : pourquoi ne profiterait-on pas de cette circonstance pour secouer les conditions de la paix de Presbourg? L'Angleterre s'engageait à entretenir l'armée autrichienne, si unissant ses efforts à la cause commune, elle choisissait ce moment pour se déclarer contre la France; la Grande-Bretagne promettait une diversion tout à la fois en Hollande et en Espagne. Cette opinion de guerre prévalut bientôt parmi la noblesse allemande, et le comte de Stadion entra complétement dans les idées anglaises; d'immenses levées se préparèrent, car il fallait sauver la monarchie.

A cette époque, la mission du jeune ambassadeur fut de couvrir par de flatteuses promesses les préparatifs militaires que faisait l'Autriche; ses notes étaient pleines de protestations de paix, de témoignages de confiance, et pouvait-il faire autre chose? La mission d'un diplomate n'est-elle pas de tempérer les événements et de détourner les premiers effets de la colère et de la vengeance de nation à nation? L'Autriche ne voulait engager la guerre qu'alors que Napoléon serait complétement préoccupé de l'expédition d'Espagne. Quand le souverain et la vieille garde furent partis de Paris pour relever le trône ridicule de Joseph à Madrid, l'Autriche ne dissimula plus ses préparatifs de guerre; elle commença ses hostilités contre la Bavière, l'intime alliée de Napoléon, et l'on vit le drapeau autrichien jusqu'à Ulm. Napoléon, prévenu de ce mouvement inattendu, audacieux, arriva d'une seule enjambée à Paris. Il y trouva encore le comte de Metternich.

Ici commençait une position délicate pour l'ambassadeur, car la guerre d'Autriche avait été une véritable surprise. Napoléon se crut joué par M. de Metternich, et il ordonna au ministre de la police, Fouché, de le faire enlever et conduire de brigade en brigade jusqu'à la frontière. L'ordre était dur, brutal, contraire à toutes les convenances diplomatiques : est-ce qu'un ambassadeur n'est pas chargé de suivre les instructions de son gouvernement et de servir ses intérêts? Son devoir n'est-il pas de déguiser ce qui peut nuire à sa cour? Fouché, qui se réservait toujours une transaction dans l'avenir, exécuta avec politesse l'ordre de l'empereur : il se fit conduire chez l'ambassadeur, lui dit les motifs de sa visite, et lui en exprima les plus vifs regrets. Il y avait déjà du mécontentement dans l'esprit de Fouché, qui voyait de loin un terme à l'ambition insatiable de l'Empereur. M. de Metternich et le ministre échangèrent, dans une confidence mutuelle, quelques épanchements sur les malheurs de la guerre et l'esprit envahisseur de Napoléon. Fouché, généralement fort expansif et fort abandonné, alla jusqu'à de singulières confidences sur la chute possible ou la mort même de son souverain. Enfin pour adoucir ses ordres rigoureux, un seul capitaine de gendarmerie, choisi par le maréchal Moncey, accompagna la chaise de poste de l'ambassadeur jusqu'à la frontière. M. de Metternich aime à raconter les circonstances curieuses de ce voyage qui ne fut pas sans péril, comme celui de l'aide-de-camp comte de Czernicheff, en 1812.

Alors le sol s'ébranlait. L'armée autrichienne, sous l'archiduc Charles, combattait avec vaillance pour la défense de la

patrie et de son monarque. La bataille d'Essling menaça la
fortune de Napoléon ; on sait le désastre de cette journée, qui
ne fut jamais bien connu en France : Preussich-Eylau, la
capitulation de Baylen et la bataille d'Essling, sur le Danube,
me paraissent les trois points culminants qui apprirent au
monde que les armées de Napoléon n'étaient plus invincibles ;
ces batailles eurent une influence morale sur les affaires de
l'Europe. Il fallut Wagram pour rétablir le prestige de l'Empereur ; le champ de bataille y fut disputé ; mais jamais résultat ne fut plus décisif. Il se manifesta un grand découragement dans le cabinet de Vienne ; le parti de la paix l'emporta.

La victoire avait alors prononcé entre la France et l'Autriche : il était impossible de résister à la fortune de Napoléon.
Les deux partis qui divisaient la cour de Vienne se dessinèrent
plus fortement ; l'opinion de la paix, que représentait le
comte de Bubna, prévalut dans le conseil de l'empereur, et le
comte de Stadion, qui jusqu'alors avait dirigé les affaires sous
l'influence du système anglais, fut obligé de se retirer du
cabinet. Le ministère des affaires étrangères devint vacant, et
l'empereur François II crut se rendre agréable à la France en
indiquant pour ce poste le comte de Metternich, qui avait
montré une aptitude remarquable dans son ambassade de
France. M. de Metternich, réconcilié avec Napoléon, avait
gardé un milieu entre la paix et la guerre, et de plus il adoptait déjà en politique cette attitude de neutralité armée, qui devint le symbole de la politique autrichienne depuis 1815. C'é-

tait alors une époque d'abaissement pour la vieille couronne allemande : le Moniteur avait annoncé *que la maison de Lorraine avait cessé de régner !* La monarchie autrichienne avait été vaincue dans la lutte; ses armées avaient éprouvé d'affreux revers; mais il restait à l'empereur François le dévouement de ses peuples, le sentiment d'indignation qu'ils éprouvaient à l'aspect de la domination française.

M. de Metternich fut envoyé comme plénipotentiaire, ainsi que le comte de Bubna, auprès de Napoléon, et les conférences s'engagèrent pour traiter de la paix. La conduite vigoureuse de l'Autriche avait profondément irrité le vainqueur. Jamais conférences ne furent plus vives, plus disputées; M. de Metternich appliqua toutes les ressources de son esprit à inspirer des sentiments de modération au glorieux capitaine. Si Napoléon conservait le souvenir de la conduite habile, silencieuse, de M. de Metternich en 1809, il savait qu'en favorisant son élévation auprès de l'empereur d'Autriche, il donnerait un appui et un représentant à son système. Ces motifs, joints à de mystérieuses menaces d'assassinat, aux affiliations populaires qui déjà s'agitaient pour l'indépendance, hâtèrent la conclusion du traité de Vienne. Ai-je besoin de rappeler que les Français usèrent de la victoire avec l'inflexible droit de la conquête ?

M. de Metternich reçut, à la suite du traité de Vienne, le titre de chancelier d'État et la direction des affaires étrangères, poids immense dans les circonstances. Les popula-

tions étaient épuisées par l'invasion et la guerre, le trésor
sans ressources, accablé sous les contributions de la France.
Cette monarchie était privée de toute influence sur l'Allemagne : le traité de Vienne lui avait enlevé les derniers débris de
sa puissance méridionale, et, comme je l'ai dit autre part (1),
à ses côtés était la confédération du Rhin, c'est-à-dire Napoléon ; en face d'elle, la confédération helvétique, c'est-à-dire
Napoléon ; au midi, le royaume d'Italie, c'est-à-dire Napoléon.
Il n'y avait que deux partis à prendre pour la maison d'Autriche : ou elle devait tenter une fois encore le sort des armes,
ou apaiser l'empereur des Français par la plus profonde con-
descendance à tous ses désirs. Telle fut la pensée de M. de
Metternich quand il songea au mariage d'une archiduchesse ;
et comme le disait l'implacable lady Castlereagh : « Il fallait
livrer une vierge d'Autriche au Minotaure, pour l'assouvir ! »

Si l'empereur des Français choisissait une femme parmi les
grandes duchesses de la famille Romanow, alors se trouverait accomplie la pensée d'Erfurt, c'est-à-dire la formation
de deux grands empires, autour desquels viendraient graviter
de petites souverainetés intermédiaires ; et M. de Metternich,
pour éviter cela, poussa au mariage de Napoléon avec Marie-
Louise : ainsi, la maison autrichienne trouverait dans l'empereur des Français un protecteur réel, et l'amour d'un glorieux
parvenu, aux pieds de la fille des rois, pourrait favoriser

---

(1) Voyez l'*Europe pendant le consulat et l'empire de Napoléon.*

l'avenir de la monarchie allemande. En politique, il est permis de calculer l'effet des passions humaines sur le mouvement des affaires : la pensée du nouveau chancelier d'état, en préparant l'union d'une archiduchesse avec Napoléon, fut donc de reconquérir ainsi, par une alliance de famille, ce que la guerre avait ôté à la maison d'Autriche. Le mariage de l'archiduchesse Marie-Louise fut préparé et accompli par les soins du comte de Metternich.

Cependant le chancelier de l'empire suivait avec attention la tendance européenne. Au commencement de 1811, des indices certains signalèrent au cabinet de Vienne que des mécontentements allaient éclater entre la France et la Russie. Ces soupçons se changèrent en certitude : M. Otto, ambassadeur de France à Vienne, s'ouvrit tout à fait à M. de Metternich, et en vertu du principe de l'alliance, il proposa une sorte de ligue offensive et défensive dans la guerre que Napoléon se proposait de faire contre la Russie. Comme force active, l'empereur des Français ne sollicitait qu'un corps détaché de 30,000 Autrichiens auxiliaires, lesquels devaient agir sur l'extrémité orientale de la Gallicie, au moment où l'armée française se porterait sur la Vistule. Ce traité stipulait de plus l'intégralité des possessions austro-polonaises et certaines cessions territoriales au profit de l'Autriche, en cas de succès contre la Russie. M. de Metternich voyait ainsi se réaliser les avantages de l'alliance française.

La campagne de 1812 commença. Le corps autrichien

de 30,000 auxiliaires fut porté sur la Vistule ; s'il n'eut pas l'occasion de prendre une part active à la campagne, toutefois, il contint l'armée russe se déployant déjà sur les flancs de Napoléon. M. de Metternich suivait, avec une grande anxiété, les mouvements de l'armée d'invasion en Russie. La désastreuse retraite des Français se développa comme une épouvantable catastrophe, et le corps du prince de Schwartzenberg allait croiser la baïonnette avec les Russes.

Ici devait surgir un nouvel ordre d'idées, une nouvelle série de négociations. La retraite de Russie avait été si malheureuse qu'elle n'avait point laissé aux Français de forces suffisantes, non seulement pour tenir la ligne de la Vistule, mais encore pour protéger celle de l'Oder. Si la Prusse et l'Autriche avaient maintenu religieusement leur alliance avec Napoléon, elles auraient dû entrer immédiatement en ligne, et opposer leurs forces aux Russes qui débordaient déjà de tous côtés. La situation des deux cours auxiliaires était difficile, car la nation allemande se prononçait avec une telle unanimité contre les Français, qu'il eût été impossible aux cabinets de Berlin et de Vienne de résister sans se mettre en opposition complète avec les peuples qu'ils gouvernaient. Et puis, si profondément humiliées par Napoléon, n'était-il pas naturel à ces deux cours de chercher un motif, ou si l'on veut même un prétexte pour s'affranchir de cette fatale sujétion? La Prusse, la première engagée en ligne, n'hésita point à délaisser une alliance qui faisait son déshonneur. Cet exemple contagieux, M. de Metternich ne le suivit point ; seulement, une trêve de fait s'établit entre les armées russes et autrichiennes ; le cabinet de Vienne se présenta aux yeux de la France comme le médiateur qui devait préparer la paix sur des bases mieux en rapport avec l'équilibre européen. Dans ses conférences avec le comte Otto, le chancelier impérial exposa nettement que la monarchie autrichienne ne s'écarterait point des principes de l'alliance avec la France ; mais que, la situation ayant changé de nature par les derniers événements militaires, et les frontières de l'Autriche pouvant devenir le théâtre des hostilités, le cabinet de Vienne devait naturellement prendre une attitude plus dessinée, afin d'amener le terme d'une collision qui désormais allait toucher si immédiatement sa monarchie.

La mission du prince de Schwartzenberg, celle du comte de Bubna à Paris, furent dirigées dans le même esprit ; sans abdiquer l'alliance, le cabinet autrichien prétendait qu'elle ne pouvait plus reposer sur les mêmes éléments, en un mot, qu'il devait prendre une part plus décisive à la crise militaire qui allait s'accomplir. Le but de M. de Metternich dans cette nouvelle négociation était de préparer les bases d'une paix générale. Une telle résolution n'était pas tout à fait désintéressée de sa part ; car, par suite de la position que les événements lui avaient faite, l'Autriche devait trouver des avantages territoriaux dans la nouvelle circonscription européenne qu'une pacification générale devait amener. Le parti anglais grandissait à Vienne : lord Walpole était arrivé avec des propositions de subsides et de cessions territoriales. A mesure que de nouveaux revers venaient affliger l'armée française, les populations allemandes se prononçaient avec plus de vivacité. M. de Metternich persista néanmoins dans son système de médiateur par la conviction qu'il en résulterait un avantage réel pour son pays.

Ces négociations durèrent pendant tout l'hiver de 1812 à 1813. A M. Otto avait alors succédé à Vienne le comte Louis de Narbonne, le représentant de l'alliance de famille. Napoléon espérait que la présence de M. de Narbonne rappellerait qu'une archiduchesse régnait sur l'empire français. Cette archiduchesse venait même, par un acte du sénat et de l'empereur, d'être officiellement établie régente pendant l'absence de Napoléon; le gouvernement était ainsi dans ses mains, comme une nouvelle garantie donnée à l'Autriche des sentiments personnels du gendre de François II? En politique, les alliances se fondent sur des intérêts positifs. Napoléon avait trop abusé de la victoire : cet empire qui s'étendait de Hambourg à Venise, ce protectorat pesant sur l'Allemagne, la Prusse, l'Italie, la Suisse, la Hollande; ce despotisme de diplomatie, appesanti sur la Suède, le Danemarck, devaient avoir leur terme. Après l'action, venait la réaction.

Pendant ce temps, des levées considérables se faisaient sur tout le territoire autrichien; l'armée devait être portée au complet de 300,000 hommes. M. de Metternich justifiait ces armements par la position naturelle dans laquelle se trouvait l'Autriche : quand les belligérants étaient si rapprochés du territoire d'un neutre, il paraissait tout naturel que ce neutre prît des précautions pour préserver sa propre monarchie. Par cette position que M. de Metternich donnait à l'Autriche, elle devenait puissance prépondérante avec le droit d'exiger, comme indemnité, des avantages réels ; admirable changement de position qui laissait au cabinet de Vienne la liberté d'une décision définitive !

Alors le baron de Weissemberg partait secrètement pour Londres, sous le prétexte officiel d'amener la pacification générale, mais dans le but de pressentir le cabinet anglais sur les avantages qu'il pourrait faire à l'Autriche en subsides et en territoire, au cas où celle-ci se prononcerait formellement pour la coalition et lui apporterait ses forces considérables sur un pied de guerre de 450 mille hommes. Or, tout cela se faisait dans le mois de mars 1813. Quand le canon de Lutzen et de Bautzen retentit, les armements de l'Autriche s'augmentèrent ; derrière la Bohême se masquaient déjà près de deux cent mille Autrichiens : contre qui allaient se déployer ces immenses forces ? A ce moment, M. de Metternich se présenta encore comme médiateur pour préparer l'armistice de Plesswitz, définitivement réglé à Newmarck. L'Autriche déclarait toujours que le conflit armé embrassant quatre cents lieues de ses frontières, il était impossible qu'elle restât plus longtemps sans se dessiner comme partie active dans le combat, si les belligérants ne se rapprochaient pas les uns des autres par la paix. M. de Metternich passait ici de l'alliance avec Napoléon à la neutralité armée, et cette situation pouvait-elle durer pour une puissance aussi importante que l'Autriche? Dans l'effervescence des esprits en Allemagne, pouvait-on froidement calculer le point où la médiation s'arrêterait pour le *casus belli*?

La Russie et la Prusse avaient intérêt à ménager une cour qui pouvait amener en ligne deux cent mille hommes de bonnes troupes. Après quelques observations aigres et peu mesurées, Napoléon, à son tour, accepta cette médiation, sorte de point d'arrêt aux événements militaires, expression de la lassitude d'une armée épuisée de batailles. On voit le grand rôle que M. de Metternich avait créé à l'Autriche dans ces négociations : car en s'abouchant les uns avec les autres, les plénipotentiaires pouvaient auparavant traiter en dehors des intérêts autrichiens, tandis qu'avec cette attitude nouvelle le cabinet de Vienne devenait l'intermédiaire indispensable de toutes négociations. Or, l'Autriche offrait-elle sa médiation de bonne foi, dans un but sincère de la paix, ou comme un leurre seulement, pour mieux préparer le développement de ses forces militaires? Ceci devient une question sérieuse d'histoire.

Il faut rappeler qu'après les batailles de Lutzen et de Bautzen, on désirait la paix, en France même, sous la tente de

Napoléon, aux veillées militaires comme le matin des batailles ; on se battait, mais non plus avec cette gaieté, cet enthousiasme des victoires d'Austerlitz et de Iéna. Napoléon subissait la grande voix de l'opinion publique; mais son caractère de fer pouvait-il se plier aux circonstances? Jusques alors, général, consul, empereur, il avait dit aux puissances vaincues : « Voilà des conditions, acceptez-les; et s'il y a un adoucissement, c'est à ma générosité que vous le devez. » En 1813, la situation avait changé : les cabinets se présentaient avec des forces aussi considérables que celles de la France, et animés de l'ardeur des batailles, d'un vif désir de réparer leur vieille humiliation et de reconquérir leur indépendance. Les puissances avaient signé l'armistice de Newmarck, surtout pour suivre les négociations secrètes avec le prince royal de Suède, et décider l'Autriche à entrer dans la ligue. Je crois qu'elles désiraient moins la paix qu'elles ne se donnaient le temps nécessaire de préparer leurs vastes moyens militaires en détachant l'Autriche du rôle de médiatrice, pour l'entraîner à se joindre à elles dans la guerre contre l'ennemi commun; la sainte Allemagne debout voulait qu'on en finît avec son oppresseur; or, M. de Metternich garderait-il cette neutralité, et l'Autriche ne serait-elle pas portée à changer de rôle?

N'oublions pas dans quelle position se trouvait le cabinet de Vienne. N'avait-il pas droit d'obtenir diplomatiquement tous les avantages de sa position? On sait toutes les pertes territoriales que la maison d'Autriche avait éprouvées en Italie : le Milanais, le Tyrol, les provinces illyriennes lui avaient été successivement arrachés, et n'était-il pas naturel qu'elle profitât de sa médiation armée, bonne position dans laquelle M. de Metternich avait su la placer? Si la paix générale lui avait procuré les avantages qu'elle souhaitait, l'Autriche ne se serait pas jetée dans la coalition contre l'empire français; sinon elle devait chercher à reconquérir dans la guerre ce que le sort des batailles lui avait enlevé. Ce fut alors que pour justifier cette situation délicate, M. de Metternich commença cette école élégante du noble langage diplomatique, dont M. de Gentz devint, depuis, l'organe le plus distingué; M. de Gentz (vie si remplie et si désabusée) qui, vieillard, vint murmurer de tendres paroles d'amour aux genoux de mademoiselle Fanny Essler. On voit M. de Metternich développer dans ses notes ses principes sur *l'équilibre européen*, qui tendait à amoindrir l'immense puissance de Napoléon, au profit des états coalisés. Je ne sache rien de plus remarquablement écrit que ces notes, un peu vagues dans leurs détails, mais si bien mesurées d'expressions qu'elles n'engageaient jamais ni le cabinet, ni l'homme.

Après la signature de l'armistice de Newmarck, Napoléon avait porté son quartier-général à Dresde ; des notes successives du cabinet de Paris demandaient sans cesse à l'empereur François II la signature des préliminaires d'un traité de paix. M. de Metternich, porteur d'une lettre autographe de son souverain en réponse aux ouvertures qui lui avaient été faites, se rendit à Dresde, chargé de pressentir Napoléon sur ses intentions définitives par rapport à la paix. La conférence dura presque une demi-journée ; l'empereur, dans son costume militaire, se promenait à grands pas, les yeux animés, les gestes vifs, saccadés ; il prenait, quittait son chapeau, puis se laissait tomber, couvert de sueur, dans un vaste fauteuil ; on voyait qu'il était mal à l'aise, car il jeta ces paroles peu mesurées à M. de Metternich : « Votre cabinet veut donc profiter de mes embarras. Il s'agit pour vous de savoir si vous pouvez me rançonner sans combattre, ou s'il faudra vous placer décidément au rang de mes ennemis. Eh bien ! voyons ; traitons. J'y consens. Que voulez-vous ? »

A cette brusque sortie, à cette interpellation si peu diplomatique, M. de Metternich se borna à répondre « que l'Autriche désirait établir un ordre de choses qui, par une sage répartition de forces, placerait la garantie de la paix sous l'égide d'une association d'états indépendants ; le but du cabinet de Vienne devait être la destruction de la prépondérance unique de l'empereur Napoléon, en substituant à cette immense puissance un équilibre qui fit entrer l'Autriche, la Prusse et la Russie dans un état complet d'indépendance à l'égard de l'empire français. » Comme résumé de ces conditions, l'Autriche réclamait l'Illyrie et une frontière plus étendue vers l'Italie. Le pape devait reprendre ses états, la Pologne subissait un nouveau partage ; l'Espagne devait être évacuée par l'armée française ainsi que la Hollande ; la confédération du Rhin et la médiation suisse devaient être abandonnées par l'empereur, accablé déjà par la fortune.

C'était ainsi le démembrement de l'œuvre gigantesque élevée par les veilles et les victoires de Napoléon. Dirai-je cette scène, telle quelle m'a été rapportée par le seul témoin oculaire, le prince de Metternich lui-même? A mesure que le plénipotentiaire autrichien développait le but de son cabinet, le teint blême de Napoléon se colorait d'un rouge violet; enfin il s'écria : « Metternich, vous voulez m'imposer de telles conditions sans tirer l'épée! cette prétention m'outrage. Et c'est mon beau-père qui accueille un tel projet! dans quelle attitude veut-il donc me placer en présence du peuple français? Ah! Metternich, combien l'Angleterre vous a-t-elle donné pour jouer ce rôle contre moi (1)? »

A ces outrageantes paroles, M. de Metternich, le front haut et calme, ne répondit pas un mot; et comme Napoléon, dans la vivacité de ses gestes, avait laissé tomber son chapeau, le ministre d'Autriche ne se baissa pas pour le ramasser, comme il l'eût fait par étiquette en toute autre circonstance. Il y eut une demi-heure de silence (2). Puis la conversation reprit d'une manière plus froide et plus calme, et en congédiant M. de Metternich, l'empereur, lui prenant la main, lui dit :

(1) M. de Metternich a écrit cette scène, la plus curieuse de sa vie, et il voulut bien m'en dire un résumé dans une visite que je fis au Johannisberg, en 1839.

(2) M. de Metternich m'a dit que Napoléon l'avait enfermé sous clef.

« Au reste, l'Illyrie n'est pas mon dernier mot, et nous pourrons faire de meilleures conditions. » Ce dialogue est désormais de la grande histoire, car il décida de la destinée de Napoléon.

Les habitudes de commandement de l'empereur rendaient ses paroles vives, ses interpellations brusques, et quand elles s'adressaient à un homme d'une position elevée, elles le blessaient. M. de Metternich en garda le plus vif ressentiment ; il avait été outragé, et d'ailleurs un ministre aussi habile devait pénétrer dans la pensée intérieure de Napoléon, et reconnaître qu'il y avait peu à espérer d'un tel caractère pour le rétablissement de l'équilibre européen.

Néanmoins l'Autriche consentit aux conférences de Prague, tandis qu'une nouvelle convention d'armistice prolongea la suspension d'armes jusqu'au 10 août. La présidence du congrès revenait de droit à M. de Metternich, représentant de la puissance médiatrice, comme aux congrès de Nimègue et de Riswick elle était échue au représentant de la Suède. M. Maret éleva d'abord une difficulté d'étiquette : MM. de Humboldt et d'Anstett, représentants de la Prusse et de la Russie au congrès, n'étaient que des diplomates de second ordre, tandis que MM. de Caulaincourt et Maret avaient le premier rang. Puis on discuta sur des préséances, sur de petites questions de détail ; on examina si l'on traiterait par écrit ou de vive voix ; on invoqua les formes des congrès de Nimègue ou de Riswick. Chacune des parties voulait gagner du temps, afin de recommencer les batailles. M. de Metternich, voyant enfin la tournure indéfinie que prenaient les affaires, résolut de s'associer au congrès militaire de Trachenberg, où le prince royal de Suède, Bernadotte, traçait le vaste plan de campagne des alliés contre Napoléon : on arrêtait de marcher droit sur Paris, sans hésiter un moment, en faisant un appel aux peuples mécontents de l'empereur. A Trachenberg, la Russie et la Prusse accueillaient toutes les propositions de M. de Metternich sans difficultés : on convenait, quelles que fussent les prétentions personnelles de l'empereur Alexandre, que le commandement général des alliés serait déféré au prince de Schwartzenberg ; on sentait l'importance d'obtenir la coopération de l'armée autrichienne ; aucun sacrifice n'était épargné pour rattacher 200,000 hommes de plus à la coalition.

Dans le but d'éviter cette coopération immense, Napoléon s'était adressé directement à son beau-père François II, en invoquant l'alliance de famille. Marie-Louise vint à Mayence, et, profitant d'un ou deux jours que lui laissait l'armistice, Napoléon s'y rendit lui-même pour donner ses dernières instructions à la fille des Césars, et lui confirmer tous les pouvoirs de la régence. La France allait être gouvernée par une archiduchesse : dans les idées dynastiques, l'Autriche pouvait-elle faire la guerre à un pays gouverné par la fille de son empereur ? On se trompait ; les cabinets n'en étaient plus à redouter Napoléon, et c'est ce que n'avaient pas compris les plénipotentiaires français à Prague ; M. Maret surtout y avait montré son insuffisance, ou tout au moins une capacité mesquine qui ne pouvait s'élever à l'habileté des diplomates de l'école et de la hauteur du prince de Metternich. Ce fut une des plaies de l'empereur Napoléon que cet entourage de gens sans cesse agenouillés devant lui et éblouis par sa gloire ; c'étaient là des commis et non des hommes d'état.

Aussi, les négociations stériles prenaient ce caractère d'incertitude et de mauvaise humeur qui avait marqué leur origine. Au moindre propos, on se fâche ; à la moindre insinuation, on s'offense. M. de Metternich conservait encore, pour la forme, ce titre de médiateur que les puissances lui avaient reconnu ; il avait rejeté toute idée de bouleversement en France ; et lorsque le général Moreau arriva sur le continent, les premières paroles que le ministre autrichien dit à M. Maret furent celles-ci : « L'Autriche n'est pour rien dans cette intrigue ; elle n'approuvera jamais les menées du général Moreau. » Enfin, l'*ultimatum* des alliés, communiqué par le prince de Metternich, portait : « La dissolution du duché de Varsovie, partagé entre la Russie, la Prusse et l'Autriche (Dantzick à la Prusse) ; le rétablissement des villes de Hambourg et de Lubeck dans leur indépendance ; la reconstruction de la Prusse, avec une frontière sur l'Elbe ; la cession faite à l'Autriche de toutes les provinces illyriennes, y compris Trieste ; et la garantie réciproque, que l'état des puissances, grandes et petites, tel qu'il se trouverait fixé par la paix, ne pourrait plus être changé que d'un commun accord. » Cet *ultimatum* fut repoussé d'abord par l'empereur des Français, puis modifié et tardivement accepté, car alors l'Autriche entrait corps et âme dans la coalition. Ici, j'ai consulté deux hommes qui ont joué le principal rôle dans la diplomatie de cette guerre, le comte de Pozzo-di-Borgo et M. de Metternich ; je leur ai demandé : « Voulait-on sincèrement la paix à Prague ? » Tous deux m'ont répondu affirmativement ; le comte de Pozzo en me racontant, dans sa haine contre Bonaparte, toutes les craintes qu'il avait eues en voyant l'Autriche tant hésiter, et M. de Metternich en se justifiant envers l'Europe de ses incertitudes, par le désir de mener à heureuse fin sa médiation diplomatique, dans les intérêts de l'Autriche, de Napoléon et d'une pacification générale.

Une note du cabinet de Vienne annonça au comte de Nesselrode et à M. de Hardenberg que désormais l'Autriche, membre de la coalition, mettait en ligne 200,000 hommes massés derrière les montagnes de la Bohême. La joie des alliés fut indicible ; il fallait entendre le comte de Pozzo-di-Borgo raconter le magique effet que produisit cette lettre du comte de Metternich, arrivant au milieu de la nuit, dans une grange où reposaient l'empereur Alexandre, le roi de Prusse, le comte de Nesselrode, M. de Hardenberg et les états-majors des armées coalisées ; on s'embrassa comme si l'Europe était sauvée et Napoléon renversé du faîte de sa puissance. Dix jours après, parut le manifeste de l'Autriche, ouvrage de

M. de Metternich; cependant après cette rupture, M. de Caulaincourt demeure à Prague, et le chancelier d'Etat assure toujours « qu'il est prêt à traiter, si l'on veut admettre l'indépendance de la confédération germanique et de la Suisse, et reconstituer la Prusse sur une vaste échelle. » Napoléon résistant encore, s'adresse à M. de Bubna, persuadé qu'il pourra exercer une influence heureuse sur l'empereur, son beau-père ; enfin, le 14, il accepte les propositions du cabinet autrichien, et sa réponse est portée à Prague. Il était trop tard ; M. de Metternich déclara l'impossibilité de traiter séparément, et dit qu'il fallait en référer simultanément aux trois cours, désormais inséparables dans leur politique.

Toutefois, Napoléon ne perdant pas tout espoir d'entraîner l'Autriche dans ses intérêts, propose de négocier pendant la guerre, alors que les armées autrichiennes s'ébranlent. 200,000 Autrichiens débouchent de la Bohême, et vont tourner la ligne de l'armée française. Alors le mouvement de l'Allemagne éclate; l'admirable bataille de Dresde ne brille que d'un éclat passager; Leipsick voit mourir le dernier reflet de la gloire française. A la fin de 1813, la ligne de l'Elbe est perdue, celle du Rhin même compromise; toute l'Allemagne est soulevée, et l'Europe entière menaçante.

A peine l'Autriche s'était-elle jointe à la coalition que des difficultés surgirent dans ce vaste corps que tant d'intérêt agitaient : il y avait déjà eu quelque jalousie sur le titre de généralissime des armées accordé au prince de Schwartzenberg ; d'autres questions furent soulevées sur le but de la campagne. Tant que les Français avaient occupé l'Allemagne, le plus pressant intérêt était de secouer cette domination pesante ; une fois sur le Rhin, il n'y avait plus ni confédération, ni dangers imminents ; le sol était couvert des débris de l'empire de Napoléon, et la Germanie recouvrait sa vieille indépendance ; les Français n'y possédaient plus que quelques forteresses qu'un siége plus ou moins long allait rendre à leur ancienne souveraineté. La maison d'Autriche cessait de craindre la France, pour redouter un peu plus la Russie : on avait appris aux Russes le chemin du midi de l'Europe, et ils s'en souviendraient.

Dans la pensée de M. de Metternich, la France, avec une certaine constitution de forces, une certaine étendue territoriale, était nécessaire à l'équilibre européen, et c'est ce qu'il s'empressa de consigner dans le manifeste que les alliés publièrent sur le Rhin. Ce manifeste, toujours l'ouvrage de M. de Metternich pour la pensée, appartient à M. de Gentz pour la rédaction. L'Autriche, débarrassée de ses dangers en Allemagne, en Italie, pouvait sans crainte prêter aide et secours à l'empire français menacé ; ses liens de famille avec Napoléon n'étaient point encore secoués ; on savait sa force morale affaiblie, mais le génie restait encore, et il pouvait beaucoup oser. Ces pensées de prévoyance se développent dans la conversation de M. le comte de Metternich et de M. Saint-

Aignan. Déjà embarrassée de sa situation vis-à-vis de la
Russie et de la France, l'Autriche voudrait en finir avec une
guerre qui n'est plus dans ses intérêts directs. Mais, à cette
époque, un principe fatal pour Napoléon avait été admis : les
puissances alliées ne devaient plus traiter les unes sans les
autres. Lord Castlereagh, en débarquant sur le continent,
cimenta encore cette tendance vers un but commun, et l'implacable ennemi de Bonaparte, le comte de Pozzo-di-Borgo,
fut chargé d'aller à Londres pour amener sur le continent
le premier ministre anglais. On voulait rendre l'alliance
désormais invariable, car les premiers succès au delà du
Rhin devaient faire naître entre les alliés deux sortes de
questions : question territoriale se rattachant à la nouvelle
circonscription de l'Europe; question morale sur la forme de
gouvernement qu'on devrait donner à la France au cas où
les armées alliées occuperaient Paris. L'Autriche et l'Angleterre n'avaient pas les mêmes intérêts que la Prusse et la
Russie dans la solution de ces éventualités diverses.

D'abord, que ferait-on des conquêtes matérielles? La Russie
occupait la Pologne, la Prusse la Saxe, l'Autriche une grande
portion de l'Italie. L'empereur Alexandre allait-il ériger la
Pologne en une sorte de souveraineté, sous son protectorat?
alors il blessait les intérêts autrichiens. La Prusse voulait-elle
s'arrondir par la Saxe? Toutes ces questions se débattaient
déjà dans le corps diplomatique extérieurement fort uni; on
se témoignait la plus vive confiance; mais, au fond, les in-

térêts et les égoïsmes s'agitaient. Lord Castlereagh déploya une grande capacité dans cette circonstance en se posant comme le lien commun de la coalition.

Sur la question du gouvernement en France, il était impossible de supposer que l'Autriche adhérât à un projet de changement dans la dynastie, lorsqu'une archiduchesse gouvernait comme régente. L'empereur Alexandre avait des engagements particuliers avec Bernadotte, profondément aigri contre l'empereur Napoléon : Alexandre admettait toutes les formes de gouvernement en France ; mais dans l'entrevue d'Abo, on avait parlé de toutes les éventualités, même d'un changement qui placerait Bernadotte à la tête du système français. L'Angleterre, quoique bien disposée pour la maison de Bourbon, n'en faisait pas une condition tellement impérative, qu'elle subordonnât à cette question morale tout débat sur des intérêts plus personnels. Lord Castlereagh s'en était même expliqué avec les princes français en exil ; on ne leur avait pas permis de débarquer encore sur le continent, et le comte d'Artois ne vint à Dole qu'en janvier 1814.

C'est sous ce point de vue surtout que l'histoire du congrès de Châtillon mérite d'être étudiée. Il y eut encore dans cette réunion désir évident, de la part de l'Autriche, de conclure un traité sur des bases d'équilibre européen. A son début, M. de Metternich dut s'apercevoir que la position de l'Autriche n'était plus la même qu'à l'origine de la campagne. Tout le pouvoir moral était passé à l'empereur Alexandre, devenu l'arbitre des destinées de la coalition ; l'Autriche et la Prusse ne paraissaient plus que comme des auxiliaires utiles; l'ascendant et la popularité appartenaient au czar, on ne parlait que de lui et les négociations s'adressaient spécialement à son cabinet. Le traité militaire de Chaumont, qui fixa les contingents de troupes pour la coalition, fut dicté par lord Castlereagh, craintif devant une dissolution de l'alliance; on y déclarait que les puissances ne mettraient pas l'épée dans le fourreau avant d'avoir réduit la France à ses limites de 1792, et, à cet effet, chaque cabinet stipulait un contingent de 150,000 hommes présents sous les drapeaux ; l'Angleterre en payait les subsides.

M. de Metternich se trouvait désormais dans une position délicate. A mesure que les événements de la guerre portaient les alliés vers Paris, les convenances ne permettaient plus à l'empereur d'Autriche d'assister à des opérations militaires qui avaient pour but la prise de la capitale où régnait l'archiduchesse. M. de Metternich, en correspondance avec Marie-Louise, n'était plus maître des événements, et peut-être cette princesse, fatiguée de voir autour d'elle tant de petitesse, d'avidité, de sottise dans les parents et les soutiens de Napoléon, lors de la régence à Blois, désirait en finir avec sa dignité de comédie. L'empereur François II et son ministre s'arrêtèrent à Dijon, tandis que la pointe hardie de la grande armée de Schwartzenberg livrait Paris à l'alliance.

Ici un incessant reproche a été fait à M. de Metternich : comment a-t-il sanctionné un changement qui brisait la couronne impériale sur le front de Marie-Louise ? Je crois qu'à ce moment c'en était fait de l'idée impériale : elle avait accompli son temps. Il est des époques où les opinions emportent tout ; il y avait lassitude des esprits, on était fatigué de Napoléon et de son régime militaire ; la corde trop tendue se brisa : on doit se reporter au temps, et l'on s'expliquera la résolution des alliés. Il eût été bien difficile avec les fatigues de la guerre, les engagements pris à Chaumont, et le mouvement européen, de maintenir même la régence de l'archiduchesse, et jamais Napoléon se fût-il abaissé à une petite royauté circonscrite en-deçà des limites du Rhin ? La régence était sans doute le triomphe complet du système autrichien ; et Napoléon, que fût-il devenu sous la régence ? Se serait-il résigné à une situation humiliante, et n'eût-il pas étouffé dans le petit royaume de France ? Les événements de Paris furent indépendants de la volonté de M. de Metternich ; il n'y assista pas (1). L'empereur Alexandre conquit au sénat, parmi les patriotes de 1789, une si haute prépondérance, qu'aucun cabinet, même de premier ordre, n'aurait pu lutter avec lui. Ce ne fut qu'après l'occupation de Paris que M. de Metternich put prendre part aux événements. L'archiduchesse avait été conduite

---

(1) J'ai dit tous les secrets de ces conférences dans mon *Histoire de la Restauration*.

de Blois auprès de François II son père, sans qu'il fût désormais question ni de régence ni d'empire ; M. de Talleyrand avait dit : « Les Bourbons sont un principe, tout le reste est une intrigue » ; et ce mot finit toutes les négociations qui n'avaient pas pour objet le retour de Louis XVIII.

La diplomatie active s'occupa du traité de Paris, qui rétablissait l'ordre, la paix générale, la restauration des Bourbons et la circonscription territoriale de la France, but et résultat de la campagne. Mais ce n'était pas tout : l'immense empire de Napoléon était en lambeaux ; et comment se partagerait-on ces puissants débris qui couvraient le monde ? François II pouvait-il reprendre la vieille couronne impériale abdiquée par le traité de Presbourg ? Bien qu'il y eût un engouement pour toutes les antiques coutumes, M. de Metternich aperçut dans la couronne carlovingienne un titre sans influence réelle et qui eût blessé la Prusse, jalouse d'un empire germanique à côté de son royaume s'élevant presque à un tiers des populations allemandes. M. de Metternich, avec le haut instinct qui le caractérise, sentit que désormais l'Autriche, en se réservant une haute direction catholique sur l'Allemagne, devait tendre à devenir une souveraineté méridionale ayant sa tête en Gallicie, son extrémité en Dalmatie, puis embrassant ce royaume lombardo-vénitien, sous la vieille et magnifique couronne de fer. M. de Metternich porta cette idée dans le congrès de Vienne, alors qu'il s'agit de fixer sur des bases générales une nouvelle constitution des souverainetés en Europe, et il sut la reproduire en toutes les circonstances où l'Autriche déploya son système politique ; elle seule explique cette sollicitude de tous les instants pour le royaume lombardo-vénitien, et cette tendance conquérante et commerciale vers le littoral de l'Adriatique.

Au congrès de Vienne, M. de Metternich exerça une immense influence. L'empereur François avait fait des sacrifices de famille en abandonnant la cause de Marie-Louise ; et pour rendre hommage à cette conduite, l'Europe fixa l'assemblée des rois à Vienne. Au milieu des fêtes, des distractions élégantes et des galas, on allait reconstruire l'Europe sur de nouvelles bases ; on semait de plaisirs et de fleurs ces longues conférences où se décidait le sort des nations. Le prince de Metternich, alors dans sa quarante-unième année, voyait s'accomplir l'œuvre de ses soucis et de ses pensées. Vienne offrait le plus riche spectacle : les souverains y étaient réunis, et auprès d'eux une myriade de maisons princières, avec leur famille, leur cour et leur suite nombreuse. Les intrigues d'amour le disputaient aux séances plus sérieuses de ce congrès, alors le rendez-vous de tout ce que l'Europe possédait d'hommes distingués ; le soir, on se rassemblait au théâtre de la cour, à ces cercles tout brillants de lumière, où Blücher achevait au jeu sa ruine, si bien commencée à Paris. Le prince de Metternich dirigeait la partie diplomatique, tandis que l'impératrice, femme de François II, accueillait d'augustes étrangers avec la dignité et la grâce qu'on lui connaissait. Les splendeurs du congrès de Vienne ont laissé de vives impressions dans l'esprit des diplomates; elles se mêlent au souvenir frais et gracieux de leurs jeunes années. Aujourd'hui, quand on cause avec ceux que la mort a épargnés, ils rappellent avec enthousiasme les carrousels chevaleresques, les bals costumés de l'impératrice, et les galanteries des souverains : quelles brillantes soirées que celles de lady Castlereagh, femme diplomate, aussi active que le chef du ministère anglais dans toutes les négociations qui se rattachaient à la direction du monde!

Lorsqu'on parcourait les rues de Vienne, il n'était pas rare de rencontrer les trois souverains de Russie, de Prusse et d'Autriche, se pressant la main, se donnant des témoignages d'une mutuelle confiance; et cependant les divisions les plus sérieuses s'élevaient, dans le congrès, sur le remaniement territorial de l'Europe. La quadruple alliance, telle que l'avait stipulée le traité de Chaumont, n'était qu'une convention militaire destinée à renverser le pouvoir de Napoléon, une sorte de plan de bataille et de stipulation stratégique, plutôt encore qu'une négociation régulière et politique. Après la chute de Napoléon, les puissances reprirent leurs intérêts naturels : ainsi la Prusse devait se rapprocher de la Russie et s'éloigner de l'Autriche dans la question de la suprématie allemande; l'Angleterre devait s'opposer à la Russie en ce qui concernait la souveraineté de Pologne que le czar s'était déjà donnée; et la France, quoique si fortement secouée par une récente invasion, devait chercher, dans un rapprochement avec l'Autriche et l'Angleterre, à reprendre quelque crédit sur le continent. Je dois dire, à l'honneur de la branche aînée des Bourbons, qu'elle portait au plus haut point la dignité dans les relations étrangères ; et peut-être les crises à l'intérieur n'ont-elles été amenées que par une fatale réaction de mécontentements étrangers sur nous-mêmes. Dès l'origine du congrès, il y eut des conférences à part entre lord Castlereagh, M. de Metternich et M. de Talleyrand, pour aviser aux clauses d'un traité d'alliance qui pût donner un contre-poids à l'immense ascendant que la Russie avait pris par l'invasion en France et les événements de 1814. Ce traité, signé au mois de mars 1815, stipulait pour certaines éventualités une convention de subsides, l'engagement d'un certain nombre d'hommes toujours prêts pour le *casus belli*, si la Russie et la Prusse cherchaient à briser l'équilibre établi dans les intérêts européens, et sur une dépêche de M. de Talleyrand, la France dut maintenir un demi-pied de guerre.

M. de Metternich fut le principal auteur de ce traité secret, parce que, les choses remises dans leur état normal par la restauration de Louis XVIII, il craignait la Russie et son poids immense. La question de la Pologne en fut le prétexte. La France se montrait surtout pressante pour le rétablissement du roi de Saxe contre la Prusse qui voulait l'absorber. L'Angleterre, peu bienveillante pour le cabinet de Saint-Pétersbourg, pensait que la constitution de la Prusse, dans des proportions territoriales très étendues, était nécessaire comme une barrière toujours opposée aux invasions du nord. M. de Metternich dut combattre cette pensée dans l'intérêt de la Saxe, et il le fit par une série de notes opposées à celles de MM. de Hardenberg et de Humboldt. Sur la question polonaise, M. de Metternich se trouvait complètement d'accord avec l'Angleterre : au fond de la bienveillance d'Alexandre pour les Polonais, se trouvait une idée d'agrandissement politique ; en constituant un royaume de Pologne, le czar savait bien que, tôt ou tard, il réunirait sous un même sceptre la portion de la Pologne échue à l'Autriche et celle échue à la Prusse par le traité de partage. En aucune manière Alexandre ne voulut se départir de sa suzeraineté sur Varsovie. Les choses en vinrent au point que M. de Metternich ordonna de maintenir le pied de guerre dans les armées autrichiennes, tandis que la Russie continuait ses armements et faisait un appel aux Polonais pour défendre la patrie. Si M. de Metternich s'opposait si vivement à l'établissement d'une Pologne russe, l'Angleterre demandait que ce royaume fût fortement constitué, de manière à servir d'obstacle aux envahissements du cabinet de Pétersbourg.

De graves événements appelaient déjà l'attention de M. de Metternich sur l'Italie. Il faut un peu revenir sur les temps : dès le mois de février 1813, l'Angleterre avait profité de quelques mécontentements de Murat et surtout de Caroline, la propre sœur de Napoléon, pour hâter la chute de l'empire. Tous ces gens de la famille de Bonaparte avaient pris leur royauté au sérieux, s'imaginant être quelque chose par eux-mêmes et demeurer rois et reines sans le grand empereur. L'Angleterre, habile à profiter de ces petits ridicules, rappelait à Murat l'exemple de Bernadotte, la possibilité pour lui de devenir roi de toute l'Italie. Lorsque Napoléon brutalisait son beau-frère dans ses lettres fières et fortes en rappelant « que le lion n'était pas mort », le cabinet anglais caressait, par les plus douces espérances, l'imagination de Murat, pauvre tête politique, et mettait en jeu tout ce qui pouvait flatter la vanité du militaire le plus théâtral de l'époque impériale.

A la fin de 1813, Murat occupait déjà les États romains, faisant un appel aux patriotes, car alors l'Europe marchait en invoquant la liberté des peuples. M. de Metternich, pour séparer Murat d'une cause perdue, avait employé surtout une tendre et douce influence, un aimable souvenir de son ambassade à Paris, et il garantit à Murat la royauté de Naples. Lorsque le rétablissement des Bourbons en France fit naître en son âme étonnée de vives inquiétudes, Murat députa au congrès de Vienne le duc de Serra Capriola, invoquant ses traités avec l'Angleterre et avec l'Autriche. L'envoyé ne fut point admis aux assemblées, car il se formait une négociation, pour rétablir la vieille dynastie de Sicile sur le trône, négociation conduite par le prince de Talleyrand. Louis XVIII avait recommandé les intérêts de sa famille au congrès de Vienne, et M. de Talleyrand devait trouver auprès de la branche napolitaine des Bourbons un riche dédommagement pour sa principauté de Bénévent fort compromise. Un peu oublieuse de ses promesses, l'Autriche ne défendit qu'avec timidité ses engagements avec Murat ; la tendance vers le rétablissement de l'ancien ordre de choses fut tellement vive, qu'on dénonça la trahison de celui qui usurpait la couronne napolitaine. Au parlement d'Angleterre, lord Castlereagh lut une correspondance intime de Murat et de Napoléon, au moment même où il traitait avec l'Alliance ; elle annonçait une double politique. Inquiet sur les résolutions du congrès de Vienne, Murat fit de grands préparatifs militaires, d'accord avec les sociétés secrètes et les patriotes pour ceindre son front de la grande couronne italique. M. de Metternich fit rassembler les armées autrichiennes en masse dans le royaume lombardo-vénitien, attendant l'arme au bras les événements qui se préparaient. Bientôt ils éclatèrent.

Alors Napoléon débarquait au golfe Juan pour tenter son héroïque aventure des Cent-Jours. Les affaires étaient étrangement compliquées au congrès de Vienne, et Napoléon, sous un certain point de vue, avait bien jugé la situation des puissances les unes vis-à-vis des autres, sans comprendre néanmoins que sa présence sur le continent allait les réunir toutes dans une terrible coalition : le nom de Bonaparte jetait tant d'étonnement et d'effroi au milieu des vieilles souverainetés européennes, que l'on se rallia en toute hâte pour prendre des mesures communes. Ce fut à l'activité de M. de Talleyrand et du prince de Metternich que l'on dut la déclaration officielle du congrès de Vienne qui mettait Bonaparte au ban de l'Europe soulevée contre l'ennemi commun. L'esprit mystique d'Alexandre se prêtait à des idées d'alliance chrétienne et de croisade européenne, et M. de Metternich, d'après le rôle qu'il avait adopté lors de la rupture de 1813, ne pouvait se départir des stipulations militaires conclues à Chaumont. Napoléon fut mis au ban des souverainetés par un de ces actes renouvelés des vieilles assemblées de la diète germanique.

Ce fut un roman inventé à plaisir par le parti impérialiste que le prétendu accord de Napoléon avec l'Autriche et l'Angleterre lors de son débarquement au golfe Juan. Napoléon, bien informé de la situation diplomatique, pouvait croire à une séparation d'intérêts entre les cabinets, mais il n'existait rien au delà. Une de ses premières démarches fut de chercher à se mettre en rapport avec M. de Metternich. Nous retrouvons ici Fouché en correspondance avec le chef du cabinet autrichien : ils ne s'étaient jamais perdus de vue depuis leur conférence de 1809, renouvelée en 1813, quand Fouché fut envoyé comme gouverneur général de l'Illyrie ; je crois même savoir qu'à cette époque ils avaient déjà causé confidentiellement de la déchéance *de cet homme* (c'est ainsi que les mécontents parlaient de Napoléon) et de la possibilité d'une régence de Marie-Louise. En 1815, Fouché et M. de Metternich durent prendre pour thème l'abdication de l'empereur, une des idées les plus caressées par le parti sénatorial. En même temps que Napoléon écrivait à Marie-Louise, il en voyait, par l'intermédiaire de quelques agents secrets, des lettres confidentielles d'amis intimes du ministre, et même d'une princesse du sang impérial qui avait eu de tendres rapports avec M. de Metternich. Puis, pour diviser l'Europe entière, Napoléon fit transmettre au czar Alexandre copie du traité de la triple alliance du mois de mars 1815, contre la Russie, conclu et signé par lord Castlereagh, M. de Talleyrand et le prince de Metternich : son but était encore de dissoudre le concert puissant des souverainetés européennes.

A ce moment, les armées autrichiennes s'étaient mises en mouvement du côté de l'Italie contre Murat et les Napolitains ; le général Bianchi obtenait des succès éclatants sur les troupes hésitantes et débandées de Joachim. M. de Metternich fit occuper toutes les places du royaume de Naples et les Etats romains par les troupes autrichiennes, décidant, de concert avec la légation française, le rétablissement de la maison de Bourbon à Naples, comme complément du système européen.

Tandis que Fouché négociait avec M. de Metternich pour substituer la régence de Marie-Louise à l'empire, telle qu'on l'avait organisée dans les Cent-Jours, des agents français tentaient d'enlever cet enfant qui avait été salué, à son berceau, du titre de roi de Rome. Il y eut en tout ceci beaucoup de mystifications ; il y eut même un de ces chevaliers, homme de bonne compagnie d'ailleurs, qui reçut beaucoup d'argent, et n'avait d'autre désir que de quitter la France et de rejoindre le prince de Talleyrand à Vienne. Napoléon avait promis sa femme et son fils au champ de mai ; la police de M. de Metternich déjoua les desseins des agents français, et avec cette politesse qui le caractérise, le ministre reconduisit la fille de son empereur et le duc de Reischtadt au palais de Schœnbrunn, sous une escorte des plus fidèles serviteurs de la maison d'Autriche ; ce fut une des circonstances les plus délicates de la vie de M. de Metternich, l'homme surtout des convenances ; car Marie-Louise, qui n'avait pas encore sa froide indifférence pour Napoléon, s'associait au projet d'enlèvement conçu par quelques serviteurs restés auprès d'elle, et qui tous reçurent l'ordre de quitter Schœnbrunn.

Les armées autrichiennes se portèrent de l'Italie sur les Alpes et prirent part au triste envahissement du midi de la France ; ensuite elles occupèrent la Provence, le Languedoc jusqu'à l'Auvergne, avec leurs têtes de colonnes à Lyon et à Dijon. Le congrès de Vienne dissous depuis la seconde chute de Napoléon, M. de Metternich vint à Paris pour assister aux conférences qui devaient précéder le traité de novembre 1815. La Prusse et l'Angleterre, victorieuses, avaient vu à Waterloo leur influence s'accroître en proportion. Dans les négociations de Paris les deux cabinets de Berlin et de Vienne se concertèrent pour représenter les intérêts allemands, si hostiles à la nation française. Les efforts gigantesques que l'Europe avait faits contre Napoléon avaient profondément irrité les populations germaniques : les petits princes des bords du Rhin demandaient l'Alsace et une portion de la Lorraine, placées dans une carte, dressée en 1813 (que j'ai sous les yeux) sous le titre de *Germania*, dans la configuration de l'Allemagne : c'était une terrible réaction germanique contre la France, un de ces refoulements de peuple et de nationalité qui avaient marqué plusieurs époques de notre histoire !

Cependant, quelle organisation intérieure et extérieure allait-on établir pour former une constitution générale de la Germanie ? Comment restituer à l'empereur François II l'influence allemande que Napoléon lui avait enlevée ? L'Allemagne s'était levée en poussant ce double cri : Unité et liberté ! L'unité, comment l'établir avec des souverainetés si diverses, si variées en forces et en hommes, conservant encore le principe féodal au milieu de l'Europe civilisée ? La liberté, c'était un mot vague : comment l'appliquer à tant de systèmes de gouvernements différents, à tant de localités si distinctes dans leurs intérêts ? Le système de la confédération du Rhin avait été établi par Napoléon dans la pensée unique d'agrandir toutes les petites souverainetés allemandes et de les faire entrer dans un système hostile contre l'Autriche et la Prusse. Alors, au contraire, c'étaient l'Autriche et la Prusse, grandes puissances prépondérantes, qui devaient créer leur influence et régner, par un protectorat plus ou moins stipulé, sur l'ensemble de la confédération : la Prusse au nord, et l'Autriche au midi. Il fallait, lorsque la patrie allemande serait menacée, que toutes les populations pussent être appelées sous les armes et servir communément avec la Prusse et l'Autriche. L'unité allemande était donc ici établie comme barrière contre la Russie et la France, et s'opposant également aux invasions de l'une et de l'autre de ces nations.

M. de Metternich, en renonçant au vieux manteau de pourpre pour son empereur, lui fit reconnaître l'autorité plus réelle de la présidence de la diète; on donna un nombre de voix à la Prusse et à l'Autriche en rapport avec leur importance ; soit par le commandement en chef de l'armée de la confédération, soit par l'influence de la diète, l'Autriche et la Prusse restèrent maîtresses des délibérations et des mouvements militaires. Sans doute, il y eut bien quelques petites injustices commises, quelques bizarreries dans la répartition des états et des contingents : on vit des souverainetés agrandies parce qu'elles étaient protégées par l'empereur Alexandre et quelquefois même par M. de Metternich ; mais quelles sont les opérations humaines où l'égalité la plus parfaite préside ? Puisqu'on voulait l'unité allemande, c'était une conséquence naturelle que ce sacrifice de quelques-uns à la cause de tous. Et si l'on demande maintenant quel doit être le résultat de cette confédération, je réponds à cela qu'il est à craindre pour l'Autriche que la Prusse ne prenne successivement et de plus en plus une importance allemande : l'Autriche a maintenant d'autres destinées, son avenir est dans le midi ; la Prusse est trop singulièrement construite pour qu'elle ne cherche pas à s'étendre et à s'agglomérer ; elle le fera, ou matériellement par la conquête, ou moralement par l'influence. C'est vers l'Adriatique

que l'Autriche trouvera son indemnité à l'amoindrissement de son influence dans l'Allemagne centrale.

Cette Allemagne, en se soulevant contre Napoléon, avait poussé le cri de liberté ; les sociétés secrètes de Stein, de Schill, avaient encore des représentants dans le vieux Blücher et le général Gneisenau : qu'allaient faire les gouvernements pour cette liberté? Des constitutions avaient été promises, des états représentatifs accordés à quelques principautés, et une fois la victoire accomplie, on hésita. Maintenant que l'expérience nous a profondément pénétrés de l'esprit des révolutions, on comprend très bien comment, dans un changement rapide des situations politiques, les promesses de la veille ne sont pas tenues le lendemain. On s'imagine vainement que ces époques de transition, où le peuple lutte pour ses fantaisies de souveraineté, peuvent servir de point de départ et de comparaison pour les temps calmes et réguliers des gouvernements ; l'exaltation populaire se montre exigeante après la victoire, et veut imposer au gouvernement des promesses qu'il ne peut tenir.

En 1813, dans ces temps de batailles et de révolutions, beaucoup de choses avaient été promises à l'Allemagne ; mais pouvait-on les tenir en 1815 et en 1816? Supposez que dans cette Allemagne, pleine d'exaltation et d'esprit mystique, on eût réalisé les utopies des sociétés secrètes, donné aux universités une existence politique, une représentation bruyante à tous ces états, qu'on leur eût accordé les journaux libres, une démocratie organisée ; l'Allemagne eût-elle jamais pu parvenir à ce haut point de prospérité et de tranquillité publique qu'elle a aujourd'hui atteint? Il faut prendre les mœurs telles qu'elles sont, et les esprits avec leurs habitudes : il ne faut pas donner aux peuples ces institutions qui tourmenteraient leur existence sans accroître leur bien-être. Je ne dis pas que les deux gouvernements de Prusse et d'Autriche aient bien fait de laisser leurs promesses sans exécution, je dis seulement qu'il appartient au temps seul de décider si ce fut prudence ou calcul égoïste.

Les événements de 1814 et de 1815 avaient considérablement agrandi les possessions autrichiennes en Italie. Comme c'était pour elle un véritable pays de conquête, elle devait naturellement établir dans le royaume lombardo-vénitien une surveillance armée, une constitution de police capable de contenir les provinces réunies à l'empire autrichien. Toute l'habileté dut consister à détendre successivement les ressorts de cette police, à mesure que le vainqueur serait plus complétement accepté; donner des institutions libres, c'était une générosité imprudente : la conquête dut se maintenir comme celle de Napoléon par l'occupation militaire la moins pesante possible. Les Italiens, peuple chaud et enthousiaste, avaient chassé les Français dans les jours de malheur, les Autrichiens devaient éviter une pareille catastrophe et se tenir sur leurs gardes.

Ici commence ce mélodrame qu'on a jeté autour de la personne de M. le prince de Metternich, le tableau de ces prisons impitoyables et des plombs de Venise ; j'en appelle à la bonne foi chrétienne de M. Silvio Pellico, est-ce qu'il y a un mot d'exact dans son livre *des Prisons* ? se souvient-il de ces terribles plombs de Venise, qui consistaient pour lui en une chambre au quatrième étage, dans le palais ducal, avec la vue la plus étendue sur le *canale grande*, et que lord Byron eût payé quelques centaines de sequins. Il n'avait pas sa liberté, cela est vrai, et c'est sans doute une déplorable chose · avait-il conspiré, avait-il essayé de renverser le gouvernement établi ? Il le dit et l'avoue, et dans ces sortes de jeux on hasarde sa vie et sa liberté. Le cabinet autrichien est précautionneux, sans doute, mais il n'a rien de cruel et d'oppressif ; et quiconque a causé avec M. de Metternich, doit se demander si une intelligence si calme, si raisonnable, a jamais pu faire sans motifs quelque acte de barbarie.

La double répression, base du système de M. de Metternich en Allemagne et en Italie, entraîna un mouvement de réaction, car la liberté, cette grande puissance de l'âme, ne se laisse point ainsi opprimer sans tenter quelques coups de désespoir. Les mystérieuses sociétés, loin de se dissoudre en Allemagne, s'organisaient dans les universités parmi les étudiants ; l'influence de la poésie et des écrits politiques favorisait ce mouvement des esprits appelant au secours de l'unité allemande le patriotisme et le courage de tout ce qui portait un cœur haut. Cette unité allemande, si vivement saluée par cette jeune génération, n'était, à vrai dire, qu'une sorte de république fédérative où tous les états libres eux-mêmes entreraient par la pratique de la vertu et tendraient au bonheur du genre humain. Les vieilles souverainetés allemandes durent réprimer ces associations qui éclatèrent par l'assassinat de Kotzebue.

M. de Metternich venait de parcourir l'Italie lorsque les écoles se dessinèrent par ce sanglant attentat. Comblé des faveurs de son souverain, il portait le titre de prince; de riches dotations avaient triplé sa fortune, des décorations de presque tous les ordres de l'Europe brillaient sur sa poitrine. L'état de fermentation de l'Allemagne n'avait point échappé à sa pénétration d'homme d'état, et lui seul provoqua ce congrès de Carlsbad où furent prises des mesures soupçonneuses ou violentes contre l'organisation des écoles en Allemagne; le régime des universités, la répression des écrits, la police politique, rien ne fut négligé dans cette bataille régulière des gouvernements contre la révolution qui brûlait les têtes ardentes. Après les grandes agitations d'états, tout le souci des gouvernements est de réprimer; ils y sont poussés par la classe moyenne et l'opinion publique qui a peur de révolutions nouvelles, et ils ont raison.

Cette année du congrès de Carlsbad, la propagande menaça les couronnes d'une révolution sociale. Notons-le bien, ce quantième de 1820 : au midi, l'insurrection d'Espagne et les cortès, la proclamation d'un régime plus libéral que celui même de l'Angleterre, à Naples, et par un retentissement presque magique, la constitution également proclamée ; de Naples, le cri de liberté se fait entendre dans le Piémont, et le roi est renversé de son trône ; à Paris, des émeutes tellement violentes que le gouvernement était exposé chaque soir à un revirement politique. On eût dit cette année 1820 l'édition première de cet immense événement de juillet, qui éclata dix ans plus tard avec tout le fracas d'une insurrection.

L'Autriche était particulièrement menacée par ces révolutions ; Naples et le Piémont embrassaient par leur extrémité les possessions autrichiennes en Italie. Les peuples s'étaient montrés, les rois se réveillèrent ensuite : il y eut des congrès à Troppau et à Laybach, et M. de Metternich, sans hésiter, provoqua des mesures répressives contre l'esprit révolutionnaire, avec une conviction tellement profonde, qu'il s'opposa à toute espèce de retard ; il ne demanda que l'appui moral de la Prusse et de la Russie, déclarant, sans hésiter, qu'une armée autrichienne allait marcher sur l'Italie pour occuper Naples et le Piémont. L'empereur Alexandre, tout préoccupé de la peur des sociétés secrètes et des complots européens, prêta la main à M. de Metternich. Il ne se manifesta qu'une opposition à l'égard du Piémont seul ; et sait-on d'où elle vint cette opposition ? tant l'histoire a été défigurée ! elle vint de la dignité de Louis XVIII et des notes de M. de Richelieu et de M. Pasquier. L'esprit révolutionnaire éclatait dans les rues de Paris en 1820, et la restauration déclarait à M. de Metternich : « que si les armées autrichiennes entraient dans le Piémont, l'occupation ne saurait être d'une longue durée, car la France ne pourrait souffrir les Autrichiens sur les Alpes. »

Dans cette lutte, pour nous servir de la vieille expression de M. Bignon, les cabinets eurent le dessus sur les peuples. Naples fut conquise en quelques marches, et le Piémont occupé par l'armée autrichienne. Le mouvement de répression une fois donné, partout alors se manifesta un système combiné dans la pensée d'une suspension de la liberté politique. La guerre fut ouvertement déclarée par les cabinets à ces gouvernements enfantés par l'exaltation militaire ou par la pensée exclusivement révolutionnaire. M. de Metternich assista au congrès de Vérone, congrès qui me paraît la dernière expression des volontés européennes à l'égard de l'esprit de révolte. La France fut chargée de comprimer les cortès espagnoles, comme M. de Metternich avait été l'exécuteur armé des volontés de l'alliance contre Naples et le Piémont. Ici les cabinets réussirent encore, et la révolution, matériellement étouffée, ne resta plus que dans le désordre des idées.

Tous ces actes de cabinet, toutes ces proclamations qui suivaient la tenue d'un congrès, étaient spécialement l'œuvre de M. de Metternich. Le chancelier d'Autriche possède une remarquable facilité d'expressions, un goût pur, une manière noble d'exprimer sa pensée dans ses notes même de diplomatie où le sens est presque toujours caché sous des phrases techniques et pour ainsi dire matérielles. C'est à M. de Metternich que l'on doit cette élévation de pensée en en appelant toujours à la postérité et à la justice, des' temps à venir des passions contemporaines. M. de Metternich a même cette coquetterie qui se laisse trop entraîner par le besoin d'exprimer sa pensée, par cette broderie toute littéraire dont il aime à orner les moindres actes de son cabinet, il en est le faiseur le plus actif, il écrit en français avec une recherche, une précision extrême; il lit exactement les journaux, même les feuilletons; ceux qui le virent en 1825, lorsque la triste maladie de sa femme l'appela à Paris, furent surpris de trouver en lui une exquise grâce littéraire. M. de Metternich connaissait tous nos bons auteurs, jugeait les contemporains avec une sagacité remarquable. On ne pouvait concevoir que l'homme politique qui avait passé sa vie dans de si grandes affaires eût conservé le loisir d'étudier les plus futiles productions de la littérature.

Les affaires s'asseyaient en Europe. Les gouvernements sortirent un peu de cette politique vague proclamée par le traité de la Sainte-Alliance. Dès 1827, M. de Metternich s'était inquiété des mouvements de la Russie à l'égard de la Porte-Ottomane, un des dangers les plus pressants pour l'influence autrichienne. Si les projets des Russes se réalisaient, le cabinet de Vienne se voyait arracher sa prépondérance presque aussi vieille que celle de la France sur la Porte-Ottomane. A cette époque, M. de Metternich fit sonder le ministère français, on l'écouta à peine, car les négociations les plus décisives s'étaient ouvertes entre les trois cabinets de Russie, de Londres et de Paris, sur la question des Grecs ; et ici il est bon d'expliquer ces refus que fit M. de Metternich d'intervenir dans les transactions qui amenèrent le traité de juillet 1827.

La cause des Grecs avait pris dès l'année 1824 une consistance et un caractère européen. Chaque époque a sa politique de sentiment, et on s'était engoué d'un fanatisme classique pour les Grecs. Sans doute il y avait quelque chose de puissant dans cet héroïsme qui secouait le joug des barbares ; mais au fond les déclarations enthousiastes de la Russie, ses notes vives et pressantes pour les Grecs, étaient encore moins l'expression d'une sympathie religieuse que les actes d'une politique habile qui abaissait la Porte-Ottomane pour la réduire ensuite à la qualité de vassale. La Russie s'adressa donc à Charles X, en lui parlant de cette croix qui avait sauvé le monde ; elle fit agir en Angleterre le comité grec ; et ce fut sous l'influence de ces préoccupations philanthropiques que le traité du mois de juillet 1827 et la bataille de Navarin, qui en fut la suite, vinrent sérieusement préoccuper M. de Metternich. Le ministre devinait toute la portée de cette politique imprévoyante ; le combat de Navarin, en détruisant toute la prépondérance de la Porte, la tuait politiquement au profit de la Russie, et la bataille de Navarin fut le prélude de la campagne de 1828 aux Balkans. La Russie était parvenue à pousser à la tête des affaires étrangères M. de la Ferronays, homme loyal, mais un peu russe d'affection et d'habitudes. M. de

Metternich ne put donc entraîner la France dans un système de confédération et de ligue armée contre la Russie; il fut plus heureux en Angleterre auprès du duc de Wellington, qui, reconnaissant les fautes de M. Canning, appela le combat de Navarin un événement malheureux. L'Angleterre était ainsi revenue à la parfaite intelligence de ses intérêts positifs.

On se demande comment à cette époque M. de Metternich ne se décida pas pour la guerre, comment il ne prit point parti pour la Porte-Ottomane? C'est ici une suite de la pensée fixe du chancelier autrichien; il a tout gagné par la paix, les conquêtes de l'Autriche sont dues aux opinions pacifiques, à cette espèce de médiation armée qui arrive toujours à point nommé pour conquérir quelques avantages; une guerre eût compromis la situation générale de l'Europe. Rapproché de l'Angleterre et de concert avec elle, le cabinet autrichien arrêta la victoire; c'était quelque chose dans le mouvement russe de 1829, mais ce n'était pas assez.

Pendant ce temps, les événements marchaient en France vers une crise inévitable; le ministère de M. de Polignac était formé. Sous le simple point de vue diplomatique, c'était un avantage pour l'Autriche, car l'on sortait du système russe pour entrer dans les idées anglaises sur la question d'Orient. Toutefois un esprit aussi pénétrant que M. de Metternich ne pouvait voir sans inquiétude une lutte si vivement engagée entre les pouvoirs politiques dans un pays comme la France, habitué à donner l'impulsion au reste de l'Europe. On a dit que M. de

Metternich avait conseillé les coups d'état ; est-ce là connaître l'esprit de modération et de capacité du premier ministre autrichien? un coup d'état, parti trop dessiné, trop bruyant, n'est jamais entré dans la pensée de M. de Metternich ; quand une situation difficile arrive, il ne la prend pas de face, il la tourne; et quand on le voit décidé dans une résolution ferme et forte, c'est que les esprits y sont déterminés, et qu'il n'y a plus rien à craindre pour son exécution; le chancelier impérial connaissait trop la légèreté de M. de Polignac, le peu de fermeté de Charles X, pour ignorer qu'ils n'étaient pas capables de mener à fin une entreprise aussi périlleuse. Il existe sur ce point aux affaires étrangères une dépêche de M. de Rayneval, ambassadeur à Vienne, qui détaille une de ses conversations avec le prince de Metternich, précisément sur ces coups d'état ; on en parlait beaucoup à Vienne, et plus d'une instruction adressée à l'ambassadeur autrichien à Paris, M. d'Appony, révèle des inquiétudes sur le système suivi par M. de Polignac (1).

Alors éclata la révolution de juillet, événement immense. Jamais l'Europe ne s'était trouvée dans un pareil danger, car quelles idées faisaient là irruption ? N'était-ce pas l'esprit des sociétés secrètes, le républicanisme triomphant avec plus d'énergie encore dans cette France habituée depuis quarante ans à donner l'impulsion à l'Europe continentale? L'esprit de pro-

(1) Voir pour tous ces détails mon *Histoire de la Restauration*.

pagande avait pour chef cette vieille et opiniâtre tête de M. de La Fayette qui allait encore faire un appel à l'indépendance des peuples comme aux jours de 92 ; quelques Français et ce drapeau tricolore promené partout pouvaient être la cause d'une conflagration générale. Que faire? Un ministre jeune, ardent, sans expérience, se serait précipité peut-être dans la guerre ; quel bonheur pour les amis de la paix en Europe qu'il y eût en Prusse un roi sage et tempéré par l'âge, et en Autriche un ministre qui avait vu tant d'orages sans en être effrayé. Un des traits saillants du caractère de M. de Metternich, c'est de n'être prévenu d'avance ni contre un homme ni contre les événements ; de sorte qu'il les juge tous avec une certaine supériorité. Il attendit donc la révolution l'arme au bras ; seulement l'Autriche se tint prête, et des mesures militaires jointes au renouvellement des alliances politiques préparèrent une barrière à toutes les invasions de l'esprit révolutionnaire. Cette modération fut poussée si loin que, dès qu'un gouvernement régulier fut établi en France, M. de Metternich se hâta de le reconnaître sans affection comme sans haine, et par ce seul motif qu'un gouvernement régulier est toujours un fait protecteur de l'ordre et de la paix publique.

Depuis cette époque, M. de Metternich a paru suivre trois règles de conduite qui dominent toute sa position politique :
1° se rapprocher pour la répression de tout trouble européen avec la Prusse et la Russie ; renouveler en conséquence toutes les conventions militaires posées à Chaumont en 1814 et à

Vienne en 1815 ; 2° combattre l'esprit de propagande sous quelque forme qu'il se présente, et ici la tâche était laborieuse, car la révolution de juillet n'avait pas seulement semé de mauvais principes en Europe, elle avait envoyé partout son argent, ses émissaires, son drapeau, ses espérances ; 3° l'esprit de propagande s'étant partout répandu, M. de Metternich a senti la nécessité d'agrandir non seulement l'état militaire de l'Autriche, mais encore ses vigoureux moyens de police. Partout l'administration est devenue plus sévère, parce qu'elle était plus menacée ; la liberté quelquefois a été confondue avec l'esprit révolutionnaire dans ce système absolu de répression, et il le fallait dans ce vaste bouleversement.

L'empire d'Autriche se compose de tant de nations diverses que l'unité politique serait aussi impossible dans cet empire que dans la Russie, avec ses deux moitiés d'hémisphère. Tout doit donc consister en des libertés localisées, en des institutions tout à fait en rapport avec l'esprit des états, et leur situation surtout vis-à-vis le gouvernement autrichien. Les hommes les plus prévenus avouent qu'il n'y a pas de pays plus paisiblement gouverné que les états héréditaires ; les autres provinces, successivement réunies, exigent une plus active précaution, une police plus surveillante ; la liberté civile, qui est la première de toutes, y est complète et entière. N'exagérons rien, je ne présente pas le gouvernement autrichien comme un modèle ; je suis trop ami de la liberté et des institutions de mon pays pour ne pas y rester profondément attaché, mais je fais aussi la part aux mœurs et aux usages des peuples. Il est des nations, par exemple, qui ont besoin d'être gouvernées et de ne pas se gouverner elles-mêmes. Je me suis souvent demandé, en parcourant l'Italie, si ces nations, mollement divisées les unes des autres, ayant plus d'esprit que de vigueur nationale, plus d'intelligence et de vivacité que de force et de raison, pouvaient jamais prétendre à une liberté laborieuse sous l'empire de cette unité qu'il faut conquérir l'épée à la main ; en un mot, si cette riche et belle Italie, coquette ravissante, n'avait pas besoin de se donner à quelqu'un, parce qu'elle n'était ni assez énergique, ni assez sage pour maîtriser ses passions d'amour ou de haine.

L'administration de M. de Metternich paraît préoccupée de ce sentiment profondément éprouvé, que si la liberté civile est nécessaire à tous, la liberté politique n'est bonne qu'à quelques-uns, en tant qu'elle ne blesse point l'esprit et la sûreté des gouvernements. Protection à l'intelligence, mais à l'intelligence sérieuse qui ne s'évapore pas en pamphlets. Le progrès, sans doute, mais le progrès sans turbulence. La maison d'Autriche a peur du bruit, elle craint qu'on parle d'elle ; ne visant jamais à l'éclat ni à la liberté bruyante, elle ressemble beaucoup à ces professeurs allemands, qui amoncellent de l'érudition et de la science dans quelques coins poudreux des universités et ne publient leurs œuvres qu'à de rares exemplaires, à l'usage de quelques savants. »

La vie intime de M. de Metternich a été traversée par plus d'un malheur domestique ; le deuil a frappé sa maison, les distractions d'un monde agité n'ont pu toujours consoler sa douleur. Affable dans la vie privée, il aime à se reposer par la retraite des fatigues de son vaste ministère. Un homme d'esprit a remarqué qu'il passait une grande partie de sa vie en conversation ; c'est le faible des hommes qui ont tout vu de faire de l'histoire dans ces causeries de coin du feu recueillies avec soin ; et qui n'a entendu M. de Talleyrand quand il s'abandonnait à ses souvenirs ! M. de Metternich a des mémoires longs, curieux, tous remplis de pièces justificatives, car il se croit en face de la postérité. Son œuvre est grande, et, comme je l'ai dit en commençant cette notice, il en aura la gloire et la responsabilité : quand on se reporte à ce qu'était l'Autriche après la paix de Presbourg, et qu'on la voit plus puissante qu'elle n'a jamais été, avec son crédit public, sa prépondérance d'état à état, la paix, l'administration des provinces, l'organisation militaire et civile, et que tout cela est l'ouvrage d'un seul ministre qui a gouverné l'état pendant plus de trente ans, on peut bien deviner quelques-uns des jugements de la postérité. Nous sommes environnés, nous, de ruines, d'hommes et de choses : gouvernement, ministère, administration, tout tombe ; et lorsque, de ces ruines que les révolutions nous ont faites, nous contemplons quelques-unes de ces figures immobiles dans les ravages du temps, il semble que ces figures n'appartiennent point à notre époque ; nous nous reportons à Richelieu, à ces ministres qui eurent un système et l'accomplirent jusqu'au bout.

M. de Metternich est bien avancé dans la carrière, et néanmoins il conserve une admirable présence d'esprit, une fraîcheur de souvenirs qui se reporte avec un bonheur indicible aux temps de l'empire, et de son ambassade à Paris au règne de Napoléon. Nous avons tous dans la vie une époque de prédilection, nous la choisissons surtout au temps de jeunesse, lorsque les illusions ne sont pas tout à fait tombées ; M. de Metternich parle toujours de l'empereur Napoléon avec un respect profond ; cette grande physionomie exerça sur sa vie un indicible prestige ; partout où ce génie a passé, il a laissé une empreinte indélébile. C'est M. de Metternich qui a voulu que le duc de Reischtadt fut placé à côté de Marie-Thérèse et de François II dans le caveau des Capucins, belle idée qu'ont eu les empereurs d'Autriche de se coucher au cercueil dans l'église de l'ordre le plus humble, et d'abaisser leur grandeur devant les religieux les plus pauvres de l'église chrétienne ; les capucins étaient les communistes, les unitaires de l'église ; parmi eux point de propriété, point de distinction du *tien* et du *mien* ; Babœuf n'était que leur plagiaire sans l'idée morale du ciel, qui sanctifie et purifie tout.

La maison d'Autriche est habituée à être gouvernée par de vieux ministres, et son esprit de tradition s'y complaît ; en politique, il vaut mieux souvent bien faire que beaucoup faire ; agir avec réflexion qu'avec trop de rapidité pour revenir ensuite sur ce qu'on a délibéré. M. de Metternich n'est hostile à aucune pensée de gouvernement quand elle a l'ordre pour base, et c'est ce qui explique sa conduite depuis la révolution de juillet. Quand la propagande retentissait partout, il se décida fortement à la guerre, et l'on sait son mot à l'ambassadeur de France à Vienne : « Puisqu'il faut mourir, monsieur, autant vaut une apoplexie que d'être étouffé à petit feu ; nous ferons la guerre. »

La sagesse du gouvernement français, sa répression salutaire de tout esprit de propagande maintinrent la paix. Depuis cette époque, M. de Metternich a conservé dans toutes les questions un peu importantes l'attitude de médiateur armé avec le but invariable de conserver la paix et ce qu'il appelle le *statu quo* européen ; il ne croit pas que l'époque actuelle ait besoin de mouvement, de guerre et de conquête ; selon lui c'est une période d'organisation, et par l'attitude qu'il a donnée à sa monarchie, il tient une balance égale de manière à empêcher tout conflit du midi au nord de l'Europe ; il me disait un jour avec esprit : « Je suis un peu le confesseur de tous les cabinets ; je donne l'absolution à celui qui a le moins de péchés, et je maintiens ainsi la paix des âmes. »

Dans cette situation, il est plus facile à M. de Metternich de s'occuper d'améliorations particulières. L'Autriche est dans un état de prospérité remarquable ; nous devons être fiers de notre France, et certes c'est un beau pays ; mais dans notre orgueil de nation, nous nous faisons de singulières idées sur l'état des autres nationalités : et pourtant chez elles aussi se font remarquer une civilisation partout fort avancée, une rivalité noble et heureuse ; commerce, industrie, chemins de fer, hospitalité douce et bonne, on trouve tout cela dans les états autrichiens, sans parler du mouvement intellectuel plus grave et aussi avancé que dans notre pays de petits romans, d'historiettes et de feuilletons.

Les hommes qui aiment les rapprochements ont quelquefois comparé M. de Metternich au prince de Kaunitz, qui gouverna si longtemps la monarchie autrichienne ; quoique ces parallèles soient toujours un peu arbitraires, et qu'il y ait d'incessantes nuances dans les caractères humains, on peut affirmer que jamais esprits ne furent plus opposés ; ils ne se rapprochent que par la durée de leur administration. Le prince de Kaunitz, tout gâté par le xviii⁰ siècle, en détrempait pour ainsi dire les idées, laissant aller la monarchie autrichienne à un certain penchant de mollesse et de décousu. M. de Metternich, au contraire, a reconstruit, cimenté sa monarchie, il n'a gardé du prince de Kaunitz que cet esprit d'extrême modération et les traditions du *statu quo*, adoptées à la suite du grand règne de Marie-Thérèse.

Après M. de Metternich, l'Autriche suivra-t-elle un autre système? l'homme d'état qui semble désigné pour remplacer M. de Metternich adoptera-t-il une marche moins prudente, plus avancée? nous ne le croyons pas. En Autriche, il en est des ministres comme des héritiers de la couronne en Angletefre ; avant l'avènement, ils se placent au point de vue de la popularité, et quand une fois ils sont sur le trône, ils continuent le règne précédent, parce que la raison et l'expérience sont quelque chose, et que le rôle magnifique de l'Autriche est de se placer comme une idée de pacification entre les empires qui voudraient se heurter avec trop de violence !

II

M. DE TALLEYRAND [1]

Une des douleurs pour les hommes d'état qui ont joué un grand rôle politique, c'est de voir leur vie livrée à des appréciations sans portée, à des jugements sans élévation. Que n'a-t-on pas écrit sur M. de Talleyrand, et que de bons mots, de gros mots ne lui a-t-on pas attribués? On a fait de sa biographie une sorte d'*Ana* à l'usage des oisifs; on l'a créé une espèce de Roquelaure facétieux et bouffon, chargé de tout le petit esprit des salons et de la province. Peu d'hommes ont pénétré dans les mystères de cette longue existence, personne

[1] M. de Talleyrand, qui tenait essentiellement aux choses hiérarchiques, préférait son titre de duc de la vieille monarchie à sa principauté, car le titre de prince, à moins d'être de la famille royale, était considéré comme d'une origine étrangère et sans importance aristocratique.

n'a lu dans les rides de ce vieillard, dans ses yeux brillants encore, sous ses cils à demi fermés, la secrète pensée, la raison dernière de cette vie qui eut son unité et son système.

Si vous avez quelquefois parcouru le midi de la France, vous avez dû vous arrêter dans le Périgord, cette province qui compte encore la meilleure, la plus forte noblesse, la mieux emblasonnée de toute la monarchie. Là, vous trouverez partout le souvenir des Boson, des Talleyrand, princes souverains de la province du Quercy ; les cartulaires des vieilles chartes vous diront les exploits des Boson du Périgord, sous ces ducs Loups (ou *Lupus*) de l'époque carlovingienne, qui empruntaient leur surnom à leurs sauvages exploits dans les forêts. Les Talleyrand et les Montesquiou-Fezensac se disputaient la préséance sur toute la noblesse méridionale. M. de Talleyrand sort de la branche cadette des Grignols, qui eut pour souche André de Talleyrand, comte de Grignols, baron de Beauville et de Cheveroche, branche cadette des Périgord. La branche aînée s'était éteinte avec Marie-Françoise, princesse de Chalais, marquise d'Exideuil. (M. de Talleyrand portait *de gueules à trois lions d'or, lampassés, armés et couronnés d'azur ;* couronne de prince sur l'écu, et couronne ducale sur le manteau. Devise : *Re que Diou* (rien que Dieu au-dessus de nous).

Je m'arrête sur cette origine de haute noblesse, parce qu'elle facilita beaucoup la position de M. Talleyrand dans la diplomatie. La grande naissance, quoiqu'on déclame contre elle, aide les négociations avec l'Europe. Est-ce faiblesse ?

est-ce usage ? Mais, quand on se pose en seigneur titré en face de tant d'illustrations étrangères, la situation devient meilleure ; on traite sur un pied d'égalité, on obtient plus, parce qu'on est avec ses pairs ; l'infortune ne vous renverse pas, parce qu'on reste avec son nom à la face de tous ; vous n'êtes pas brisé pour cela : les révolutions n'enlèvent pas plus l'illustration de race que les confiscations royales ne détruisaient autrefois le vieux blason des familles.

Charles-Maurice de Talleyrand-Périgord naquit à Paris en 1754 ; il eut pour aïeule maternelle l'habile et spirituelle princesse des Ursins, cette femme supérieure qui dirigea les conseils de Philippe V, comme Mme de Maintenon, son amie, gouvernait la pensée de Louis XIV. M. de Talleyrand, cadet de race, fut destiné à l'état ecclésiastique, selon la coutume de la noblesse : cette noblesse se devait aux armes, à l'autel ou au fief. Il fallait une vie active aux gentilshommes. Il y avait toujours eu un haut prélat dans la famille des Talleyrand, et cette dignité de l'église était destinée au jeune abbé de Périgord, jeté, à quatorze ans, au séminaire de Saint-Sulpice. Il fallait entendre M. de Talleyrand lui-même, dans ses jours d'épanchement et de gaieté, raconter les espiégleries et les premières amours de l'abbé au petit rabat, les escalades de murailles, les visites à la mansarde, toutes choses qui convenaient bien peu au grave état auquel sa famille le destinait. Je crois que dans ces lectures de Mémoires, en 1827 et 1828, M. de Talleyrand, alors en disgrâce, faisait quelques concessions aux petits philosophes du xviiie siècle qui l'entouraient sous la restauration. Les études ecclésiastiques de M. de Talleyrand furent bornées ; il s'occupa peu de théologie, mais déjà beaucoup d'affaires. La place d'agent-général du clergé, si lucrative, lui fut donnée par tradition de famille : l'agent-général était comme le chargé d'affaires de ce grand corps. M. de Talleyrand apporta un esprit d'ordre et de remarquable administration dans cette application intelligente des revenus de l'église, qui s'élevaient à plus de 156 millions. Le clergé se réunissait toutes les années en assemblée, et l'abbé de Talleyrand lui rendait compte de ses revenus, des démarches qu'il avait faites, des devoirs qu'il avait accomplis auprès de la cour : ses travaux sont remarquablement exacts, avec une lucidité de style peu commune ; on commençait déjà à lui donner un faiseur.

A trente-cinq ans, après la grande majorité ecclésiastique, l'abbé de Talleyrand fut élevé à l'évêché d'Autun, belle suffragance, qui conduisait plus tard à l'archevêché de Reims et au cardinalat. L'évêché d'Autun valait 60 mille livres de revenu, magnifique position pour un jeune abbé ; mais telle était la coutume de la noblesse. M. de Talleyrand appartenait néanmoins par ses relations à cette société philosophique, à cette école anglaise, qui se montrait déjà sur l'horizon, en 1789, avec Mirabeau, Cabanis, Lally-Tollendal et Mounier, tous ces hommes enfin qui rêvaient une réforme en France, dans des conditions en dehors de la vieille société.

On disait spirituellement que M. de Talleyrand, évêque d'Autun, avec ses grands revenus de prébendes et d'évêché, se croyait un abus. A cette époque, on s'était pris d'une belle passion pour se supprimer soi-même ; et, quand on se rappelle que la proposition d'abolir les titres de noblesse fut faite par MM. de Montmorency, de Montesquiou, La Rochefoucauld, Talleyrand, Clermont-Tonnerre, ces hautes têtes de la noblesse française, il faut bien avouer qu'un inconcevable esprit de vertige s'était emparé de la société française. Ceci était si fou, si excentrique, que j'imagine que la grande noblesse fut portée à cette suppression de titres par un motif intéressé : on avait fait tant de nobles depuis trois siècles que les grandes familles n'étaient plus distinguées ; avait trop de roturiers gentilshommes. Or, si l'on déclarait les titres abolis par un décret, toute cette noblesse de nouvelle date était de plein droit supprimée, car elle ne tenait qu'à des concessions royales, à des lettres écrites par le caprice du prince, tandis que, lorsqu'on portait un nom historique, comme les La Rochefoucauld, les Montmorency et les Montesquiou, on n'avait pas besoin d'actes pour prouver sa généalogie ; elle tenait au sol.

L'abbé de Talleyrand possédait son opulent évêché d'Autun quand les états-généraux furent convoqués ; il fut nommé député du clergé de son diocèse à cette assemblée constituante si remarquable par son esprit aventureux, la hardiesse de ses conceptions, le décousu et l'absence de toute unité et de tout ordre politique et moral. L'assemblée constituante fut un grand chaos, où des hommes de talent se heurtèrent la tête, où l'on proclama toutes les folies administratives, toutes les idées les plus propres à bouleverser la monarchie et la société françaises : on appliqua le contrat social de Rousseau à un peuple vieux déjà d'habitudes et de civilisation. L'évêque d'Autun se montra le plus zélé protecteur de toutes les innovations : proposant l'abolition des dîmes, il se fit le plus fervent défenseur de la constitution civile du clergé ; il jeta dans l'éducation publique toutes les idées d'une mauvaise et fausse philosophie que le xviiie siècle avait répandues dans les têtes humaines ; il était, avec le marquis de Condorcet et Cabanis, un de ces adeptes et de ces amis de Mirabeau que l'homme d'état et l'orateur tribunitien faisait agir dans les intérêts de sa dictature intellectuelle. On se réunissait le soir chez Mirabeau pour y préparer les idées qui retentissaient le lendemain à la tribune de l'assemblée. Sans avoir une grande instruction, l'évêque d'Autun possédait une extrême facilité de style, une rédaction remarquable par sa clarté et sa précision élégante : la grande noblesse avait toujours eu une intelligence naturelle ; elle savait peu, et pourtant elle restait éminemment spirituelle pour exprimer ce qu'elle voulait dire.

C'est dans cette période que se place la célébration solennelle de la Fédération, fête singulière, dont on a tant défiguré l'esprit, représentation théâtrale, car il en faut toujours à la France. Dans le Champ-de-Mars, on éleva un autel surmonté de drapeaux tricolores, sur un échafaudage de 50 pieds, tout paré de rubans de soie, également tricolores; puis M. de La Fayette, beau gentilhomme alors, avec sa figure gracieuse, rayonnante et un peu béate, sur son cheval blanc, tout svelte, tout efflanqué, paré de son habit de garde national à longues basques, son chapeau à trois cornes, comme tous le portaient lors de la guerre d'Amérique; M. de La Fayette essayait alors sa royauté. Autour de lui se pressaient les députations des départements, avec leurs drapeaux; beaucoup de gens ivres, comme de raison, d'autres fatigués d'avoir brouetté de la terre au Champ-de-Mars; ce fut un échange de baisers, d'accolades, comme les aimait tant Lamourette. Au pied de l'autel dont j'ai parlé, était M. de Talleyrand, évêque d'Autun, revêtu de ses ornements pontificaux, la mitre en tête, la crosse en main, avec des formes aussi élégantes, une coquetterie aussi raffinée, une dignité aussi bien étudiée que celles qu'il mit plus tard à porter sa canne à béquille dans les congrès du corps diplomatique; agenouillé à ses côtés, se trouvait l'abbé Louis (depuis ministre des finances), l'un des desservants, en surplis et en aube.

La messe fut saintement célébrée par l'évêque d'Autun; mais une tradition, que nous croyons fausse pour l'honneur et le caractère de M. de Talleyrand, raconte que, lorsque Mirabeau passa à côté de l'autel, le pontife célébrant lui dit des paroles irréligieusement moqueuses, dont M. de Talleyrand a dû se repentir au lit de mort. Il est des époques de passions et de jeunesse où l'on se laisse aller aux idées anti-chrétiennes; et d'ailleurs la petite impiété n'était-elle pas alors de mode ? N'était-il pas de bon goût de se rire des saintes et grandes cérémonies du catholicisme ? M. de Talleyrand partagea les travaux anti-religieux de l'assemblée constituante sur le clergé de France : il fut chargé d'appliquer la constitution civile à son diocèse. La forte opposition de son clergé ne lui permit pas d'exécuter ses desseins, car la majorité des curés refusa le serment. M. de Talleyrand assista au sacre des premiers évêques constitutionnels ; et, si cette conduite dévouée lui mérita les éloges de l'assemblée constituante, elle lui valut l'excommunication du saint-Siége. Pie VI lança contre l'évêque d'Autun une bulle dans laquelle il le séparait de l'église pour s'être fait adhérent de la constitution civile du clergé. Cela s'explique : cette constitution était, de sa nature, subversive de toute la foi catholique ; œuvre du parti janséniste exagéré, elle bouleversait tellement toutes les règles, qu'elle faisait concourir les juifs et les protestants des communes et des districts à l'élection du clergé catholique : on nommait un évêque ou un maître d'école, comme on élisait un député à l'assemblée constituante ; tout le même corps électoral fonctionnait dans un même système. Un absurde principe d'égalité avait fait tout niveler : le peuple nommait les maires, les évêques, les curés, les députés et les corps municipaux : c'était le désordre dans l'égalité, le niveau passé sur le corps social.

Une vive amitié unissait M. de Talleyrand à Mirabeau, ou, pour parler plus exactement, le grand tribun s'en servait

comme un instrument, ils avaient vu ensemble ces
orateurs, leurs amis, dans l'assemblée constituante. L'orateur
populaire venait d'être frappé de cette maladie mortelle qui
l'enlève si mystérieusement et si rapidement. L'évêque d'Autun s'était mis à son cheret de son ami — n'a pu pour
comme consolateur religieux, portant les secours divins au
malade, c'est-à-dire comme évêque catholique, pour lui
parler d'une vie future, quand la grande parole doit retentir-
tir. M. de Talleyrand s'était au chevet du mourant comme
le dépositaire de ses dernières pensées et de ses travaux politiques, qui annonçaient le deuil de la monarchie.

Mirabeau avait rédigé un travail sur l'égalité de partage
dans les successions et sur le droit de testament. La révolution voulait bouleverser le droit civil comme elle avait
brisé le droit politique, parce qu'elle savait bien qu'ils se
tiennent intimement. L'évêque d'Autun vint lire le discours
de Mirabeau au nom de son ami, à la tribune nationale,
et il y excita un vif enthousiasme en racontant les dernières paroles de l'orateur qui allait enfin trouver au terme
d'une carrière si agitée. La vie de Mirabeau avait été en quelque sorte la réaction d'une âme passionnée contre les persé-
cutions qu'il avait éprouvées, comme fils, sous la main d'un
père philosophe et inflexible. Son discours sur les limites du
droit de tester et l'égalité de partage en est le témoignage le plus
certain. L'assemblée constituante fut l'époque de l'enthousiasme pour la parole : cette assemblée réunissait la plupart

de ses travaux dans de brillantes théories de tribune, appuyées sur la pensée de démolition née au xviii° siècle. M. de Talleyrand n'y joua qu'un rôle secondaire, car il n'abordait la tribune qu'avec difficulté. Il s'y fit plus remarquer par sa conduite dans les affaires et son assiduité dans les comités ; on ne voit pas qu'il soit parvenu, même alors, à la réputation d'habileté taciturne de l'abbé Sieyès : je rencontre rarement son nom dans les éclatantes et graves discussions.

Quand l'assemblée constituante eut terminé ses travaux, M. de Talleyrand quitta la France pour l'Angleterre. M. de Chauvelin y tenait l'ambassade pour le malheureux Louis XVI ; l'évêque d'Autun reçut une mission dont le but secret était de rapprocher de plus en plus les deux gouvernements de France et d'Angleterre, en constituant un système de deux chambres, absolument sur le modèle anglais. Il y avait déjà quelques projets de révolution à la manière de 1688, et M. de Talleyrand pouvait servir d'intermédiaire à cette tentative : il s'entendit bien avec M. de Chauvelin, et mieux encore avec les clubs d'Angleterre. Mais les opinions marchaient trop vite pour qu'on pût songer à une pondération de pouvoirs ; la souveraineté du peuple avait amené la théorie d'une chambre unique. La diplomatie se faisait d'une singulière manière : au lieu de cette habile et prudente école qui, depuis Louis XIV, avait assuré tant d'avantages à la France, tant de beaux traités, tant de réunions importantes de territoires, la diplomatie s'amusait à faire de la propagande et à semer partout l'esprit de jacobinisme. M. de Talleyrand eut quelques entrevues avec les chefs principaux des whigs, et c'est de cette époque que dataient ses liaisons avec le comte Gray. Mêlé dès cette époque à la diplomatie de Danton, M. de Talleyrand vint à Paris au 10 août, et il aimait à dire qu'il dut à cet homme étrangement énergique de ne pas périr au 2 septembre, et d'obtenir un passeport pour l'Angleterre.

Comme tout marchait à la guerre et que le procès de Louis XVI était considéré par les tories comme un bouleversement, M. de Talleyrand reçut l'ordre de quitter la Grande-Bretagne en vertu de *l'alien bill*. On ne lui donna que vingt-quatre heures pour faire ses dispositions. M. de Talleyrand ne revint point en France ; on était, en 1793, dans le mouvement révolutionnaire ; il s'embarqua pour les Etats-Unis, cette terre que l'on montrait déjà comme un modèle, ce type de gouvernement que le parti républicain, dans l'assemblée législative, offrait sans cesse comme le plus beau système que les idées politiques pouvaient enfanter. Le gouvernement américain avait été tant prêché par M. de Lafayette ! Alors, on voit se développer les deux écoles du système américain et de la révolution de 1688, qui depuis se sont reproduites et perpétuées dans les hommes et les événements.

M. de Talleyrand s'établit aux Etats-Unis, et, pendant quelques années, il se livra au commerce avec une certaine activité de spéculation : il y a toujours eu dans le caractère de M. de Talleyrand un côté aventureux, hardi, en ce qui touche les questions d'argent ; c'est l'homme qui a le plus souvent refait sa fortune, pour me servir d'une expression vulgaire, sans tenir précisément compte des moyens. Ses biens personnels étaient sous le séquestre en France ; ce fut donc avec des fonds très restreints qu'il commença ses opérations mercantiles dans les états de l'Union. Il était assez curieux de voir un évêque de 1789, devenu ensuite orateur d'assemblée, puis diplomate secret, agent observateur pour un parti dans l'assemblée nationale, se transformer enfin en commerçant dans un comptoir, à New-York ou à Boston. Les vieilles ombres des Boson du Périgord, ces hauts barons féodaux devaient s'indigner en agitant leur blason et leurs lances, quand elles contemplaient leur petit-fils assis au milieu des ballots de coton d'une république marchande. Ainsi, les révolutions vous prennent une destinée, se jouent d'elle, l'élèvent et l'abaissent tour à tour ; mais la noblesse avait habitué la France à des carrières plus extraordinaires : n'avait-on pas vu des gentilshommes de Bretagne et de Gascogne devenus flibustiers sous Henri IV, Louis XIII et Louis XIV !

Cette profession commerciale, au milieu d'une terre aussi éloignée des grands événements, ne convenait pas à l'esprit de M. de Talleyrand, et, quand l'ordre fut un peu rétabli en France, il se hâta de solliciter une permission pour revoir Paris, premier théâtre de sa vie. M. de Talleyrand avait laissé en France de nombreux amis parmi les partisans de ce qu'on appelait alors la république modérée et l'opinion constitutionnelle ; tels étaient Chénier, madame de Staël, la partie littéraire et philosophique de la société sous le directoire, qui, après la terreur, avait repris une certaine importance, car dans les temps plus calmes, les nuances de partis se révèlent. Ce fut aux vives sollicitations de madame de Staël surtout, que M. de Talleyrand dut son retour, et l'on sait que madame de Staël exerçait alors une grande puissance. Chénier se chargea du rapport, et un décret révoqua les mesures de rigueur prises, en 1793, contre l'ancien évêque d'Autun ; on déclara qu'il n'avait pas émigré. M. de Talleyrand avait alors quitté tout à fait l'habit ecclésiastique, c'était l'homme séculier. Il avait dans le monde une réputation d'esprit, sa figure, sans avoir rien de saillant, conservait une certaine noblesse ; il portait parfaitement sa tête ; ses cheveux pendaient en boucles sur ses épaules. Ce n'était plus un jeune homme, et, néanmoins, sa réputation de galanterie et de bonne compagnie lui avait conquis un grand ascendant sur quelques femmes de l'époque, au milieu de cette société si singulière de Barras et du directoire, pêle-mêle de nobles, de fournisseurs, de grands noms et de filles de joie. M. de Talleyrand avait ramené avec lui madame Grand, qu'il avait connue à Hambourg, par un contraste assez bizarre, jamais femme, disait-on, n'avait eu moins d'esprit et moins de tenue. On sait combien d'anecdotes piquantes furent débitées sur elle dans ce faubourg Saint-Germain, tant redouté même par la république. C'est que l'esprit de bonne compagnie est une grande puissance, au temps où la mauvaise compagnie gouverne. On fit des jeux de mots, on prêta à madame Talleyrand des naïvetés adorables, dont celle de *M. Denon et de Robinson Crusoé* est une des plus ravissantes.

Dès son arrivée à Paris, M. de Talleyrand s'associa au club constitutionnel qui se tenait alors à l'hôtel de Salm. Quelques penseurs voyaient bien que la république s'en allait : elle avait alors si peu de racine en France ! Il n'y avait plus possibilité de maintenir cette démocratie faible et violente s'agitant par soubresauts et convulsions dans les assemblées publiques; on en revenait à la pondération des pouvoirs, à toutes ces idées anglaises que l'école de Mounier et de Lally-Tollendal avait voulu faire prévaloir dans l'assemblée constituante, et que M. de Talleyrand avait été chargé de représenter à Londres dans sa mission secrète, où il se mêlait, répétons-le, quelques idées d'une révolution de 1688.

L'institution d'un directoire exécutif avait été l'essai d'un système oligarchique, où, à défaut de l'unité de pouvoirs, on avait établi un centre d'action réduit à cinq personnes. M. de Talleyrand seconda de tout son crédit le directoire : il n'était pas alors assez fort pour résister au gouvernement établi ou pour tenter de le renverser; son but était seulement d'y faire quelques bénéfices. Il refusa constamment de s'unir au parti royaliste, qui, avant le 18 fructidor, préparait le renversement du directoire, et encore moins au parti jacobin, qui lui était antipathique par sa forme et ses goûts : aussi, quand le

18 fructidor éclata sur la France, avec la proscription des conseils et des journaux, M. de Talleyrand fut appelé au ministère des relations extérieures, et le *Moniteur* annonça « que le citoyen Talleyrand, dévoué à la république, allait donner une haute impulsion à nos rapports avec l'étranger. » C'était un singulier poste pour l'héritier des Boson du Périgord que de devenir ministre d'une république; mais alors l'héritier des Barras, la souche vieille comme les rochers de Provence, n'était-il pas le chef des cinq directeurs? Ce serait une curieuse histoire que de suivre la noblesse pendant la révolution française; elle y tint sa place comme, en d'autres temps, les gentilshommes dans les troubles civils. Tout ce qui était aventureux allait si bien aux cadets de famille!

Il faut se rappeler quel était, à cette époque, l'état des affaires étrangères de la France. Le directoire était en guerre avec l'Autriche, la Russie, l'Angleterre; la Belgique était à nous; nous occupions une partie de l'Italie, et l'autre se trouvait transformée en petites républiques toutes modelées sur le directoire exécutif; car il y avait alors, comme dans toutes les révolutions, une grande manie de propagande. Le principal mobile du gouvernement directorial était l'argent; tout se faisait à l'aide de la corruption; on se hâtait de conquérir la fortune pour la dépenser ensuite en tristes débauches. Quand une négociation s'ouvrait avec l'étranger, on commençait par imposer des contributions, par exiger des présents secrets; le ministre des relations extérieures était une espèce d'agent chargé de recueillir toutes ces dépouilles opimes qui venaient ensuite engraisser les amis de Barras et de Sieyès, ou quelques femmes qui envahissaient les Salons du Luxembourg et présidaient à leur mondanité. C'était un temps sans pudeur; la société ressemblait à ces courtisanes grecques du directoire, qui, dans leur nudité, mettaient des pierres précieuses jusque sur leurs doigts de pieds. M. de Talleyrand recommença une fois encore sa fortune; mais il manœuvra sans doute avec trop peu de ménagements, car, quelques mois après, hautement dénoncé par Charles de Lacroix, il fut obligé de donner sa démission, après avoir publié une brochure assez curieuse que j'ai pu me procurer; elle porte le titre d'Éclaircissements. Une brochure de M. de Talleyrand est un livre rare, car cet homme a écrit si peu dans sa vie! Ce petit livre contient une exposition de la conduite du citoyen Talleyrand depuis la constituante jusqu'à son ministère des affaires étrangères; il est écrit dans des termes fort modérés. Le ministre disgracié répond aux calomniateurs avec une clarté et une simplicité remarquables; il invoque son passé et toute sa vie. Cette brochure suscita une vive polémique. Le citoyen Talleyrand fut aussi dénoncé à la tribune des Cinq-Cents, même par Lucien Bonaparte, comme concussionnaire; on l'accabla sous des témoignages, afin de lui appliquer les principes de la responsabilité ministérielle. Il ne se sauva qu'avec peine de cette mauvaise position, où un peu trop d'avidité l'avait placé pendant son ministère des relations extérieures. Je dois le dire, un des défauts de M. de Talleyrand fut cette publique indifférence dans toutes les accusations qui touchaient à l'argent ; elle le compromit trop souvent, et le jeta même dans des maladresses.

Blessé contre le directoire, on le voit alors travailler de toutes ses forces à l'établissement du gouvernement consulaire. Bonaparte, en arrivant d'Égypte, s'était entouré de tout ce qui avait quelque talent politique ou quelque pensée d'ordre dans la société, et il ne dédaigna pas la capacité répandue de M. de Talleyrand. L'abbé Sieyès n'avait aucune prédilection pour l'évêque d'Autun, ils étaient en bouderie de clerc à clerc ; mais Bonaparte avait besoin de tous les deux. Il n'avait pas de répugnance quand il s'agissait de faire triompher son ambition ; il les employa donc, chacun selon son mérite, pour les faire servir à ses desseins. L'action qu'exerçait M. de Talleyrand sur le parti constitutionnel ne fut pas inutile au 18 brumaire, et, lorsque le gouvernement consulaire fut établi, la commission provisoire appela M. de Talleyrand au ministère des relations extérieures, comme récompense des services rendus ; proclamé premier consul, Bonaparte le confirma dans ce poste.

Ici s'offrit une carrière plus vaste à l'esprit de M. de Talleyrand : le gouvernement consulaire se fondait sur le principe d'unité ; il n'y avait plus dans les relations avec l'étranger cette violence désordonnée de la convention nationale, ou bien ce décousu du directoire. On pouvait traiter avec convenance et modération ; les rapports d'états à états prenaient un caractère de régularité qu'ils n'avaient jamais eu sous les gouvernements précédents, et alors s'ouvrirent les grandes négociations diplomatiques qui préparèrent le repos de l'Europe. De nombreux traités signalèrent les glorieux commencements du consulat : à Lunéville, la paix fut signée avec l'Autriche ; à Amiens, une convention fut arrêtée avec l'Angleterre ; la paix avec la Porte et la Russie suivit les autres traités ; et, dans toutes ces circonstances, M. de Talleyrand se montra habile et plein de convenances. Il mit des formes excellentes dans tous les rapports de gouvernement à gouvernement, se séparant toujours de ces relations bizarres que les agents du directoire avaient apportées dans les négociations extérieures, à l'époque de ces diplomates en carmagnoles qui levaient tant de contributions forcées sur les tableaux, les crucifix d'or et les deniers du pauvre déposés aux monts-de-piété.

Ces traités aidèrent beaucoup la fortune de M. de Talleyrand ; presque tous furent suivis de présents d'une certaine importance, selon la coutume dans les négociations d'état à état.

Dans ces circonstances, le ministre ne mit pas assez de pudeur, je dirai presque d'habileté : on sut à peu près ce que chaque traité lui avait procuré en écus et en diamants. Il y eut, sans doute, de l'exagération dans ces accusations de partis mécontents ; mais, je le répète, un des grands défauts de M. de Talleyrand fut de jouer avec la corruption et de l'établir en principe dans ses théories même de conversation ; la flétrissure en reste. Il avait un peu trop de mépris pour les hommes, et ce sentiment, la société vous le rend bien. M. de Talleyrand avait besoin de tous les éléments d'une fortune nouvelle : il apportait partout un esprit hardi dans les spéculations, économe et avare dans les petites choses : il jouait à la bourse avec frénésie ; il y perdit même des sommes considérables. A la suite du traité d'Amiens, il avait spéculé à la hausse, c'était presque jouer à coup sûr ; mais il arriva, par une de ces bizarreries que l'agiotage peut seul expliquer, que les fonds publics baissèrent de plus de dix francs après la signature du traité, et M. de Talleyrand perdit plusieurs millions en un seul coup de bourse. Ces caprices de fortune sont fréquents dans cette longue vie ; ils expliquent le besoin incessant de refaire une situation.

Alors l'ancien évêque d'Autun venait d'être rendu tout entier à la vie séculière par un bref du pape Pie VII. En négociant le Concordat, le premier consul exigea que M. Portalis écrivît à Rome pour obtenir un bref du pape en faveur de la sécularisation de M. de Talleyrand, et le vénérable Pie VII, qui fit tant de sacrifices pour obtenir la paix de l'Eglise, consentit à cet acte, qui dépassait un peu les pouvoirs du pontificat, car, d'après les canons de l'Eglise, le caractère de prêtre est indélébile. Ce bref, dit-on, ne fut pas entièrement explicite : le pontife ne posa point en principe le mariage des prêtres ; il donna seulement ce bref d'indulgence et de pardon personnel à M. de Talleyrand pour un acte accompli, et en vertu du pouvoir discrétionnaire.

À peine rendu à la vie séculière, M. de Talleyrand eut à subir les exigences impérieuses du premier consul. Bonaparte, qui se piquait de haute moralité, lui imposa l'obligation du mariage, grande plaie pour l'homme spirituel et de bon goût : avec le tact qui lui était habituel, M. de Talleyrand vit bien tout le parti que le faubourg Saint-Germain allait tirer de la simplesse mal apprise de madame Grand ; et quand celle-ci serait devenue la citoyenne Talleyrand, combien n'allait-elle pas prêter aux sarcasmes et aux moqueries de l'aristocratie? Il fallut se résigner, car le premier consul l'avait imposé, et le mariage fut célébré à la municipalité et à l'église; et, comme on le disait alors, *l'évêque d'Autun prit femme*.

Le ministère du premier consul comptait deux hommes importants : M. de Talleyrand et Fouché. L'un représentait auprès de Bonaparte l'ancienne aristocratie ralliée, c'était l'homme des formes et des traditions diplomatiques; Fouché, au contraire, restait l'expression du jacobinisme, de ce principe révolutionnaire que le premier consul considérait comme une maladie interne, mortelle pour son pouvoir. Il dut naturellement s'élever une rivalité profonde, continue, entre ces deux hommes, portés au ministère par des idées si diverses, et qui se trouvaient en présence comme l'expression de systèmes opposés, tous deux avec une capacité incontestable, se dénonçant ou se surveillant au moins avec inquiétude; Fouché avait d'ailleurs la grande ambition de diriger les affaires extérieures. Bonaparte savait cette haine, il était trop habile pour sacrifier l'un de ces ministres à l'autre : chacun lui servait de contrôle; il les écoutait comme des renseignements, sûr qu'il était qu'ils ne laisseraient pas échapper leurs trahisons mutuelles. C'est ainsi que Fouché livra à Bonaparte la minute du traité secret avec Paul Ier, que M. de Talleyrand avait communiquée au cabinet de Londres par l'intermédiaire de l'un de ses agents. Cet agent fut sacrifié; mais Bonaparte n'osa point toucher M. de Talleyrand, parce qu'il y avait quelque danger à ébruiter la trahison. Depuis, le même agent fut encore employé par M. de Talleyrand dans plusieurs négociations subalternes : on sait que celui-ci aimait les hommes peu scrupuleux en affaires, gens qu'il pouvait désavouer au besoin, et qui se résignaient à se laisser désavouer.

Ici se présente la fatale affaire du duc d'Enghien. Il est aujourd'hui constaté que M. de Talleyrand connut aussi bien que le général Savary la résolution de Bonaparte pour faire enlever le prince : en vain il l'a nié, les preuves existent. La lettre de M. de Talleyrand au baron d'Edelsheim, ministre de Bade, demeure en son entier. En voici quelques fragments : « Le premier consul a jugé nécessaire d'ordonner à deux détachements de se rendre à Offembourg et à Ettenheim pour s'assurer des auteurs d'un crime si odieux, qu'il est de nature à priver du droit des gens ceux qui sont convaincus d'y avoir participé. » Après l'arrestation, M. de Talleyrand connut toutes les poursuites de cette horrible affaire ; il assista au conseil privé où la condamnation fut résolue ou au moins préparée. Je n'ose croire à la froide et laconique réponse qui fut faite par M. de Talleyrand dans le salon de madame la duchesse de***, sa vieille amie, le soir même où le duc d'Enghien fut jugé à Vincennes. Cette réponse n'était pas seulement une expression atroce, mais encore une imprudence qui n'était pas dans les habitudes de M. de Talleyrand. Il y a déjà un assez grand malheur pour lui d'avoir participé, même indirectement, à cette épouvantable affaire !

Au milieu des actives négociations où M. de Talleyrand éprouvait le besoin de se poser et de paraître, y avait-il dans son esprit un système politique ou une pensée générale ? M. de Talleyrand conservait une propension absolue pour les idées et l'alliance anglaises ; on le voit constamment occupé de cette base première de toute sa diplomatie : il n'avait pas oublié son séjour en Angleterre dans les premiers temps de la révolution française, sous M. de Chauvelin ; lié au parti whig, il considérait la Grande-Bretagne comme l'alliée politique de la France contre la Russie, laquelle lui paraissait la puissance la plus redoutable pour la civilisation du monde ; il ne remarquait pas que, par sa situation, la Russie est notre alliée la plus facile, la plus naturelle, la plus désintéressée : la France et la Russie ne se heurtent ni militairement ni commercialement. Mais il y a des impressions de jeunesse qui ne s'oublient pas, et M. de Talleyrand avait passé en Angleterre les plus belles années de sa vie dans l'amitié des lords Grey, Russel, Fox et Shéridan.

A l'avénement de Napoléon à l'empire, M. de Talleyrand reçut le titre de grand-chambellan ; il avait préparé l'Europe à cet événement par sa correspondance diplomatique ; il l'avait solennellement justifié aux yeux des cabinets. Napoléon aimait à s'entourer des illustrations de races, et il semblait utile au nobiliaire de sa couronne d'avoir un Boson de Périgord parmi ses officiers de palais ; cela aidait sa passion d'aristocratie, sa pensée sociale de reconstituer le passé. M. de Talleyrand joua un grand rôle dans les premières négociations d'Allemagne avant et après la paix de Presbourg, cette paix qui modifia si radicalement l'existence politique et territoriale de la nation germanique. M. de Talleyrand façonna, de concert avec M. Reinhard, la confédération du Rhin qui en finit avec la prépondérance allemande de la vieille maison d'Autriche. A la suite de ces négociations, il reçut le titre de prince de Bénévent, avec une véritable vassalité, sous le protectorat de la France ; elle lui donnait un revenu de 150,000 fr. de rente, ce qui, joint à son ministère des relations extérieures, portait son bugdet à 500,000 francs environ. Époque brillante du ministère de M. de Talleyrand que la paix de Presbourg ! Il déploya une certaine majesté de formes, comme le représentant de la magnifique physionomie militaire qui jetait sa grandeur sur le monde. Le prince de Bénévent tint sa cour plénière d'électeurs germaniques qui venaient réclamer auprès de lui un fief, une part de souveraineté.

Au faîte de ses grandeurs, M. de Talleyrand fut toujours préoccupé de l'alliance anglaise, et, quand Fox remplaça Pitt aux affaires, il conçut encore le projet d'ouvrir des négociations dans le but de la paix : sa pensée était qu'il ne pouvait y avoir de pacification en Europe sans le concours de l'Angleterre ; il voulait combiner un vaste système de compensation pour l'amener à des idées pacifiques, car il n'y a de traité durable que sur des bases d'équité. Ici se présente une des circonstances les plus graves de la vie de M. de Talleyrand.

On a dit que le ministre se retira des affaires parce qu'il ne partageait pas les opinions de Napoléon sur la guerre d'Espagne ; j'ai beaucoup étudié cette question, et je crois que ceci est historiquement inexact : il n'y a qu'un rapprochement de date entre la retraite de M. de Talleyrand et le guet-apens de Bayonne ; c'est de ce rapprochement qu'on a profité pour glorifier la disgrâce du ministre. M. de Talleyrand fut en effet remplacé par M. de Champagny un peu avant les événements d'Espagne, mais il prit part avec le cabinet à toutes les intrigues qui préparèrent les événements d'Aranjuez. La réunion de la Péninsule dans une politique commune avec la France marchait trop immédiatement dans les idées historiques de M. de Talleyrand sur le pacte de famille. Il existe plusieurs lettres du prince de Bénévent qui constatent sa participation à tous ces événements, et un rapport curieux à l'empereur développe les avantages de la réunion des deux couronnes dans sa famille : imitation de la grande politique de Louis XIV.

La véritable cause de la disgrâce de M. de Talleyrand fut les mouvements actifs qu'il se donna pour négocier la paix avec l'Angleterre, en dehors de Napoléon. L'empereur n'aimait pas les hommes qui agissaient d'eux-mêmes : il voulait que tout reçût son immense impulsion ; il se débarrassa de M. de Talleyrand, comme plus tard il secoua le joug de la police de Fouché. Il est des époques ainsi où les hommes importants embarrassent : on ne veut plus alors de conseillers, mais des serviteurs dévoués. M. de Talleyrand profita de la circonstance, et, comme la guerre d'Espagne était impopulaire, il se présenta comme le martyr de la paix, l'homme de la modération. L'habileté de M. de Talleyrand fut toujours de donner à ses disgrâces un motif qui pût lui assurer une bonne situation en face de l'opinion publique ; alors il en profitait pour faire une opposition sourde et meurtrière au pouvoir qui le jetait en dehors de son cercle d'activité : quand il n'était plus à la tête pour diriger, il se mettait à la queue pour empêcher, et il faisait une diversion dangereuse, parce qu'elle était dans la réalité des affaires. Toutefois, la retraite de M. de Talleyrand fut couverte d'un manteau d'or : il reçut la dignité de vice-grand-électeur, avec le même traitement de 500,000 francs dont il jouissait dans son ministère. L'activité de son esprit se porta de nouveau sur les opérations industrielles ; il joua à la bourse, commandita des maisons de banque à Hambourg, à Paris ; il plaça des sommes considérables sur les fonds anglais, et attendit ainsi les événements. Savoir attendre est une habileté en politique, la patience a fait souvent les positions ; c'était là un des axiomes de M. de Talleyrand : il ne voulait jamais se presser.

Il se formait dans l'empire, au sein même des grands dignitaires, parmi les sommités les plus hautes du sénat, de l'administration et de l'armée, une opposition secrète contre Napoléon ; craintive de se manifester par des actes, elle osait de simples propos, des demi-confidences, on ne se compromettait pas, mais on conspirait moralement ; on disait de ces mots qui se répétaient comme des sentences et des prophéties dans les salons. *C'est le commencement de la fin*, avait dit M. de Talleyrand lors de l'expédition de Moscou, et cette juste appréciation avait fait fortune. Terrible opposition que celle des salons et du monde ! elle vous tue à petit feu, elle brise la pensée la plus forte, elle détruit les meilleurs plans ; mieux vaut avoir à soutenir une bataille rangée, face à face. Cette opposition grossissait : la police, plus brutale qu'intelligente de M. Savary, ne pouvait la contenir, elle éclatait de toutes parts ; et d'ailleurs, les hommes qui se plaçaient à la tête de la résistance étaient trop considérables pour que l'empereur osât même y toucher. M. de Talleyrand et Fouché eurent à cette époque l'impunité de leurs actes, ils agissaient contre l'empereur et on n'osait les briser. On a toujours cru que Napoléon, au faîte de sa grandeur, pouvait faucher toutes les têtes; il y en avait de trop hautes pour lui qui était pourtant si haut ! Le jour qu'il aurait frappé M. de Talleyrand et Fouché, tous les fonctionnaires de l'empire se seraient jugés à la merci d'un caprice : Cambacérès, Lebrun, Regnault de Saint-Jean-d'Angély, désormais sans garantie contre un maître odieux, auraient peut-être secoué le joug.

Déjà, au commencement de 1813, M. de Talleyrand s'était mis en rapport avec les Bourbons. Louis XVIII avait pour grand-aumônier le vénérable cardinal de Périgord, l'oncle même de M. de Talleyrand, un peu en froid avec lui. Il fut très facile, comme on le sent, d'échanger des espérances et des promesses pour l'éventualité d'une restauration future; tout cela secrètement et par de simples confidences, car la restauration n'était point encore préparée dans les esprits. M. de Talleyrand ne cessa pas d'être en rapport, par ses agents intimes, avec Louis XVIII, qui écrivait alors des lettres confidentielles à tous les grands fonctionnaires de l'empire, à M. Cambacérès lui-même. Ces lettres inondaient Paris; et, pendant ce temps néanmoins, M. de Talleyrand faisait partie du conseil de régence, nommé pour seconder Marie-Louise, que l'empereur avait placée à la tête du gouvernement de la France. M. de Talleyrand apportait un vif intérêt à toutes les questions du gouvernement; il suivait avec assiduité toutes les séances du conseil de régence, et se montrant le plus zélé des serviteurs de l'empereur; l'idée de régence lui allait aussi parfaitement, il s'y serait arrêté en politique. Sous main, la correspondance continuait entre le prince et Louis XVIII, qui, avec son tact parfait des hommes, promettait de le maintenir dans sa magnifique position ; il y ajoutait la promesse de la direction du gouvernement. Quant à la régence de Marie-Louise, elle contenait l'idée d'un rapprochement avec l'Autriche ; c'était le plan de la partie habile du conseil de Napoléon qui voulait diviser les alliés en suscitant des intérêts divers.

Les malheurs de la guerre avaient amené l'ennemi près de la capitale. A mesure que le pouvoir de Napoléon s'affaiblissait, on prévoyait toutes les chances : la régence, un gouvernement provisoire, la restauration des Bourbons ! Dès 1812, tout prestige était effacé sur l'empereur : l'incendie de Moscou, les glaces qui avaient enveloppé d'un linceul la grande armée, la conspiration de Mallet, avaient ébranlé la force impériale. Les négociations de M. de Talleyrand prenaient une indicible hardiesse ; les plénipotentiaires des puissances avaient fixé un congrès à Châtillon, plutôt pour la forme que pour discuter des questions véritablement diplomatiques. M. de Caulincourt devait y présenter un traité sur les limites de la France en conservant Napoléon sur le trône ou la régence de Marie-Louise. Le dévouement de M. de Caulincourt à l'empire ne pouvait pas être mis en doute : ce fut à ce moment que M. de Talleyrand envoya un agent mystérieux au quartier-général de l'empereur Alexandre. Cet agent, M. de Vitrolles, je crois, dut exposer l'état de la capitale, le besoin qu'on avait d'en finir avec l'empereur Napoléon, la nécessité surtout d'une restauration de l'ancienne dynastie, seule solution positive à l'état de choses. M. de Vitrolles s'acquitta avec beaucoup de zèle et d'esprit de cette mission intime qui le plaçait en face d'immenses dangers; il parvint à remettre à l'empereur Alexandre des lettres chiffrées de M. de Talleyrand, et un mémoire fort détaillé sur l'état des esprits. Faut-il le dire? les alliés, très froids pour les Bourbons, ne comprenaient pas bien la portée de ce mouvement; ils ne savaient pas quel en serait le résultat. Ce fut alors que M. de Talleyrand développa la corrélation de ces deux idées : l'ancien territoire et l'ancienne dynastie; système d'ailleurs exposé à Châtillon avec beaucoup de force par lord Castlereagh.

Le parti des mécontents grandissait à Paris. M. de Talleyrand s'était rapproché de plusieurs sénateurs qui avaient conservé quelques souvenirs de la république, et professaient des haines surtout contre Napoléon : tels étaient MM. Lambretchs, Lanjuinais et Grégoire, et le prince de Bénévent pouvait compter sur eux pour un mouvement contre l'empire. En même temps il s'était entouré du duc de Dalberg, de M. de Pradt, et d'une multitude d'agents royalistes qui portaient la parole à MM. de Noailles, Fitz-James, Montmorency : ceux-ci travaillaient secrètement pour les Bourbons. Le moment était venu d'en finir avec l'empire : il y avait tant de mécontents dans la bourgeoisie de Paris et en province! On préparait avec beaucoup de précaution les éléments d'une restauration bourbonienne. Quand il fut une fois décidé, d'après les instructions de Napoléon, que l'impératrice quitterait Paris pour établir sa régence à Blois, M. de Talleyrand s'empressa de déclarer qu'il suivrait cette régence avec un grand zèle, car il avait besoin de donner des gages au parti impérialiste, et, par un coup de ruse qui tenait à son caractère et à sa position, il fit prévenir les alliés de sa fuite jouée. Le prince de Schwartzemberg posta un petit corps de cavalerie à la première poste de la route de Blois, qui arrêta à point nommé la voiture de M. de Talleyrand, et le força de rétrograder sur Paris. L'habile diplomate se dit contraint par la violence de rester dans la capitale. Par ce moyen, le vice-grand-électeur put se poser comme le chef et le centre du mouvement qui se préparait contre l'empereur; il ouvrit son salon à tous les mécontents, réchauffant l'idée de déchéance qui plaisait aux passions des républicains; car ils s'apercevaient seulement alors que l'empereur avait violé la constitution. Le terrain fut bien choisi, et M. de Talleyrand travailla en grand et à l'aise à la chute de Napoléon; tout marchait là depuis 1812, et c'en était fait de la force morale de l'empire.

Dans le sénat commença même la grande intrigue de M. de Talleyrand. Il savait la simplicité et les répugnances instinctives du parti patriote, composé de MM. Grégoire, Lambretchs et Lanjuinais, contre Napoléon; tous devaient servir de pivot au nouvel ordre de choses. Quelques-uns croyaient préparer la régence. M. de Talleyrand leur promit des formes constitutionnelles, la souveraineté du peuple, les vieux rêves de la république, et ils saluèrent avec joie tous ces souvenirs. Il ne fut pas difficile d'ameuter ces intelligences de second ordre. Le parti patriote prit donc l'initiative pour demander la déchéance de l'empereur : on énuméra tous les griefs sur lesquels on avait été si prudemment silencieux pendant les temps de prospérité; on se rua sur Napoléon, et la déchéance fut prononcée par le sénat, au mois d'avril 1814. Napoléon fut sacrifié par ce corps qui avait suivi ses volontés pendant les dix années de l'empire. Il n'y a rien de violent et de rancunier comme les assemblées qui ont été longtemps abaissées sous le despotisme, elles se vengent avec violence sur la puissance tombée !

Lorsque l'empereur Alexandre entra dans la capitale, M. de Talleyrand acquit assez d'ascendant sur son esprit pour obtenir de lui qu'il vînt habiter l'hôtel de la rue Saint-Florentin, honneur inouï qui constatait sa haute situation. Le czar occupa l'appartement que vous voyez encore, et qui se déploie sur le long balcon de pierre à l'extrémité de la rue de Rivoli. Ce fut dans le salon bleu que la restauration se prépara, avec les idées et les principes que j'ai exposés dans un livre spécial (*Histoire de la Restauration*). L'ascendant que M. de Talleyrand exerça sur les transactions de cette époque fut immense : il détermina l'empereur Alexandre à repousser toutes les propositions pour la régence de Marie-Louise, et les loyales démarches du maréchal Macdonald. Actif instigateur de tous ces refus, M. de Talleyrand avait adopté une maxime admirable de netteté, qu'il se complaisait à répéter pour en finir avec toutes les négociations : « Les Bourbons sont un principe, tout le reste n'est qu'une intrigue. » Plus tard, M. de Talleyrand n'oublia aucun des services qu'il avait rendus à la vieille dynastie : dans les jours de sa disgrâce, sous la restauration, l'habile diplomate aimait à montrer ce salon bleu qu'avait occupé l'empereur Alexandre, et il répétait avec un accent affecté d'amertume et de moquerie, comme pour flétrir l'ingratitude des Bourbons : « C'est pourtant ici, messieurs, que s'est faite la restauration ! » Et alors le spirituel conteur indiquait la place que chacun occupait au mois de mai 1814. « Au coin de la table, disait-il, était l'empereur Alexandre ; là, le roi de Prusse ; ici, le grand-duc Constantin ; un peu plus loin, MM. Pozzo di Borgo, de Hardenberg, Nesselrode. Oui, Messieurs, c'est ici, dans ce petit salon, que nous avons refait le trône des Bourbons et la monarchie de quatorze siècles. » Et il répétait cela avec un sourire moqueur qui révélait ses mécontentements, et peut-être ses desseins d'avenir pour renverser ce qu'il avait si facilement élevé. Quand une monarchie avait été restaurée dans l'enceinte étroite d'un salon, devait-elle inspirer beaucoup de confiance? Telle était l'arrière-pensée du grand faiseur d'événements.

Jusqu'à l'arrivée de Louis XVIII, M. de Talleyrand fut à la tête du gouvernement provisoire ; toute la responsabilité portait sur lui, et il eut alors à se reprocher bien des actes d'entraînements qui se rattachaient à l'esprit de l'époque. Il est des temps où la tête humaine ne s'appartient pas; elle suit le torrent des idées, elle s'empreint d'un esprit de réaction. La mission de M. de Maubreuil n'a jamais été parfaitement éclaircie. De quoi s'agissait-il? On a prétendu que M. de Maubreuil n'avait d'autre ordre que d'arrêter les diamants de la couronne; d'autres récits disent qu'il y allait d'une mission plus sanglante contre Napoléon, semblable peut-être à celle qui avait frappé le dernier des Condé. Je puis dire que M. de Maubreuil n'eut jamais de conversation directe et d'entrevue personnelle avec M. de Talleyrand; dans ces circonstances déplorables, celui-ci ne se mettait jamais en vue. Voici ce qui se passa. Un des secrétaires de M. de Talleyrand, alors dans sa confiance, dit à M. de Maubreuil avec un grand laisser-aller de paroles : « Voilà ce que le prince exige de vous; ci-joint une commission et de l'argent; et, comme preuve de ce que je vous dis et de l'assentiment du prince, tenez-vous dans son salon aujourd'hui; il passera et vous fera un signe de tête approbatif. » Ce signe fut fait, et M. de Maubreuil se crut autorisé à remplir une mission : quelle était la nature de cette mission ? Les temps historiques ne sont point venus encore pour qu'on puisse tout dire et tout éclaircir; je ne juge au-

cune conduite. Il est des époques, je le répète, dans lesquelles on ne s'appartient pas.

Louis XVIII, en arrivant à Paris, nomma M. de Talleyrand premier ministre, avec le département des affaires étrangères; il lui laissait ainsi la direction suprême des négociations diplomatiques comme un témoignage de reconnaissance et le gage de la paix générale.

Un traité fut signé; la France eut son ancien territoire et son antique dynastie, comme cela avait été arrêté depuis les événements de Paris : toutes les questions diplomatiques générales durent ensuite se régler dans un congrès des puissances, fixé à Vienne. M. de Talleyrand se trouva désigné comme ambassadeur extraordinaire du roi de France, afin de le représenter au congrès, mission qui lui revenait de plein droit. Dès le mois de novembre, toute la légation française vint à Vienne. M. de Talleyrand y déploya une grande activité; il fallait y donner une bonne situation à la France, chose difficile après ses malheurs et ses guerres. C'est une justice à rendre à M. de Talleyrand : tout abaissée qu'elle était, il la plaça en première ligne. Ce fut à son intervention que la branche cadette des Bourbons fut restaurée à Naples. Louis XVIII sauva la Saxe d'une destruction imminente; enfin, vers la fin du congrès, M. de Talleyrand se rapprochant de M. de Metternich et de lord Castlereagh pour empêcher les envahissements de la Russie sur la Pologne, conclut, au mois de février 1815, un traité secret avec l'Angleterre et l'Autriche, où le cas de guerre était prévu et le contingent fixé ; j'en ai donné le texte curieux (1). »

La pensée d'une alliance anglaise et l'antipathie pour la Russie ne cessèrent pas de dominer, pendant tout le congrès de Vienne, M. de Talleyrand : il suit cet amour comme cette haine avec une grande ténacité ; il va jusqu'à écrire dans la correspondance secrète, si spirituellement engagée avec Louis XVIII : « Qu'une princesse russe n'est pas d'assez bonne maison pour M. le duc de Berry, et qu'on ne doit pas y songer, les Romanow ne pouvant se mettre sur un pied égal avec les Bourbons ! » Cette circonstance ne fut jamais oubliée par l'empereur Alexandre, qui voua dès ce moment une vive antipathie à M. de Talleyrand; elle se retrouva violente après les événements de 1815, lorsque le traité du mois de mars eut été communiqué à l'empereur de Russie.

Napoléon débarquait au golfe Juan, et sa marche rapide sur Paris excita la plus vive émotion au sein du congrès de Vienne. L'activité de M. de Talleyrand redoubla d'ardeur. Napoléon l'avait proscrit dans ses décrets datés de Lyon, et M. de Talleyrand s'en vengea en faisant mettre Napoléon au ban de l'Europe : il s'agita beaucoup pour obtenir ce résultat. La déclaration du congrès de Vienne fut son ouvrage ; il détermina lord Castlereagh et M. de Metternich à la signer.

(1) *Histoire de la Restauration.*

Dès ce moment, la coalition s'ébranla pour la guerre ; la France fut de nouveau menacée par des myriades d'hommes armés, et la bataille de Waterloo brisa pour la dernière fois la puissance de Napoléon. Quand un pouvoir est fini, toutes ses tentatives sont inutiles ; c'est la lumière qui brille un moment et s'éteint.

M. de Talleyrand rentra à Paris avec la famille des Bourbons ; il n'avait plus la même autorité. Louis XVIII avait appris qu'à Vienne son plénipotentiaire, et M. de Dalberg pour lui, avait reçu des ouvertures pour l'éventualité d'un avénement de la branche cadette à la couronne, et cela n'avait pas été oublié. Louis XVIII, avec sa sagacité et son expérience habituelles, n'aurait point dès lors choisi pour ministre le plénipotentiaire de Vienne ; mais l'influence du duc de Wellington, qui plaça Fouché à la police, rendit à M. de Talleyrand le portefeuille des affaires étrangères. Le cabinet du mois de juillet 1815 fut formé dans des combinaisons toutes anglaises.

Tant que M. de Talleyrand n'eut qu'à traiter avec lord Castlereagh et les Prussiens, il conserva de l'ascendant sur les négociations. Mais combien étaient dures les conditions imposées par ces deux puissances! Le duc de Wellington, rattaché à M. de Talleyrand, comme au vieux représentant de l'alliance anglaise, le soutenait de tout son crédit, et il était grand. Cependant, dès le mois d'août 1815, les choses changèrent de face · les Russes étaient entrés en ligne avec 550 mille baïonnettes ; l'empereur Alexandre prit part à la négociation, et, comme la Russie était seule bienveillante envers la maison de Bourbon, comme seule elle défendait l'intégrité de notre territoire, et ne demandait pas les sacrifices imposés par la Prusse et l'Angleterre, elle devint bientôt puissance prépondérante. La première condition qu'exigea l'empereur Alexandre, ce fut le renvoi de M. de Talleyrand, condition préalable à tout traité. Depuis, le ministre a prétendu qu'il s'était volontairement retiré des affaires pour ne pas signer la convention de Paris, dure nécessité des malheurs de la France. Le fait est aussi inexact que l'opposition de M. de Talleyrand à la guerre d'Espagne, en 1808. Le ministre a voulu jeter de l'intérêt sur toutes ses disgrâces ; il avait fait tous ses efforts auprès du duc de Wellington et de la Prusse pour obtenir un traité ; il n'avait pas réussi. M. de Talleyrand ne se retira que par impuissance de négocier : il s'était plié à tout ; il avait fait mille concessions au Czar, jusqu'à ce point de désigner M. Pozzo di Borgo pour ministre de l'intérieur.

Jamais Alexandre ne voulut consentir à voir M. de Talleyrand et à négocier avec lui. La Russie, en nous retirant son influence, nous faisait perdre l'Alsace et la Lorraine réclamées par la Confédération germanique. Le Czar prit en main les négociations et fit des conditions meilleures que l'Angleterre et la Prusse. Louis XVIII aimait à raconter, avec cet esprit malin qu'il possédait admirablement, la scène à la suite de laquelle il demanda ou accepta la démission de l'évêque d'Autun. Le roi en était tout joyeux ; il n'aimait pas les formes impératives et absolues de

M. de Talleyrand, qui lui imposait des signatures plutôt qu'il
ne le consultait sur la question politique; et, bien que le roi
fût un peu philosophe, il ne pardonnait pas l'oubli des lois
de l'église dans un prêtre marié. Cela allait si loin que le cardinal de Périgord, grand aumônier de France, ne reconnais-
sait à son neveu que la dignité d'évêque. Le parti royaliste,
si puissant alors, se moquait aussi du prince de Talleyrand,
et la caricature spirituelle le représentait sans cesse la crosse
en main. On voulait se débarrasser de lui comme on s'était
débarrassé de Fouché, l'ex-oratorien régicide. Un jour, dans
un salon du faubourg Saint-Germain, M. de Talleyrand disait
à grande voix aux royalistes : « Mais, messieurs, vous voulez ramener l'ancien régime, et cela n'est pas possible. » Le
caustique et spirituel M. de Sallabéry répondit : « Mais, monseigneur, qui peut songer à vous refaire évêque d'Autun? ce
serait folie! » Le mot fut blessant et resta dans la plaie.
Toutefois, sur les instances de M. de Richelieu, le roi
nomma M. de Talleyrand grand-chambellan de France,
titre du palais au traitement de 100,000 francs. Le duc
de Richelieu soutint, dans le conseil de Louis XVIII, qu'a-
près les services de M. de Talleyrand, en 1814, les Bourbons
devaient faire quelque chose de large pour lui. Louis XVIII
devait se souvenir que M. de Talleyrand avait défendu sa
dynastie au moment où la restauration était mise en doute
dans les cabinets européens.

Ce fut avec cette dignité de grand-chambellan que M. de

Talleyrand passa la restauration. Il n'était point aimé aux Tuileries, où il allait par étiquette, remplissant toujours son office debout, derrière le fauteuil du roi, avec une admirable ponctualité. Louis XVIII l'accueillait avec froideur ; Charles X, plus bienveillant pour tous, lui adressait quelquefois la parole en termes polis et vagues. Dans les dîners d'apparat, M. de Talleyrand exerçait sa charge ; Louis XVIII était assis à table ; non loin de lui était placé le grand-chambellan sur un pliant, et, tandis que le monarque mangeait avec un très bon appétit la faisanderie de la chasse, M. de Talleyrand trempait un biscuit dans son vieux vin de Madère. Il se passait là une scène muette d'un remarquable intérêt ; le roi, avec ses yeux moqueurs, regardait fixement de temps à autre M. de Talleyrand, qui, avec son impassibilité, si grossièrement définie par le maréchal Lannes, continuait à tremper son biscuit, et à lentement déguster son Madère, avec un regard de déférence respectueuse pour le roi, son maître. Il n'était pas dit un seul mot du souverain au chambellan dans ce court repas, et M. de Talleyrand venait reprendre sa place derrière le fauteuil du roi, avec ce froid cérémonial qui représentait la marche de la statue de marbre du commandeur dans le *Festin de Pierre :* seulement, le grand-chambellan gardait sa rancune ; elle se retrouva contre toute une dynastie.

A la chambre des pairs, M. de Talleyrand adopta le rôle d'une opposition d'autant plus solennelle qu'elle comptait les hommes d'état de toutes les époques, ceux qui avaient touché les affaires et les vastes négociations ; il ne parla que très rarement ; je crois même qu'il ne reste que deux discours de lui : le premier, à l'occasion de la guerre d'Espagne, en 1823. Il s'engagea gauchement dans la question ; il prédit des malheurs à nos armes, et il y eut des succès : c'est une faute énorme en politique que les prédictions. La seconde fois ce fut à l'occasion de la loi électorale et de la liberté de la presse ; le prince rappela les promesses historiques de Saint-Ouen, auxquelles il avait assisté. M. de Talleyrand faisait très peu parler de lui à la haute chambre ; il n'avait que cinq ou six pairs au plus qui lui donnaient leur vote. Il n'en était pas de même dans son salon et dans son cabinet de toilette ; il voyait beaucoup de monde, et il recevait les confidences de tous les partis. M. de Talleyrand caressa tour à tour les sociétés libérales et les coteries aristocratiques surtout, pour lesquelles il avait une vieille prédilection. Sa fortune était fort délabrée, par suite d'une célèbre faillite qui enleva quatre millions au seul duc de Dalberg, son ami. M. de Talleyrand restait peu à Paris. Il demeurait à Valençay ou dans ses grandes terres de Touraine, très obérées d'hypothèques ; et, sans l'esprit d'ordre de la duchesse de Dino, merveilleuse femme d'affaires, il y aurait eu des expropriations peut-être. Quelquefois M. de Talleyrand poussait plus loin ses excursions voyageuses, et il habita le midi de la France pendant toute une saison. Il avait choisi à Hyères une habitation agréable, dans ce pays de fleurs odorantes, d'orangers, de vanille et de citronniers, et l'on ne peut dire le charme qu'il savait répandre sur les causeries du soir. Il y a laissé de vifs souvenirs d'esprit et de noble savoir-vivre.

La vie sociale de M. de Talleyrand se passait en effet toute de nuit. Son lever était tardif; il sonnait vers les onze heures son valet-de-chambre, qui apportait ses vêtements du matin. Il s'appuyait sur sa canne, marchant de fauteuil en fauteuil jusque près de la cheminée. Il déjeûnait peu et à l'anglaise. Ensuite commençait sa toilette, fort longue et presque publique, comme dans l'ancien régime, où la coiffure était une affaire. On lui tournait sa cravate, que le prince portait avec toute la prétention d'un merveilleux du directoire. Puis, il sortait pour sa promenade. Après dîner, et pour finir sa soirée, il allait chez quelques-unes de ses vieilles amies intimes, où il jouait sa partie très tard, et toujours très cher. Souvent il sommeillait sur un fauteuil, car M. de Talleyrand avait une admirable faculté de fermer les yeux, et peut-être aussi de dormir éveillé. Souvent sa conversation était brillante, spirituelle, abandonnée quelquefois. Il aimait à raconter sa vie et à parler surtout avec enthousiasme du congrès de Vienne, qui avait été une belle époque pour son habileté diplomatique. Ainsi se passait cette existence mécontente et toute en expectative devant les événements. On ne brusquait rien, mais on attendait ; c'était chez lui une de ces conspirations en grand qui ne sont saisissables pour personne.

Quand la révolution de juillet éclata, M. de Talleyrand était livré à toutes ses irritations contre la branche aînée, qu'il appelait ingrate et oublieuse, et il n'est pas douteux qu'il n'ait vivement travaillé à établir un nouvel ordre monarchique. L'anarchie lui faisait horreur, le pouvoir était son élément. Dans ce chaos de tous les esprits, le temps n'est pas venu de tout dire ; mais il est constant que M. de Talleyrand fut consulté, interrogé au 9 août, et sa réponse fut en tout favorable à l'idée nouvelle. Cette révolution, n'était-elle pas un souvenir dans sa vie qui se rattachait au congrès de Vienne, en 1814 ? et M. de Talleyrand l'avait accueillie comme une chance et une solution à une crise, si elle se présentait. Il y eut même des conférences secrètement engagées sur ce point délicat ; M. de Talleyrand se chargea de négocier auprès du corps diplomatique, et de lui faire bien entendre que la paix de l'Europe reposait sur la consolidation d'un ordre monarchique en France, grande tâche à laquelle se consacrait un prince éminemment supérieur. M. de Talleyrand réussit dans le but qu'il se proposait, et l'on sait que toutes les dépêches des ambassadeurs furent favorables à la royauté ; on la considéra comme une garantie du principe d'ordre européen, comme un moyen efficace de comprimer peu à peu l'esprit révolutionnaire, et de maintenir les traités, en un mot comme une grande opposition aux tendances propagandistes, une solennelle pensée de conservation.

M. de Talleyrand alors refusa le ministère des affaires

étrangères, qui n'eût été qu'une responsabilité ; mais il accepta l'ambassade de Londres, poste plus important encore, car d'immenses affaires allaient s'y traiter ; c'était de la prompte décision de ce cabinet que devait dépendre la consolidation du nouvel ordre de choses. L'Angleterre, en reconnaissant la première les faits accomplis, s'était réservé une alliance avec le nouveau gouvernement. Les affaires de la Belgique jetaient tant de difficultés dans les négociations, rendaient si imminente la crise diplomatique, qu'il fallait députer quelqu'un d'habile et de considérable à Londres, afin d'avoir sûrement pour soi l'appui du cabinet anglais dans les négociations engagées. Les dépêches de Saint-Pétersbourg rendaient urgente une bonne position avec l'Angleterre.

Quand M. de Talleyrand arriva à Londres, le duc de Wellington était encore au ministère ; les tories ardents avaient tout pouvoir dans le cabinet, et M. de Talleyrand ne pouvait manœuvrer à l'aise dans cette situation ; il savait l'attachement du torysme pour les traités secrets de 1815 : c'est pourquoi tous ses efforts tendirent à renverser le duc de Wellington. Il renoua ses vieilles amitiés avec le comte Grey et les whigs modérés ; il fréquenta les salons de sir John Russel, et déploya de l'éclat à Londres.

Le souffle de la révolution de juillet s'était fait sentir en Angleterre ; les tories ne pouvaient longtemps tenir devant ce mouvement d'opinion, et le comte Grey fut porté à la tête du cabinet : les whigs modérés triomphèrent complétement. Une fois le terrain déblayé, M. de Talleyrand fut maître de la position; il avait tant contribué à la préparer ! Maintenant il pouvait travailler au grand jour pour un traité avec la France.

Il faut savoir que, sous l'ambassade de M. de Polignac, il s'était formé à Londres une conférence des plénipotentiaires russe, anglais et français, pour décider toutes les questions de la Grèce; cette conférence se continua sous le duc de Laval. L'Angleterre y mettait une grande importance. M. de Talleyrand proposa de la reprendre pour suivre et décider les affaires générales de l'Europe, et d'y adjoindre les plénipotentiaires autrichien et prussien. Cette conférence devait s'occuper de la question belge, et décider enfin ce qu'il y avait à faire à la suite du démembrement du royaume des Pays-Bas, constitué en 1815. M. de Talleyrand était personnellement connu de tous les plénipotentiaires; sa position devint à Londres aussi brillante qu'elle l'avait été à Vienne en 1815. Une vive et vieille amitié l'unissait au prince et à la princesse de Lieven, qui représentaient la Russie ; les familles Talleyrand et Esterhazy s'étaient également beaucoup connues. M. de Bulow, qui représentait la Prusse, était de ces diplomates de second ordre, qui tous conservaient une profonde considération pour M. de Talleyrand et sa longue expérience. On engagea donc les conférences sur des points très vagues; on cherchait le moyen de se voir et de maintenir la paix. Les nombreux protocoles qui furent alors signés sur l'affaire belge-hollandaise eurent un peu leur côté vague, il est vrai ; la plupart restèrent sans exécution, et, bien qu'ils fussent arrêtés en commun, jamais les plénipotentiaires russe et autrichien n'obtinrent l'assentiment formel de leurs gouvernements. MM. de Lieven et d'Esterhazy furent désavoués d'abord, et plus tard rappelés. Mais le résultat effectif des conférences de Londres, l'heureuse conséquence de leur développement, fut le maintien de la paix si profondément menacée. En 1831, quand on se voyait de si près, il était difficile de ne pas s'expliquer et s'entendre de gouvernement à gouvernement. L'action de M. de Talleyrand fut heureuse. Les conférences de Londres eurent donc le *statu-quo* européen pour but en empêchant ces conflits de cabinets, ces heurtements de peuples qui ensanglantent l'histoire ; les conférences de Londres rendirent des services, parce qu'elles rapprochèrent les affaires par les hommes.

Selon son habitude, M. de Talleyrand recevait beaucoup ; ses fêtes étaient splendides, ses réunions offraient surtout ce caractère de bon goût et de compagnie distinguée que l'Angleterre recherche tant. Je ne dirai rien de trop quand j'avancerai ici que la volonté de M. de Talleyrand influa sur certains votes dans la chambre des communes : jamais ambassadeur ne jouit d'autant de crédit. Cependant le comte Grey voyait venir l'orage ; le difficile, dans sa position politique, n'était pas d'avoir renversé le ministère tory : c'était là une victoire simple, naturelle; le mouvement des choses et des esprits jetait le duc de Wellington en dehors des affaires. Mais ce qu'il y avait de dangereux dans la position du comte Grey, c'était, au contraire, l'action inévitable et forte du mouvement whig qui devait pousser aux extrêmes, car lorsqu'une nation met la main sur ses institutions vieillies, un changement en entraîne un autre : après avoir réformé l'état, donné une plus grande latitude à l'élection, ne fallait-il pas réformer l'église? La situation de l'Irlande n'appelait-elle pas une modification? Les *dissenters* faisaient valoir de justes griefs; c'était folie, en face d'un parlement réformé, de vouloir poser une barrière, et dire à la nation : Tu t'arrêteras là. L'impatience gagnait le parlement, tandis que des scrupules religieux naissaient dans la conscience du comte Grey, dans l'ancien parti Canning, représenté par M. Stanley, et surtout au cœur de Guillaume IV.

M. de Talleyrand aperçut le péril comme le comte Grey lui-même; il savait toute la puissance des opinions jeunes et vivaces : il était impossible d'arrêter le mouvement parlementaire. Le dégoût s'empara tout à coup de la vieillesse du comte Grey; il ne voulut pas porter une main sacrilége sur l'église, il offrit sa démission; et tous se souviennent en Angleterre de ces explications touchantes données en plein parlement sur sa propre conduite ministérielle. Dès la nomination de lord Melbourne, prévoyant l'invincible tendance des affaires, le triomphe des ultra-whigs, et peut-être de lord Durham (1), l'ambassadeur de France songea à sa retraite, car il n'avait plus à Londres ce premier rôle qu'il a toujours ambitionné.

Une autre circonstance vint encore se joindre à celle-ci. Dans la révolution que venait de subir le ministère whig lui-même, lord Palmerston avait conservé le *Foreign-Office* : ses opinions étaient d'un whigisme plus avancé que celles du comte Grey ; déjà il y avait eu entre M. de Talleyrand et lord Palmerston, caractère difficile, quelques dissidences sérieuses. Dès l'origine de leur ministère, les whigs avaient senti qu'il fallait relever leur considération à l'extérieur ; ils n'ignoraient pas que la nation anglaise, qui les préférait pour leurs opinions populaires et leurs sentiments patriotiques, n'avait pas une grande confiance dans leur habitude des affaires et leur intelligence de la situation de l'Europe. Lord Palmerston croyait inévitable une certaine démonstration armée dans la question de l'Orient, après le traité du 8 juillet, qui assurait de si grands avantages à la Russie ; il avait donc fait à M. de Talleyrand des propositions pour réunir deux escadres communes, qui vogueraient sous les deux pavillons dans la mer Noire.

M. de Talleyrand, qui comprenait tout l'intérêt que les whigs avaient à cette démonstration armée, sentait également

(1) Je parle ici de l'époque où lord Durham ne s'était point rapproché de la Russie et des conservateurs.

qu'elle était trop hardie dans la situation où la diplomatie se trouvait placée. Puissance continentale, la France pouvait bien appeler l'alliance de l'Angleterre et la seconder de toutes ses forces ; mais elle avait sur ses flancs toute la Sainte-Alliance. Cette hostilité pouvait entraîner une guerre véritable ; dans la pensée de l'ambassadeur français, il fallait fortifier l'alliance morale, poser une barrière pour résister aux envahissements de la Russie ; mais c'était un pas immense qu'une attaque directe contre le pavillon russe dans la mer Noire. M. de Talleyrand recula donc devant les propositions de lord Palmerston ; il exposa qu'au lieu d'une démonstration armée, chanceuse, inutile peut-être, il fallait préparer un de ces actes significatifs pour l'avenir de la politique ; il fit comprendre à lord Palmerston qu'un traité de quadruple alliance, qui unirait le Midi contre le Nord, devait aboutir à de grands résultats, même à travers les chances diverses et passagères d'une guerre de parti. C'est à cette pensée qu'on dut attribuer le traité conclu entre la France, l'Angleterre, l'Espagne et le Portugal, conception chérie de M. de Talleyrand, surtout s'il eût pu joindre à ce premier résultat l'adhésion de l'Autriche, rêve de son esprit, et qu'il caressait depuis 1814.

Lord Palmerston adopta l'idée de M. de Talleyrand. L'Angleterre se borna à de simples parades nautiques dans la mer Noire ; mais, dès ce moment, les relations de M. de Talleyrand et de lord Palmerston se refroidirent. Celui-ci a un esprit très irritable, un caractère susceptible et changeant ; l'ambassadeur de France le prit en dégoût ; d'un autre côté, le cabinet, dont lord Melbourne s'était fait le chef, était entraîné de concessions en concessions. Dès cette époque, M. de Talleyrand quitte l'Angleterre ; on apprend que sa santé s'affaiblit ; il court à la campagne et s'enferme dans la retraite. Lorsque M. de Talleyrand voit l'orage gronder, comme Pythagore, il aime le désert et l'écho. A son dernier passage à Paris, il se rapproche de M. Pozzo di Borgo, c'est-à-dire de l'idée russe ; les deux diplomates n'osent point s'aboucher encore officiellement, mais une retraite diplomatique à *Bellevue* les réunit plusieurs fois dans de petits banquets mystérieux.

M. de Talleyrand fuit Londres : le bruit populaire l'importune ; ce n'est plus une guerre d'une fraction de l'aristocratie contre une autre, c'est désormais le peuple contre l'aristocratie elle-même. L'enjeu est trop fort ; il quitte définitivement l'Angleterre pour Valençay, et une lettre pleine de dignité explique les motifs de sa retraite. Il y a un moment pour les hommes politiques où la vie d'*outre-tombe* commence ; alors tous saisissent les occasions de dire, d'exposer leur conduite et de rectifier d'avance les jugements de la postérité ; ils ont besoin de se révéler au public dans une solennité, et tel fut le mobile qui porta M. de Talleyrand à prendre la parole dans une séance de l'Institut. Il ne dit que quelques mots, mais ces paroles, à l'occasion d'un éloge, expliquent une longue vie de politique, d'affaires, à travers les gouvernements, les passions et les partis.

Depuis cette époque, M. de Talleyrand vécut à Paris ou dans ses terres, toujours consulté avec une vénération profonde par tout ce qui était tête sérieuse de gouvernement. Il eut un moment le désir d'aller à Vienne pour accomplir la pensée de madame de Dino, l'union des deux familles de Talleyrand et d'Esterhazy. Les Esterhazy, comme on le sait, ont la plus grande fortune de l'Autriche ; et, depuis sept ans, madame de Dino avait pris un soin particulier de celle de son oncle, à ce point qu'elle est aujourd'hui entièrement liquidée et l'une des plus considérables de l'époque. La succession de M. de Talleyrand, après tant de ruines, a été, dit-on, presque une féerie des *Mille et une Nuits*.

Il est peu d'hommes politiques dont la presse se soit plus occupée, pendant ces dernières années, que M. de Talleyrand ; il ne pouvait faire un pas, un geste, un acte, qu'il ne donnât lieu aux versions les plus contradictoires. Il avait atteint sa 84e année, et à cet âge ses facultés commencèrent à décliner considérablement ; il ne fut plus que l'ombre de lui-même. De temps à autre quelques éclairs de cette haute intelligence brillaient encore ; mais ces éclairs disparaissaient bientôt dans cette faiblesse de l'âge et d'une vie si usée et si remplie. M. de Talleyrand ne pouvait plus faire un pas ; transporté à bras, on le promenait dans un fauteuil à roulettes, et à la moindre secousse, il versait des larmes de douleur :

fatale similitude de la décrépitude et de l'enfance! Au fond, c'était une carrière finie, et qu'on cherchait en vain à réveiller en lui donnant quelque mouvement.

Cette carrière avait été immense, et, quoiqu'on ait reproché à M. de Talleyrand l'incessante mobilité de ses opinions, on peut dire qu'elles ont été toutes dominées par une seule pensée diplomatique, l'alliance anglaise. J'ai pris pour type de l'alliance russe le duc de Richelieu; et, en balançant les services de ces deux existences diplomatiques, on reconnaîtra facilement que le duc de Richelieu a plus fait pour son pays, dans sa vie limitée, que le prince de Talleyrand dans sa carrière infinie; cela vient de ce que le duc de Richelieu avait adopté une idée plus nationale, plus favorable à nos intérêts à l'extérieur. M. de Talleyrand n'était point asservi à tel gouvernement ou à telle doctrine. Il avait une sorte de personnalité qui dégénérait en égoïsme : il n'a point trahi Napoléon dans le sens absolu du mot, seulement il l'a délaissé à temps; il n'a point trahi la restauration, il l'a abandonnée quand elle s'abandonnait elle-même. Il y a beaucoup d'égoïsme, sans doute, dans cet esprit, qui pense d'abord à sa position, à sa fortune, puis ensuite au gouvernement qu'il sert; mais enfin, on ne peut toujours exiger d'un esprit supérieur cette abnégation de soi qui constitue un dévouement aveugle envers une cause ou un homme. M. de Talleyrand s'appliquait un peu à lui-même ces paroles qu'il adressait à ses employés, lorsqu'il fut appelé au ministère des affaires étrangères : « Il y a deux choses, messieurs, que je vous défends d'une manière bien formelle, c'est le zèle et le dévouement trop absolus, parce que cela compromet les personnes et les affaires. » Tel était l'esprit de M. de Talleyrand : son cœur était un peu sec, son imagination froide; on le comparait à un véritable tacticien, qui jugeait les partis et les hommes avec une rectitude mathématique. Son activité se réservait pour les moments décisifs qui brisent les gouvernements et les couronnes; alors il croyait l'action importante. Son expérience des révolutions était profonde; appréciant une situation par une sentence, il frappait un homme par un mot. C'était peut-être l'esprit d'élite qui savait le mieux prévoir, le moins empêcher et le plus utiliser les phases diverses de la fortune des états.

Cependant sa vie avançait, on remarquait de toutes parts des symptômes de mort. Depuis longtemps, M. de Talleyrand souffrait d'une maladie cruelle qu'il supportait avec moins de résignation que les événements politiques; les accès étaient violents, et le prince tombait en syncope à des périodes très rapprochées, signes avant-coureurs du moment solennel. Tout le monde apercevait la décadence profonde de M. de Talleyrand; la sagacité et la finesse de son esprit se réveillaient de temps à autre, mais l'homme était fini. C'était un spectacle triste à voir que ses visites aux Tuileries; on contemplait en lui le néant des grandeurs humaines; l'intelligence redescendait au berceau. La maladie de M. de Talleyrand était irrémédiable : c'était la vieillesse d'abord, puis une ancienne affection d'anthrax, ou gangrène blanche. Il fallut se résigner à subir une opération douloureuse, et, quand cette opération fut faite, l'agonie vint. M. de Talleyrand avait senti toute la gravité de son état ; il mit de la dignité à ne point s'en alarmer ; il fit de l'étiquette avec la mort. Depuis longtemps, il avait des conférences avec un pieux ecclésiastique de Paris ; devant lui était l'exemple de sa famille, le souvenir de son oncle le cardinal, de sainte mémoire. Il avait comblé de magnificence et de fondations pieuses la chapelle de Valençay. Si M. de Talleyrand avait pu méconnaître ses devoirs religieux, il ne s'était jamais montré impie, il avait su conserver la noblesse de caractère ; et, lorsque vint la pensée de la mort, il ne recula point devant une rétractation. Il sentit toute la faiblesse et la puérile vanité des esprits forts.

Cette rétractation ne fut point improvisée : depuis trois mois, elle était concertée avec un soin infini, comme une note diplomatique envoyée à l'église ; pleine de soumission, mélange de noblesse et de dignité, le prince l'adressait au souverain pontife, se repentant de toute sa participation aux scandales qui avaient marqué sa vie, surtout de son adhésion à la constitution civile du clergé ; il rentrait dans la juridiction de l'archevêque de Paris et sous la loi catholique du pape. C'est ainsi qu'il se préparait à la mort. Des nouvelles étaient portées d'un moment à l'autre au château sur l'état de la santé du prince : M. de Talleyrand avait rendu d'immenses services, et le roi, qui avait si souvent consulté son expérience, résolut d'aller voir pour la dernière fois le descendant de la maison de Périgord. Quand le roi se fit annoncer, le prince, sans s'émouvoir, comme si c'était chose due, lui dit, d'une voix affaiblie : « C'est le plus grand honneur qu'ait reçu ma maison. »

Il y avait une grande portée aristocratique dans ce mot *Ma maison*; il signifiait que sa race, honorée d'une telle visite, n'en était point étonnée. M. de Talleyrand n'oublia pas non plus les grandes étiquettes, qui s'opposent à ce que personne soit à la face d'un roi sans être présenté, et immédiatement il dit avec beaucoup de calme : « J'ai une tâche à remplir, c'est de présenter à Votre Majesté les personnes de l'assistance, qui n'ont pas encore eu cet honneur. » Et le prince nomma son médecin, son chirurgien et son valet-de-chambre. Cette tenue, au moment de la mort, était empreinte d'un haut cachet aristocratique, parfaitement en rapport avec la visite qui honorait les derniers moments de M. de Talleyrand. C'était là de la convenance et du vieux cérémonial : le blason allait au blason; la branche cadette des Bourbons allait à la branche cadette de Périgord. Aux temps anciens, les maisons de Navarre et de Quercy s'étaient rencontrées sur de communs champs de bataille, et le cri d'armes *Re que Diou* avait été poussé en même temps que le cri d'armes de Henri IV par la vieille noblesse méridionale, parlant toutes deux la langue d'Oc.

On s'étonna de cette insigne distinction que reçut M. de

Talleyrand; ces façons de gentilshommes n'étaient pas comprises par l'esprit de mauvaise compagnie. Le vieux diplomate, plus que personne, tenait à sa race, et la branche cadette des Bourbons était de trop bonne souche elle-même pour l'oublier : les deux cadets de Quercy et de Navarre s'étaient rencontrés dans leurs souvenirs de race comme dans leur vie publique.

Entouré de sa famille dans ses derniers moments, assisté de l'abbé Dupanloup, vicaire-général du diocèse de Paris, M. de Talleyrand reçut les sacrements de l'église, car il était réconcilié avec elle ; il dit encore, avant d'expirer, quelques-uns de ces mots heureux et dignes qui furent si fréquents dans sa bouche. Voyant une de ses arrière-petites-nièces toute parée de blanc, dans le virginal costume de communiante, le prince ouvrit ses paupières, la baisa au front, la bénit; puis, se tournant vers l'auditoire, il s'écria : « Voyez ce que c'est que le monde : là le début, ici la fin ! » Quelques instants après, M. de Talleyrand expira. C'était le 18 mai 1838, à quatre heures moins dix minutes du soir; le prince finissait sa quatre-vingt-quatrième année. Il laissa un testament où toute son immense fortune était parfaitement divisée par de sages dispositions. A-t-il également laissé des Mémoires? Je crois le savoir ; mais ces Mémoires sont déposés ou dans les mains de la famille ou dans les mains d'autres personnes dont on s'est assuré le silence.

Eh bien ! faut-il le dire? je ne crois pas à la curiosité de ces Mémoires. On fait beaucoup de bruit sur de prétendues révélations; je répète qu'il y en a peu. M. de Talleyrand n'écrivait que ce qu'il voulait, ne jetait sur le papier que des faits publics ; et cela est si vrai, que, dans ses lectures, il s'arrêtait avec complaisance sur les espiégleries du petit abbé. Était-ce de sa part souvenir de jeunesse ? Je le croirais, car ce souvenir, je l'ai toujours trouvé très vivace chez les hommes d'état : vouliez-vous réveiller dans M. Pozzo di Borgo toute la puissance de son esprit ? il fallait lui parler de la Corse et de Paoli ; voulez-vous amener un rayon de joie et d'épanchement au front du prince de Metternich ? causez avec lui de son ambassade à Paris, aux premiers jours de l'empire, jours de plaisirs et de dissipations.

Je crois donc que les Mémoires de l'homme si prépondérant dans la politique des gouvernements ne contiendront que deux choses : les émotions et les justifications ; les émotions, parce qu'on s'en souvient toujours, elles s'infiltrent dans la vie entière, elles s'imprègnent au crâne des hommes, pour dominer toute leur pensée ; les justifications, elles seront si nécessaires pour plusieurs actes fatals de la vie de M. de Talleyrand !

Dans cette longue existence, il y a trop de respect pour les manières et l'étiquette qui sont le costume de la vie ; il n'y en a pas assez pour la conscience et le devoir, qui en sont le fond et le but. M. de Talleyrand donna trop à l'extérieur de l'existence, aux richesses, aux honneurs, au sentiment des convenances ; mais il ne fit rien pour cette délicatesse intime de l'âme, qui est la première garantie de l'honnête homme mêlé aux affaires publiques. Je n'aime pas plus qu'un autre les niais en politique ; mais, pour l'honneur du caractère humain, je crois qu'on peut être habile en conservant la probité exacte et la foi dans l'équité. Il serait trop malheureux de croire qu'on ne peut être un homme d'état sans faire une abdication absolue de son cœur. Ne faudrait-il que de l'esprit et de la tête pour régler les destinées des gouvernements !

III

M. POZZO DI BORGO

Aucune nationalité de l'Europe n'offre un type plus antique, plus profondément spécial que l'île de Corse. Représentez-vous un vaste paysage de Salvator Rosa, avec ces physionomies que lui seul a su reproduire et dont il a puisé le caractère dans la Calabre ou les Abruzzes, et avec cela un peuple au caractère ferme, entier, avec ses affections, ses amours, ses jalousies ou ses ressentiments qui se perpétuent de génération en génération ; un attachement fier et patriotique au sol, qui naît avec l'homme et meurt avec lui ; des villes gaies comme les cités de Toscane, des montagnes incultes et agrestes, et vous aurez à peine une idée de cette Corse, l'île pittoresque et fertile de la Méditerranée.

Deux races distinctes se partagent la population : les

vieilles familles indigènes et les colons étrangers, la plupart proscrits que les révolutions du Piémont, de Gênes et de la Toscane, ont jetés successivement dans l'île ainsi que des couches de lave sur un volcan. A la première de ces races appartenaient les Paoli, les Pozzo di Borgo ; à la seconde, les Buonaparte, les Salicetti. Comme dans les nationalités primitives, chaque famille forme groupe, chaque village forme corps : on hérite des sentiments comme du patrimoine de la famille ; c'est la Rome antique s'allaitant aux mamelles de la louve, au temps des compagnons de Romulus.

La famille des Pozzo di Borgo, je le répète, appartenait à la race nationale ; et pour la retrouver, on peut fouiller dans le livre des statuts de la Corse et dans l'histoire féodale des luttes des châtelains de Montéchi contre la cité d'Ajaccio, dont ils disputaient même la souveraineté. Dans les chartes on rencontre un Pozzo di Borgo, orateur du peuple. Au temps de la domination génoise, dans le xvie siècle, ce noble Pozzo di Borgo est qualifié de procureur de la province d'Ajaccio et de Sartène ; il s'appelle Pascal comme les Paoli ; déjà il trouve pour contradicteurs les Bacciochi, simples commerçants d'Ajaccio ; il a pour notaire Jérôme Buonaparte, qui vient attester la mission du capitaine Secondus Pozzo di Borgo, député auprès de la république de Gênes (1). On aime à raconter ces

---

(1) « Il nobile Pasquale Pozzo di Borgo, oratore dei popoli di là da' monti in Corsica... » (1584)

« ... Per egregium virum Pasqualem Pozzo di Borgo, civem Adjaci,

origines, parce que tout ce drame de la vie du comte Pozzo di Borgo se rattache à ces temps ; rien ne s'oublie sur ce sol brûlant : nous allons retrouver les Buonaparte, les Paoli, les Pozzo, les Bacciochi, les Salicetti, dans des luttes plus grandes et sur le théâtre d'un monde immense, comme nous les avons vus d'abord dans la petite cité d'Ajaccio.

La diplomatie de l'Europe, aux temps agités, se sert de deux puissants moyens d'exploration politique : d'abord les ambassadeurs en titre, qui examinent et résument les faits dans une forme régulière, et je dirai presque classique ; puis des agents actifs, le plus souvent militaires, et qui parcourent l'Europe pour connaître intimement les forces, les moyens de chaque puissance. Sous la république française et l'empire de Napoléon, l'Angleterre et la Russie multiplièrent considérablement la diplomatie militaire, et l'on peut dire que telle fut la première carrière de Charles-André Pozzo di Borgo, avant que les cabinets ne fussent entrés dans les voies régulières d'un grand système. La race méridionale possède avant tout un esprit fin, délié, habile, et le Corse joint à cet esprit une ténacité

---

oratorem et procuratorem populorum provinciæ Adjacii et Sartenæ, et aliorum hominum ultra montes Corsicæ... »

« Tutta la provincia di là da' monti nell' isola di Corsica in generale, ha eletto per oratore il capitano Secondo Pozzo di Borgo sì per assistere presso le VV. SS..... » (1597)

Toutes ces chartes sont tirées de l'ouvrage du judicieux et savant magistrat C. Gregori, *Statuti civili e criminali di Corsica*.

de projets, un âpre sentiment de son droit, que l'on voit se révéler à un degré supérieur dans le génie de Bonaparte. M. de Metternich aime à dire : « Ce n'étaient pas les armées de Napoléon que nous craignions le plus, c'était son esprit inventif, ses finesses déliées, cette diabolique intelligence qui nous enlaçait, nous autres Allemands, de droite et de gauche. » Et ce caractère d'activité habile, pénétrante, se rencontrait aussi dans le comte Pozzo di Borgo : il y avait là un type commun, identique, comme le teint bronzé de leurs traits, comme ces yeux étincelants qui fouillaient partout.

A quelques lieues d'Ajaccio est un petit village qui porte le nom de Pozzo di Borgo (le Puits du bourg) ; la tradition veut que les Pozzo aient habité le petit fort de Montéchi, sur la montagne ; les Pozzo, les Pazzi, les Poggi, tout cela venait du moyen âge. Comme en Allemagne les châtelains des Sept Montagnes, les familles nobles, en Corse, ont leur généalogie dans quelques-uns de ses pics sous les roches et les figuiers sauvages, là où il y a tant de croix noires, souvenirs de *vendetta*. Quand la Corse fut réunie à la France, les Pozzo furent reconnus gentilshommes par arrêt du conseil supérieur de l'île. Charles-André Pozzo di Borgo était né la même année que Napoléon, en rectifiant un peu la date que les chronologistes ont donnée à la naissance de Bonaparte : Pozzo di Borgo naquit le 8 mars 1768. Ainsi la révolution le trouva majeur ; et cette agitation de peuples vint remuer la Corse avec toute la puissance d'un réveil. Il s'éleva tout à coup un parti national, et un parti français : Paoli et Pozzo di Borgo rêvèrent l'indépendance de la patrie, mais sans le concours de l'étranger ; les Buonaparte, qui avaient pris un moment les couleurs de Paoli, se réunirent ensuite aux Aréna et aux Salicetti, partisans des idées françaises et jacobines. Avant que ces divisions ne prissent un grand développement, on se contenta de saluer avec enthousiasme la révolution ; l'ivresse était partout, et à 22 ans, Pozzo di Borgo, secrétaire du corps de la noblesse, fut envoyé comme député extraordinaire à l'assemblée nationale.

Cette première fonction le menait à la députation définitive. Ami de Paoli, la plus grande popularité d'alors, le jeune Pozzo vint siéger dans cette folle réunion d'hommes qui, sous le nom d'assemblée législative, démolirent la monarchie française au milieu des émeutes, des massacres. M. Pozzo fit immédiatement partie du comité diplomatique, si étrangement mené par Brissot, alors que les notes aux puissances étaient des sentences empruntées aux tragédies de Brutus, et lancées contre l'Autriche et la Prusse ; pour soutenir ce langage, il fallait des victoires, et l'assemblée législative n'avait pas cette force centrale dont la convention s'empara plus tard avec l'énergie de son comité de salut public. L'assemblée législative mit tout à l'abandon ; en hostilité avec les ministres du roi, dominée par les idées de république, et n'osant pas la proclamer, elle laissa accomplir devant elle le 10 août et le 2 septembre ; pauvre assemblée qui n'eut ni le brillant de la constituante, ni la puissance terrible de la convention, elle exprimait une époque de transition, époque toujours médiocre, parce que les hommes alors n'osent rien et ne peuvent rien.

M. Pozzo parut très rarement à la tribune, et toutes les fois qu'il y vint exprimer les idées du comité, il y apporta cette phraséologie du temps, dont il faut moins accuser les orateurs que la tendance des esprits : la société voulait alors être ainsi conduite. J'ai recueilli quelques fragments de la harangue que M. Pozzo di Borgo prononça, le 16 juillet 1792, pour faire déclarer la guerre à l'Allemagne. Deux partis poussaient, comme on le sait, aux hostilités contre l'Europe : l'opinion de la cour qui, voulant placer Louis XVI à la tête d'une force publique redoutable, croyait trouver dans la guerre les moyens d'arriver à une dictature militaire ; et un autre parti tout républicain, à la tête duquel était la Gironde, espérant dans ce grand désordre faire triompher plus facilement l'idée démocratique. Pozzo di Borgo fut l'expression du comité girondin à la tribune, et cela sans arrière-pensée. « La confédération germanique, dit-il, dont l'indépendance est naturellement garantie par la France, qui seule peut la préserver de l'immortelle ambition de l'Autriche, a vu avec joie cette ligue formidable se former pour détruire votre constitution ; déjà les armées ennemies ont inondé leur territoire : la ligue du Nord prescrit à l'Europe entière une servitude générale, et montre de toutes parts un front menaçant, forte de ses soldats mercenaires couverts de fer et avides d'or, toutes les usurpations leur deviendront faciles. C'est aux Français à préserver le monde de ce terrible fléau, et à réparer la honteuse insouciance ou la malignité perfide de ceux qui voient avec indifférence la destruction de tout genre de liberté sur la terre; les Français seuls, en combattant les ennemis communs du genre humain, auront la gloire de rétablir l'harmonie politique qui préservera l'Europe d'une servitude générale. Nous avons tous contracté une dette immense envers le monde entier : c'est l'établissement et la pratique des droits de l'homme sur la terre. La liberté, féconde en vertus et en talents, nous prodigue les moyens de l'acquitter tout entière ; nos ennemis espèrent sans doute dans les dissensions passagères qui nous agitent, ils en augurent la désorganisation de notre gouvernement : non, nous n'accomplirons pas leurs coupables espérances, nous sentons bien que, dans l'état des choses, un changement dans nos institutions politiques amènerait nécessairement l'interrègne des lois, la suspension de l'autorité, la licence, le déchirement dans toutes les parties du royaume, et la perte inévitable de la liberté; notre vigilance conservera sans détruire, mettra les traîtres dans l'impuissance de faire le mal, et avec la stabilité du gouvernement, nous ôterons aux ambitieux toutes les chances qu'ils se préparent dans les changements et les révolutions perpétuelles des empires. Ainsi, réunissant l'énergie à la sagacité, nous pourrons parvenir à des succès glorieux. »

On remarquera qu'à travers ces expressions, imagées selon le temps, M. Pozzo di Borgo parle de la stabilité du gouvernement, de la nécessité de l'ordre, toutes conditions qui se développèrent ensuite à un haut point dans son esprit.

L'assemblée législative ayant fini son mandat, M. Pozzo di Borgo retourna dans la Corse où il s'associa au général Paoli pour diriger l'administration du pays. Les secousses qu'avaient éprouvées ces populations avaient donné une nouvelle énergie au caractère patriotique; il s'était formé un esprit public, une indépendance superbe qui tendait à la nationalité de l'ancienne Corse : est-ce que tout peuple ne désire pas son indépendance? La Gironde avait rêvé le fédéralisme pour la France ; Paoli, à son tour, eut l'orgueil de constituer une république isolée. C'était un génie puissant que ce Paoli, fils de l'âpre nature, vieux déjà d'années, mais jeune d'énergie : une république corse souriait à son imagination, comme un retour vers les idées primitives. Ajoutez à ce motif l'horreur inspirée par les événements révolutionnaires qui se déployaient si fatalement en France. Il n'y eut jamais d'enthousiasme pareil à celui que Paoli inspirait à ces familles plantées au sommet des côtes à pic, et qui n'avaient pour toute émotion que le violent amour d'une liberté laborieusement acquise !

Les familles des Arena et des Buonaparte, au contraire, habitant la plaine et les villes, avaient adopté avec ardeur le parti français : associées aux clubs, Salicetti fut leur organe à la convention nationale en dénonçant Paoli et Pozzo di Borgo comme les fauteurs d'un système qui tendait à séparer la Corse de la France ; or, comme cette île avait été déclarée partie intégrante de la république française, Paoli et Pozzo furent mandés à la barre pour y présenter la justification de leur conduite. Là, fut un des germes de la haine profonde de Salicetti, Arena, Buonaparte, contre Paoli et Pozzo di Borgo ; de là naquit cette inimitié qui, dans ces poitrines brûlantes, franchit l'île de Corse, et contribua plus qu'on ne croit aux événements extraordinaires de la révolution et de l'empire.

Quand Paoli et Pozzo di Borgo reçurent ce terrible décret, ils étaient réunis à Corte, capitale de la montagne ; ils s'y attendaient, et tous deux savaient les conséquences d'un refus aux ordres de la convention ; car, autorité implacable, elle agissait avec cette énergie de la victoire qui ne ménage rien. Que faire ? obéir, c'était subir le joug de l'unité territoriale, qui passait son niveau sur les populations ; se défendre, était peut-être chose plus dangereuse encore, car enfin la république française avait ses armées invincibles, et elle possédait dans la Corse un parti nombreux. Quelques régiments occupaient la ville d'Ajaccio, un bataillon tenait le fort de Corte et plusieurs points sur les côtes de l'île ; une escadre au pavillon tricolore était signalée. Dans ces circonstances, la commission départementale se déclara en permanence dans une assemblée de peuple à Corte, et, d'une voix unanime, les comices tumultueux du parti national invitèrent leur grand

Paoli et Pozzo di Borgo à continuer leur administration. Enfin, il fut déclaré qu'il n'était pas de la dignité du peuple corse de s'occuper des deux familles Arena et Buonaparte, et qu'il fallait les abandonner à leurs remords et à l'infamie, pour s'être séparées de la cause publique. Je copie ici les termes de la consulte nationale (1).

Il y avait ici de cette énergie populaire qui agite tous les premiers mouvements de liberté : qu'allait-on faire pour se maintenir dans cette indépendance improvisée, pour soutenir des décrets lancés par l'assemblée de Corte ? Une nouvelle terrible venait de parvenir dans la montagne : Toulon, occupé par les Anglais, était tombé aux mains de cette république française dont la Corse méprisait les ordres ; un jeune officier de vingt-six ans, ce Buonaparte voué à l'infamie par la consulte corse, secondait cette mémorable entreprise et en assurait le succès. Une fois le port de Toulon aux mains de la république, une escadre pouvait, dans trente-six heures, menacer les compagnons de Paoli.

Dans ces circonstances difficiles, la flotte anglaise de la Méditerranée se montra devant Ajaccio, apportant les nouvelles de Toulon, les préparatifs qui s'y faisaient, et l'amiral

---

(1) J'ai vu toutes ces pièces dans les mains du comte Pozzo, imprimées en 1793 ; il aimait à montrer ce décret curieux contre ce Napoléon, qui fut plus tard l'orgueil et la gloire de la Corse. La consulte se composait de 1,200 députés.

offrit sa protection à la nation corse, reconnue indépendante, sous la suzeraineté du roi de la Grande-Bretagne. Paoli se rendit à bord de l'escadre pour traiter immédiatement pour son pays souverain, et une assemblée générale fut convoquée pour le 10 juin 1794, afin de poser les bases d'un projet de constitution. Cette constitution, formulée à peu près sur les idées de la grande charte d'Angleterre, établissait deux chambres composant un parlement, un conseil d'état et un vice-roi ayant des ministres responsables. Paoli proposa pour la présidence de ce conseil d'état Pozzo di Borgo. Quand l'amiral Elliot vit paraître en sa présence ce Corse au teint basané, aux yeux vifs, à la taille svelte, à la constitution maigre, il demanda à Paoli si c'était là le chef qu'on voulait mettre à la tête du gouvernement : « Je réponds de lui, dit Paoli, c'est un jeune homme aussi habile à gouverner les populations qu'à les conduire fermement sur un champ de bataille ; fiez-vous à lui. » Et l'amiral Elliot confirma ce choix.

Le conseil d'état étant la partie active du gouvernement corse, Pozzo di Borgo dut organiser les institutions de son pays, désormais libre. J'ai tenu dans les mains le code entier de cette administration, résumé du droit public national, collection de lois primitives, un de ces codes appliqués aux plus petits intérêts des populations de pasteurs, curiosité historique peu connue parmi nous, car nous sommes trop civilisés pour comprendre les premiers besoins d'un peuple si original dans ses mœurs !

Le gouvernement national de la Corse ne dura que deux ans : la protection que lui offrait l'Angleterre était lointaine ; quelques régiments venus de Gibraltar ne suffisaient pas pour maintenir la population des villes dévouées à la France, puissance alors victorieuse, et qui, par sa proximité, menaçait à chaque moment le gouvernement de Paoli et de Pozzo di Borgo. Quand la crise ne put s'éviter et que le drapeau de la république française fut prêt à être arboré à Ajaccio, Pozzo di Borgo s'embarqua sur la flotte anglaise. Cette escadre quitta les parages de Corse, ayant à son bord tous les débris du gouvernement déchu ; elle toucha l'île d'Elbe, vogua vers Naples, puis de là à l'île d'Elbe encore (circonstance curieuse, souvenir gardé longtemps par M. Pozzo, et qui agit peut-être sur la résolution des alliés de donner à Napoléon, en 1814, la souveraineté de Porto-Ferrajo !) M. Pozzo fit la traversée jusqu'à Londres sur la frégate *la Minerve*, qui faisait partie de la grande escadre commandée par Nelson. Horatius Nelson, alors balafré en Corse, tout au commencement de sa renommée, n'avait point brillé encore à Aboukir et à Trafalgar.

M. Pozzo di Borgo resta dix-huit mois à Londres, objet des prévenances de la part du ministère anglais, qui avait deviné un principe d'ordre et de capacité dans son administration. Rapproché de quelques gentilshommes français, il y commença cette carrière de diplomatie et de négociations secrètes qui, plus tard, s'ouvrit pour lui sur un plus vaste théâtre. En 1798, il était à Vienne, à ce moment de la campagne de

Souwarow, où tant de projets divers agitaient les têtes à l'étranger. La France venait de subir de grandes épreuves : en sortant de la terreur et du système d'unité formidable proclamé par la convention ; il s'était fait une réaction vive et profonde dans le sens d'une restauration ; la bonne compagnie se parait des couleurs royalistes ; il y avait haine profonde contre la révolution, parce que la révolution n'avait point produit jusqu'alors un gouvernement régulier. Bonaparte était en Égypte avec la meilleure partie des braves légions qui avaient dompté l'Italie et le Rhin ; nous avions perdu toutes nos conquêtes ; sur les Alpes, nos armées gardaient à peine quelques positions vivement pressées ; Souwarow apparaissait avec la victoire ; Souwarow, l'homme de l'alliance, le *grand*, le *saint* de l'armée moscovite ; Souwarow, autour duquel se ralliaient toutes les espérances de la coalition. Pozzo di Borgo fut mêlé à tout le mouvement diplomatique qui accompagnait l'action militaire.

L'antipathie des Russes et des Autrichiens, bien plus encore que les batailles de Zurich, mirent un terme aux progrès de la coalition, et Pozzo di Borgo se fixa pour quelque temps à Vienne comme gentilhomme français émigré, et il reçut là une pension. Alors s'élevait au consulat un enfant de cette famille des Buonaparte, proscrite par l'assemblée de Corte ; dictateur puissant, il établissait un gouvernement fort en France, ralliant de sa main si ferme les débris de l'administration. Partout se montrait la force des lois, une centralisation active et bienfaisante, et, par une bizarrerie que la fortune seule explique, les vieux amis des Buonaparte, les Arena d'Ajaccio, étaient proscrits par le jeune Corse ou livrés à des commissions militaires et à l'exil. Napoléon, entièrement séparé de sa vieille patrie, avait d'autres destinées à régir que celles d'une ville ou d'une population de quelques cent mille âmes. Dans ce grand mouvement d'affaires, il songe néanmoins plus d'une fois encore à ce Pozzo di Borgo, son ennemi personnel, voyageant de Londres à Vienne, et qui dut essuyer quelques larmes de dépit, lorsqu'il vit le jeune consul victorieux imposer la paix d'Amiens. L'ombre de Paoli se leva debout pour protester contre cette immense fortune des Buonaparte.

Quand le bruit des armes se fit encore entendre, M. Pozzo di Borgo entra au service de la Russie et se destina complétement à la carrière diplomatique. La fermeté de son caractère, l'intelligence des faits et la connaissance des hommes qui se développaient en lui par l'étude, une finesse exquise d'appréciation, devaient lui assurer de remarquables succès dans la direction des rapports de gouvernement à gouvernement. Il reçut le titre de conseiller du cabinet de Saint-Pétersbourg, et partit chargé d'une mission intime pour la cour de Vienne. Le prince, qui prenait M. Pozzo di Borgo à son service, était alors cet Alexandre, à l'âme mystique et généreuse, tristement préoccupé à voiler, par la loyauté de sa conduite et la grandeur de sa vie, un souvenir mélancolique et cruel qui pesait sur sa conscience et son cœur. La révolution de palais qui le jetait sur le trône avait été dirigée par l'Angleterre ; elle devait, par conséquent, favoriser la coalition contre Bonaparte posant sur sa tête de héros la couronne impériale. M. Pozzo di Borgo fut alors un des agents diplomatiques chargés de missions spéciales et secrètes, auprès des cours alliées qui se réunissaient encore une fois contre la France.

Le voilà donc à Vienne; il n'y demeure que quelques mois ; le czar, qui voulait agir avec vigueur, l'envoya comme commissaire de la Russie près de l'armée anglo-russe et napolitaine, dont les opérations devaient commencer par le midi de l'Italie, sous l'influence de la noble reine Caroline, tant calomniée par les pamphlets de Napoléon. Cette armée se réunissait à peine à Naples, que le canon d'Austerlitz retentit avec les cris de victoire : la paix de Presbourg fut signée. Comme ce traité séparait l'Autriche de la coalition, il obligea l'armée de Naples à se dissoudre, et M. Pozzo di Borgo retourna encore une fois à Vienne, puis de là à Saint-Pétersbourg, où de grandes scènes militaires se préparaient.

Durant la campagne couronnée par Austerlitz, quand Napoléon s'était avancé d'une manière si aventureuse au fond de la Moravie, la Prusse avait hésité pour savoir si elle ne prendrait pas parti pour la coalition. Cette conduite publique, on ne pouvait la désavouer, et Napoléon en avait gardé mémoire ; cette incertitude cessa à la suite d'Austerlitz, et un an après les Prussiens unis aux Russes parurent en ligne. Pozzo di Borgo dut accompagner l'empereur Alexandre dans cette nouvelle campagne, et le czar l'invita à prendre un rang dans l'armée. Telle est la coutume russe : il n'y a d'avancement que dans la hiérarchie militaire. M. Pozzo di Borgo reçut le grade de colonel à la suite de l'empereur, poste qui l'attachait à la personne même du souverain. Envoyé une quatrième fois à Vienne après la bataille d'Iéna, il voulut réveiller l'Autriche de cette torpeur où l'avait jetée la paix de Presbourg ; mais le cabinet autrichien était alors à la paix à tout prix. Le colonel Pozzo reçut mission de se rendre aux Dardanelles pour traiter, conjointement avec l'envoyé anglais, la paix avec les Turcs ; il fut reçu à bord de la flotte russe sous les ordres de l'amiral Siniavim, stationnée devant les Dardanelles et à l'île de Ténédos ; il assista sur le vaisseau amiral au combat du mont Athos, entre la flotte russe et celle du sultan, et y reçut la première décoration militaire.

Napoléon touchait à l'apogée de sa gloire ; les armées française et russe s'étaient bravement mesurées ; et la figure de l'empereur des Français avait tellement grandi dans la pensée d'Alexandre, qu'à la paix de Tilsitt Napoléon fut salué du titre de frère, alors même que la vieille aristocratie russe accusait son souverain d'abandonner l'œuvre de la patrie. Dans cet échange de projets qui eurent lieu à Tilsitt, dans ces rapports d'amitié, quand les eaux du Niémen s'abaissaient sous les deux empereurs dans les bras l'un de l'autre, était-il possible au colonel Pozzo di Borgo de ne point voir que désormais ses services étaient importuns à la Russie? Arrivé à Saint-Pétersbourg, il eut avec Alexandre une de ces conversations d'abandon et de confiance, où chacune des parties examine avec sincérité sa position. L'empereur Alexandre déclara au colonel Pozzo que rien ne l'obligeait à quitter son service, et que les liens d'amitié avec Napoléon ne lui imposaient pas ce sacrifice; le colonel répondit qu'il ne pouvait plus être utile au souverain, et qu'il lui serait au contraire un embarras, car Bonaparte n'avait point oublié ses haines d'enfance, tôt ou tard il demanderait son extradition; le czar serait sans doute trop généreux pour y accéder; alors ce refus entraînerait des difficultés pour son gouvernement. « Au reste, ajouta-t-il, l'alliance de V. M. avec Napoléon ne sera pas de longue durée : je connais le caractère dissimulé et l'ambition insatiable de Bonaparte. En ce moment, V. M. a un bras tenu par la Perse et l'autre par la Turquie, et Bonaparte lui pèse sur la poitrine; qu'elle se débarrasse les mains d'abord, puis elle rejettera facilement le poids qui l'accable; d'ici à quelques années, nous nous reverrons. »

Le colonel Pozzo demanda la permission de voyager. Il se trouvait encore à Vienne en 1808, alors que l'Autriche, toute seule avec sa patiente résignation, préparait de nouveaux armements contre Napoléon, et déclarait sa rupture. Je ne sais si dans l'histoire il est une lutte plus honorable, plus longue que celle de la maison d'Autriche contre la révolution et l'empire : l'Autriche se résigne à tous les sacrifices, puis elle entre en ligne; vaincue, elle traite encore, puis elle reforme ses régiments et essaie encore des batailles, jusqu'à ce que la victoire l'écrase de tous les feux des aigles françaises. Laborieuse nation allemande qui ne désespéra jamais de sa cause!

M. Pozzo di Borgo demeura à Vienne pendant toute la campagne de 1809, et quand la paix fut encore imposée, Napoléon ne l'oublia pas. Le colonel avait joué un rôle actif dans tous les mouvements diplomatiques d'Autriche et de Russie; cette mémoire de ses ennemis, Napoléon l'avait au cœur. Après la paix de Vienne, sa première démarche fut d'imposer à l'Autriche l'extradition du colonel Pozzo di Borgo. Alexandre, étroitement lié à Napoléon, eut la faiblesse d'y consentir, et c'est ce qui donna lieu à cette belle et énergique lettre dans laquelle M. Pozzo di Borgo prédisait déjà la campagne de Russie et disait au czar: «Sire, le temps n'est pas loin, où V. M. me rappellera auprès de sa personne.» Enfin, pour échapper au sort qui l'attendait, si son ennemi d'Ajaccio parvenait à se saisir de lui, M. Pozzo di Borgo prit le parti de se rendre à Constantinople, seul point qui lui offrît encore une issue pour quitter l'Europe continentale et se retirer en Angleterre.

Le voilà proscrit politique, parcourant la Syrie, visitant Smyrne, Malte, et de Malte se rendant à Londres, où il arriva en octobre 1810. Le colonel Pozzo était déjà un agent important par les missions qu'il avait exercées; le peu de rapport qu'avait conservé l'Angleterre avec le continent lui rendait précieuses les révélations que pouvait lui faire un homme de politique et d'expérience qui arrivait des grandes capitales. Dans plusieurs conférences avec lord Castlereagh, M. Pozzo di Borgo exposa les espérances qu'on avait encore d'un mouvement continental contre le gigantesque empire français. A travers les éléments de sa grandeur, Napoléon conservait des points vulnérables, et jamais personne ne pouvait mieux les indiquer que Pozzo di Borgo, parce qu'il les avait étudiés avec son ressentiment ; nul ne savait mieux que lui connaître ce Bonaparte qu'il avait vu de si près, avec ses infirmités, ses colères, ses faiblesses, ses ambitions !

Enfin la guerre éclata plus terrible en 1812, et les armées françaises passèrent le Niémen. La Russie était envahie ; les batailles de la Moscowa et de Mojaïsk refoulèrent les armées d'Alexandre jusque vers Moscou-la-Sainte, et la vieille capitale fut réduite en cendres. Dans toute cette campagne, M. Pozzo di Borgo resta à Londres ; son influence y avait aidé l'union d'Alexandre et du cabinet anglais ; il ne vint point se joindre à l'armée du czar, parce qu'une révolution dans les idées du cabinet avait prévalu à Saint-Pétersbourg : en effet, quand l'empereur Alexandre vit ses plus belles provinces envahies, la guerre meurtrière qui ravageait son territoire, il appela à son aide le vieil esprit russe, les anciennes traditions de la patrie. La bannière de saint Nicolas fut levée, les églises retentirent de prières et d'appels aux armes contre l'envahisseur, et le czar prit le commandement de l'armée. Mais précisément cet appel tout populaire avait retrempé l'esprit national contre les étrangers : depuis Pierre-le-Grand, les idées de civilisation avaient favorisé en Russie le pouvoir des Italiens, des Allemands ou des Français, qui occupaient les postes militaires et les premières dignités de l'état ; les vieux Russes voyaient cette influence avec jalousie ; cette colonie de courtisans blessait leurs yeux, tourmentait leur intérêt ; quand donc Alexandre eut besoin d'invoquer les grandes ombres de la patrie au pied du Kremlin, pour exciter le dévouement de ces seigneurs moscovites qui vivaient au milieu de leurs serfs, dans les provinces centrales, il fut obligé de leur sacrifier le pouvoir des étrangers. M. Pozzo di Borgo ne fut rappelé qu'à la fin de la campagne, lorsque le mouvement, cessant d'être tout à fait russe, devenait plus excentrique et se dirigeait vers la Pologne et la Prusse. Ce fut par la Suède que M. Pozzo di Borgo se rendit à Saint-Pétersbourg, au moment où Bernadotte se rapprochait intimement de l'Angleterre, et, sans se prononcer pourtant encore trop ouvertement, il prêtait une oreille favorable aux ouvertures de la cour de Londres. M. Pozzo di Borgo fut chargé d'aider la résolution de Bernadotte et de hâter une décision qui donnait à son souverain un nouveau moyen de se venger de la grande invasion de l'empereur des Français. De là naquit le premier germe de son intimité avec le prince royal de Suède.

Ce fut à Kalisch qu'Alexandre reçut M. Pozzo di Borgo ; il y avait cinq ans qu'ils s'étaient séparés, depuis cette entrevue de Tilsitt qui avait tant rapproché le czar de la politique de

Napoléon. Alors combien les époques étaient différentes ! Alexandre venait de voir son empire envahi par son ancien allié, ses villes en flamme, et dans les idées mystiques du czar, c'était l'esprit saint des vieux Russes qui avait soulevé les noires tempêtes, et ensevelissait sous les glaces de la Bérésina l'immense armée de Napoléon. Les paroles d'Alexandre à M. Pozzo di Borgo lui rappelèrent ses prophéties intelligentes, et le colonel s'efforça de le ramener à des idées simples, positives, contre le pouvoir de Bonaparte ; patriote de 89, M. Pozzo avait compris toute la portée de la conspiration Mallet et des mécontentements qui surgissaient en France. Il fut opposé à toute espèce de transactions ; sa pensée était de soulever les intérêts et de séparer la France de son chef. Tandis qu'Alexandre, tout préoccupé encore de la grandeur de Napoléon, hésitait à se jeter dans les hasards d'une campagne lointaine, Pozzo di Borgo lui conseillait de décider la Prusse à profiter de ces sociétés secrètes, qui, aux cris de *Teutonia* et de *Germania*, levaient fièrement la tête, et d'appeler enfin sous les drapeaux tous les rivaux de gloire de Buonaparte, pour jeter la confusion et le désordre dans ses préparatifs de guerre.

Alors une triple négociation s'ouvrit : la première avec Moreau qu'on voulait entraîner en France pour soulever, à l'aide de son nom, le parti républicain ; la seconde avec Eugène et Murat, entre lesquels on voulait diviser la souveraineté de l'Italie ; la troisième, enfin, auprès de Bernadotte, qui devait amener en ligne les Suédois et diviser l'armée française. Pendant que les Russes s'avançaient en Saxe, Pozzo di Borgo fut chargé de cette dernière mission avec les pleins pouvoirs de l'empereur de Russie. Sans s'expliquer nettement sur les intentions de l'alliance, par rapport à la France, et sur les résultats politiques et distinctifs de la guerre, le colonel Pozzo di Borgo, dans les conversations qu'il eut avec le prince royal, dut envisager toutes les probabilités d'avenir qui pouvaient flatter les rivalités des vieux compagnons de l'empereur Napoléon, et s'engagea, au nom du czar, à le reconnaître comme prince royal et roi de Suède par ordre de succession, comme il avait été promis à Moreau la présidence d'une république, si elle naissait de l'ordre de choses ou d'un mouvement populaire anti-bonapartiste à Paris. Il fallait entendre l'ambassadeur lui-même dire toutes les peines, tous les soucis que cette négociation avec Bernadotte lui avait donnés, les incertitudes du prince royal, ses aigreurs, ses mécontentements.

Bernadotte hésitait encore. Quand l'armée suédoise s'embarquait à Kalschrona et abordait à Stralsund, le canon de Lutzen et de Bautzen retentissait dans toute l'Allemagne ; ces merveilleuses victoires avaient étonné le prince royal ; l'armée russe était en pleine retraite à travers la haute Silésie ; Bernadotte, en ligne déjà, n'osait encore se prononcer : pouvait-il oublier la grande étoile de son ancien empereur, le souvenir de ses aigles, le prestige de sa gloire ? Les Suédois s'arrêtèrent donc à Stralsund, et attendirent les événements. Bernadotte était une grande force : non seulement il amenait avec lui vingt mille braves Suédois ; mais encore son nom, comme celui de Moreau, pouvait être un sujet de division et d'inquiétudes dans l'armée française, si l'invasion avait lieu. Quand donc M. Pozzo vit le prince royal hésiter, dans l'intervalle que donna l'armistice de Newmark, il se rendit immédiatement, sur l'ordre d'Alexandre, à Stralsund pour déterminer Bernadotte à marcher : ce ne fut pas sans peine qu'il parvint à le conduire au congrès militaire de Trachenberg, où furent dressés les plans de campagne contre Napoléon. Il eut besoin tout à la fois de fermeté auprès de Bernadotte, et de modération auprès de sir Charles Stewart (depuis lord Londonderry), officier jeune et un peu présomptueux, commissaire anglais, toujours prêt à blesser un vieux soldat tel que Bernadotte.

Cette démarche était décisive de la part de Bernadotte; il s'était rencontré déjà avec Moreau, et M. Pozzo di Borgo eut avec ces deux ennemis personnels de Napoléon une de ces conférences intimes, où ils échangèrent leur haine, leurs espérances, leurs vieux ressentiments, Pozzo contre l'adversaire du grand Paoli, Moreau contre le consul, et Bernadotte contre l'empereur. Dans la conférence militaire de Trachenberg, le plan adopté par les puissances fut simple : le colonel Pozzo di Borgo soutint qu'il fallait marcher droit sur Paris, centre de la puissance et de la faiblesse de Napoléon, et où la question se finirait. Cette pensée était celle de tous les militaires qui mêlaient à la question des batailles quelques vues politiques sur la décadence de l'empereur et la connaissance de son caractère personnel. D'ailleurs, dans l'esprit de M. Pozzo, Bonaparte n'était pas la France, et c'était pour sauver la France et sa liberté, qu'il poursuivait si vivement l'empereur.

A ce moment, se tenait le congrès de Prague qui n'était, à vrai dire, qu'une forme de négociation pour déguiser un armistice dont toutes les armées avaient besoin. M. de Metternich avait présenté son système de médiation armée, origine d'une nouvelle politique pour l'Autriche, politique prévoyante qui, dans sa faiblesse relative et isolée, lui donnait la prépondérance sur des cabinets plus puissants qu'elle-même. Toutes les négociations de ce congrès ne tendirent qu'à un seul résultat : détacher l'Autriche de ce système de médiation pour la décider en faveur de l'une ou de l'autre des deux alliances : la coalition ou la France. Il y avait dans l'armée de Napoléon, comme parmi les alliés, un besoin de paix, avec cette différence que les glorieux soldats de l'empereur étaient fatigués ; pour eux, le prestige de la conquête n'existait plus : ses généraux, dans leur fortune si merveilleuse, regrettaient la vie de luxe et les douceurs de Paris. Les enfants de l'Allemagne, ardents pour la liberté, couraient dans les rangs des armées alliées sous les ordres du vieux Blücher, tout chaud d'enthousiasme pour l'unité allemande; tandis que les officiers généraux de l'armée française rêvaient leurs hôtels de la Chaussée-d'Antin ou de la rue de Bourbon, leurs belles retraites de Grosbois et de la Malmaison, quand leurs frères d'armes tombaient sous le boulet; et le boulet ne respectait plus alors les maréchaux ! Un cri unanime, amèrement accusateur, se faisait entendre dans les états-majors : « Cet homme-là nous finira tous. » Des rapports exagérés arrivaient à l'empereur : un jour, quelques mille conscrits s'étaient mutilé les doigts pour être renvoyés dans leurs foyers; d'autres fois, on annonçait la désertion de ces braves enfants qui criaient : *Vive l'empereur!* sous les mitrailles de Lutzen et de Bautzen. Les alliés connaissaient cet affaiblissement de l'esprit militaire dans le camp de Napoléon ; ils savaient qu'il cachait un germe de faiblesse et de discorde. Leurs propositions de paix à Prague ne furent jamais absolument sincères de la part de la Russie et de la Prusse, et c'est en quoi l'empereur fut trompé.

Toute la question était de faire prononcer l'Autriche. Napoléon avait commis sur ce point bien des fautes; dans la situation où se plaçait le cabinet de Vienne, l'Autriche devait se montrer exigeante ; elle en avait le droit, car d'elle dépendaient les forces et je dirai presque les succès de la coalition. En s'offrant comme médiateur, le cabinet de Vienne voulait reconquérir les positions qu'il avait perdues dans sa lutte avec Napoléon ; il pouvait imposer la loi, car il était maître de jeter 300,000 hommes d'un côté ou d'un autre. Napoléon eut l'extrême maladresse de ne point accéder aux offres de l'Autriche ; bien plus, il blessa profondément l'homme qui dirigeait les destinées de ce cabinet, M. de Metternich, esprit éminent et dont les affections étaient dirigées vers la France. J'ai raconté la scène vive, imprudente, qui rompit la conférence entre Napoléon et le premier ministre autrichien (1).

Les souverains alliés attendaient avec une ardente impatience cette résolution du cabinet de Vienne ; il était onze heures du soir, tous étaient réunis dans une grange, leurs ministres, MM. de Nesselrode, Pozzo di Borgo, Hardenberg, dans la salle du bas, l'empereur et le roi de Prusse au premier étage ; la pluie était battante et il faisait une de ces soirées d'orage qui redoublent encore les horreurs de la guerre ; tout à coup arriva un courrier porteur d'une lettre pour M. de Nesselrode avec ces seuls mots : « l'Autriche s'est prononcée : quatre armées vont être à la disposition de l'alliance. » Qu'on s'imagine les cris de joie éclatants, les transports de la coalition, recevant ainsi l'appui de 300,000 hommes qui entraient en ligne par les montagnes de la Bohême. Les chances de combat se prononçaient décidément contre Napoléon. Le général Pozzo di Borgo, car il venait d'être créé général-major, fut encore envoyé, en qualité de commissaire de l'empereur, près du prince royal de Suède, qui, à cette époque, couvrait Berlin à la tête d'une armée composée de 40,000 Prussiens, de 30,000 Russes et de 20,000 Suédois.

(1) Voir l'article Metternich.

Les fastes des grandes guerres de la France n'ont rien à comparer à la belle défense de Dresde par Napoléon, lorsque toutes les armées de la coalition vinrent successivement s'essayer sous ses murailles crénelées : la coalition fut refoulée avec des pertes énormes, et Moreau fut frappé de mort sur le champ de bataille; mais cette admirable manœuvre de concentration fut suivie de grandes fautes : l'éparpillement des corps d'armée, l'un confié à Vandamme, l'autre à des maréchaux pour qui ne brillait point l'étoile de Napoléon. A Gross-Beeren, Bernadotte brisa la glorieuse ligne des Français, en même temps que le corps de Vandamme était coupé et fait prisonnier par les armées coalisées; l'empereur fut rejeté au-delà de l'Elbe. Je jette un voile sur la triste catastrophe de Leipsick, où il y eut tant de fautes commises, tant d'imprévoyances, et de la part de Napoléon lui-même, et de la part de ceux qui exécutèrent ses ordres : triste confusion, horrible pêle-mêle où les soldats furent décimés tout à la fois par la maladie des hôpitaux, le fer de l'ennemi, et par ces nuées de paysans que Blücher levait sur ses pas, et qui dévoraient l'armée française mourant de faim, sans canons, sans chaussure, au milieu des pluies froides d'octobre.

La coalition était victorieuse, son avant-garde touchait aux bords du Rhin, n'approchant qu'avec une secrète terreur de cette terre de France où présidait encore le génie organisateur de Napoléon. L'armée du prince royal de Suède s'était séparée des alliés pour marcher sur le Holstein, envahir le Danemarck et préparer un mouvement en Hollande. Le général Pozzo di Borgo quitta Bernadotte et fut envoyé en mission à Francfort pour concerter avec les alliés les opérations militaires. Là, il fut plus facile de connaître l'esprit public qui régnait en France; on put étudier les progrès que les différentes opinions et les partis avaient faits contre le gouvernement impérial : l'administration de l'empereur s'était surpassée; le sénat avait voté hommes sur hommes; les levées se faisaient avec une énergie remarquable; pamphlets, chansons, opéras, tout cherchait à ranimer les poitrines françaises au cri de l'indépendance nationale. Si la forte organisation de l'empire résistait à la surface, au fond il y avait murmure, désaffection complète, et lassitude dans les esprits; le commerce était anéanti, les ouvriers, sans travail, n'avaient d'autres ressources qu'un fusil pour aller chercher du pain ou la mort dans les armées; des fermentations sourdes se faisaient sentir partout; le corps législatif s'était séparé de Napoléon par une protestation dirigée sous l'influence des mécontentements et de MM. Lainé et Raynouard, et le corps législatif avait été dissous; le conseil de régence de Marie-Louise était composé d'hommes timides, incertains, quelques-uns prêts à délaisser, comme M. de Talleyrand, la cause qui tombait; les populations appelaient une fin à cette crise, et le front de Napoléon se couvrait de tristes nuages.

Les circonstances étaient bonnes pour une invasion du territoire de l'empire; mais les alliés étaient-ils bien d'accord sur le but qu'ils se proposaient? avaient-ils tous un intérêt identique? L'Autriche, qui avait fait un effort pour secouer l'énorme pouvoir de Napoléon, consentirait-elle à renverser le gendre de son propre empereur François II, et le tout au profit de l'agrandissement démesuré de la Russie et de la Prusse? Maintenant, qu'elle avait reconquis les territoires que Napoléon lui avait enlevés, qu'avait-elle besoin d'envahir la France et de porter le dernier coup à une nation si nécessaire dans la balance de l'Europe? L'Angleterre elle-même, ennemie de Napoléon, devait voir aussi avec jalousie l'immense agrandissement de l'influence russe; les ministres étaient chaque jour interpellés dans le parlement sur le but et l'objet de la guerre; il était donc à craindre que la coalition ne fût prête à se dissoudre au moment même où elle arrivait à ses fins. On s'aperçut de cette situation dans les conférences de Francfort, et le général Pozzo di Borgo fut chargé, par les trois souverains, d'une mission auprès du prince régent, pour obtenir que lord Castlereagh, chef du cabinet anglais, se rendît au quartier-général, afin de resserrer les liens de la coalition et en déterminer le but. Le général Pozzo di Borgo se hâta d'accomplir son voyage; et vint à Londres dans les premiers jours de janvier 1814, au milieu des séances du parlement, où précisément lord Castlereagh avait été obligé de s'expliquer sur les interpellations vives et pressantes des whigs; il était porteur d'une lettre autographe des souverains au prince régent, dans laquelle ils s'engageaient à toutes les mesures de modération et d'équilibre européen susceptibles de rassurer les esprits en Angleterre.

Quelle différence entre les deux époques! Il y avait six ans que M. Pozzo di Borgo avait visité l'Angleterre en proscrit; maintenant il y venait comme l'organe de la coalition triomphante; il y fut reçu avec tout l'éclat et la joie des récentes victoires. Avec quelle cordialité lord Wellesley lui serra la main : « Je crois, mon cher Pozzo, que vous et moi sommes les deux hommes qui désirons le plus vivement la chute de Bonaparte, » dit le marquis de Wellesley. Lord Castlereagh avait déjà quelques idées sur la restauration de l'ancienne dynastie des Bourbons; il les communiqua au général Pozzo di Borgo, et celui-ci lui répondit : « Vous savez, milord, qu'il ne faut jamais présenter aux souverains qu'une idée simple : les choses complexes ne les saisissent point; renversons d'abord Bonaparte, nous ferons comprendre cela facilement au roi de Prusse et à l'empereur Alexandre; puis, quand la table sera rase, nous examinerons la seconde difficulté... — Eh bien! répondit lord Castlereagh, qui voulez-vous que nous envoyions sur le continent? — Si M. Pitt vivait, reprit le général Pozzo, je lui dirais de se tenir tout botté; c'est assez vous faire comprendre que nous vous désirons, vous, personnellement, au Rhin, afin que la question ne s'embrouille pas. »

C'est avec cette préoccupation que M. Pozzo di Borgo visita les princes français, et particulièrement M. le comte d'Artois. S. A. R. voulait alors paraître au quartier-général et mêler les idées de restauration au plan de campagne des alliés ; le général Pozzo di Borgo s'opposa vivement à ce dessein : « Monseigneur, dit-il, vous savez mon dévouement à votre personne et à vos intérêts ; mais ne venez pas brouiller nos cartes : nous avons encore un terrible morceau à avaler, c'est la chute de Bonaparte ; quand celui-ci sera renversé, il faudra bien qu'on songe à quelque chose, alors votre rôle et votre nom arriveront tout naturellement. »

C'était un point délicat à obtenir que le départ de lord Castlereagh, adhésion pleine et entière de l'Angleterre aux intérêts de la coalition ; on y travailla longtemps auprès des membres influents du parlement et auprès du prince régent ; enfin, dans un dîner chez lady Castlereagh, le premier ministre anglais, s'adressant, à la fin du repas, à l'envoyé de l'empereur, s'écria : « Eh bien ! mon cher Pozzo, il est décidé que je vous accompagne ; le prince régent m'a remis une lettre autographe pour les souverains : nous agirons de concert et de bonne amitié avec vous. » Les deux diplomates s'embrassèrent avec transport, et, deux jours après, ils s'embarquaient pour le continent ; en trois semaines, ils rejoignaient les souverains à Baden.

L'arrivée de lord Castlereagh au quartier-général donnait une plus forte unité à l'alliance ; on pouvait y prendre quelques résolutions communes, arrêter le plan de campagne politique qu'il fallait suivre contre Napoléon. L'Angleterre n'avait jamais reconnu l'empereur des Français ; dans les actes du parlement comme dans ceux du cabinet, il n'avait jamais été désigné que comme *l'ennemi commun* ou *le chef du gouvernement*, et le général Pozzo di Borgo put travailler plus profondément auprès de lord Castlereagh pour arriver au but qu'il se proposait, le renversement de la puissance de Bonaparte. Le premier ministre anglais avec ses pleins pouvoirs de négociations, posa pour base de toutes les transactions diplomatiques, ce principe, à savoir : que la France, nécessaire dans la balance de l'Europe, devait être réduite néanmoins à son ancien territoire ; d'où la conséquence presque naturelle du rétablissement de l'ancienne dynastie. Il n'en fut parlé pourtant dans les actes publics et secrets des négociations que comme d'une éventualité réservée pour un examen ultérieur de la question française.

Une des bases principales du plan politique de l'alliance avait été de séparer Napoléon de la France ; cette tactique, conseillée par Bernadotte, Pozzo di Borgo et le parti patriote ennemi de l'empereur, fut formulée dans les actes de Francfort et dans les proclamations de tous les corps alliés qui traversèrent le Rhin : on voulait affaiblir l'ennemi commun, en promettant à la France l'intégralité de son ancien territoire et la possibilité d'établir une constitution indépendante de son empereur. On appelait ainsi à l'aide de la coalition tous les mécontents, et, sans s'engager avec aucun, on offrait à chacun une issue heureuse pour ses prétentions et ses intérêts ; on caressait les partisans mêmes de la république, comme ceux de la régence de Marie-Louise.

M. Pozzo di Borgo resta attaché à la personne d'Alexandre pendant toute la campagne de 1814 ; triste et glorieuse campagne où le génie militaire de Napoléon brilla d'un éclat si vif ! noble reflet de cette étoile qui ne parut un moment que pour s'obscurcir et disparaître à jamais ! Dans les négociations de Châtillon, le général Pozzo di Borgo insista pour que les propositions de l'empereur des Français fussent rejetées, et pour qu'on limitât surtout d'une manière bien précise les clauses et le temps qui seraient accordés par la coalition à celui qui tant de fois avait obtenu la victoire : point d'armistice, marcher en masse et en ligne droite sur Paris, tels furent les conseils du général Pozzo di Borgo, auprès duquel déjà quelques ouvertures directes avaient été faites par M. de Talleyrand et le parti des mécontents de Paris. Il est possible qu'à Châtillon on eût traité avec Napoléon et la régence, si les préliminaires de la paix eussent été acceptés, mais le chef du grand empire pouvait-il, sans s'exposer à une ruine inévitable à l'intérieur, subir les anciennes limites de la France? M. de Caulaincourt reçut, il est vrai, l'ordre d'accepter les conditions, mais trop tard, et si la paix eût été conclue dans ces étreintes, Napoléon ne pouvait régner paisible : une révolution d'intérieur l'eût renversé. L'empereur victorieux, qui avait imposé sa loi au monde, pouvait-il, à son tour, recevoir des lois de toute l'Europe? et s'il était revenu à Paris avec les traités humiliants qui eussent réduit la France à ses anciennes frontières, n'eût-il pas été accueilli tôt ou tard par une déchéance? Les mécontentements ne se seraient-ils pas multipliés à chaque pas? son pouvoir aurait-il eu encore ce prestige et cette force nécessaires à son action absolue? La paix une fois conclue, les partis auraient éclaté puissants, et Napoléon eût succombé sous un mouvement républicain. On aurait dit à l'empereur : Qu'avez-vous fait des conquêtes de la république, de ces grandes et belles armées qu'elle vous avait léguées ? et, pour échapper à ces cris de l'opinion, l'empereur eût été obligé de se jeter de nouveau dans la guerre. « La paix, dit M. Pozzo di Borgo à Alexandre, que vous accorderez à l'empereur Napoléon, ne sera qu'un moyen de recrutement pour lui ; avant un an, vous le verrez encore déborder sur vos territoires : avec l'esprit d'un joueur, il jettera sans hésiter son dernier écu sur la dernière carte. »

Dans le but de donner une forte unité à l'alliance, les souverains signèrent le fameux traité de Chaumont, association européenne contre l'ennemi commun : on y déclarait d'une part que la coalition ne se séparerait pas tant qu'elle n'aurait pas atteint le but qu'on se proposait, la paix générale, l'indépendance et les droits des nations européennes ; ensuite, chaque puissance conservait en campagne une armée de 150,000 hommes toujours complète, outre les garnisons ; l'Angleterre fournissait d'immenses subsides, et on se promettait mutuellement un pied de guerre formidable, au cas où l'un des gouvernements serait menacé. La campagne fut poussée avec une vigueur nouvelle ; la pointe sur Paris eut l'effet que les alliés se proposaient. Je ne raconterai pas des événements si tristes et si connus ! Le général Pozzo di Borgo se trouvait à la suite de l'empereur Alexandre, lorsque ce prince fit son entrée dans notre capitale, et son rôle désormais fut celui de médiateur entre la France et les alliés.

Il faut se reporter à cette douloureuse époque de nos désastres pour juger sainement les faits qui vont s'accomplir : la lassitude était à son comble dans tous les esprits ; quelques soldats pouvaient se ranger encore autour de l'empereur et défendre ses aigles voilées, mais la masse de la population ne voulait plus de la guerre ; les haines contre Napoléon s'étaient réveillées dans le parti républicain et parmi les royalistes qui s'agitaient ; les proclamations de Scharwtzenberg, les promesses qu'il avait faites en entrant à Paris donnaient l'espérance du repos et d'une liberté sage. Le général Pozzo di Borgo agit sur l'esprit d'Alexandre pour l'entraîner à ces idées libérales qui dominèrent ses résolutions : tous les projets de charte constitutionnelle, toutes ces formules de l'esprit de liberté, furent conçus dans ces réunions chez M. de Talleyrand, où les patriotes venaient en masse exhaler leurs mécontentements contre Napoléon. Ici se place une curieuse circonstance relative à la fameuse proclamation du prince de Schwartzenberg qui la première parla des Bourbons : elle fut l'œuvre du comte Pozzo (1); le prince de Schwartzenberg ne l'avait pas signée, et ce fut Alexandre, qui, dans une entrevue au quartier-général de Bondy, lui dit : « Mon cher prince, vous avez fait là une belle proclamation, elle est parfaite; signez-la, elle vous fera honneur. » Et Schwartzenberg, un peu par amour-propre, un peu par déférence, la scella de son nom.

Le général Pozzo di Borgo avait conservé des relations avec tout le parti de 1789; il rencontrait dans l'empereur Alexandre sympathie pour les principes d'indépendance noble et généreuse. Napoléon, le représentant de l'unité forte et gouvernementale, ne pouvait être brisé qu'avec des principes de liberté. « L'Europe, disait M. de Talleyrand, était alors en pleine voie d'émancipation; c'était avec les mots de patrie, avec l'enthousiasme des institutions libres qu'on avait soulevé les peuples contre celui que les Allemands, dans leur expression mystique, appelaient l'oppresseur du genre humain. » Ces idées prévalurent, et le général comte Pozzo di Borgo fut nommé commissaire de l'empereur Alexandre auprès du gouvernement provisoire.

Ce gouvernement avait alors bien besoin de l'appui de l'ami de Paoli qui poursuivait le dernier éclat de la fortune de Napoléon : quelques maréchaux venaient de faire une

---

(1) J'ai tenu le brouillon au crayon de cette proclamation écrite par le comte Pozzo et corrigée par Alexandre lui-même.

tentative auprès de l'empereur Alexandre pour l'engager à traiter avec la régence ; dominé par ses anciens souvenirs d'amitié, par l'influence que la grande figure de Napoléon exerçait sur ses pensées, le czar allait accéder peut-être aux propositions qui lui étaient faites, lorsque le général Pozzo di Borgo fut envoyé en toute hâte par le gouvernement provisoire auprès d'Alexandre pour empêcher ce traité : il entraîna l'esprit du czar par les mêmes considérations que déjà il avait fait valoir : « La régence, c'était toujours Napoléon ; or, la France n'en voulait plus. En signant avec lui une paix, c'était s'exposer à une reprise d'armes ; si l'Europe voulait le repos, il fallait en finir avec le régime impérial. » Le général passa deux heures dans cette conversation, et il obtint par sa persévérance la fameuse déclaration des puissances, à savoir : qu'on ne traiterait plus avec l'empereur ni avec sa famille. Ainsi, maître de cette concession, il se rendit en toute hâte vers le gouvernement provisoire, et, exhalant dans le sein de M. de Talleyrand l'expression pittoresque de son triomphe :
« Mon cher prince, ce n'est pas moi seul, sans doute, qui ai tué politiquement Bonaparte ; mais je lui ai jeté la dernière pelletée de terre sur la tête. »

Ainsi marchait le drame entre ces deux hommes : Pozzo, proscrit partout par Bonaparte, venait à son tour assister aux funérailles de sa puissance ; nés à quelques mois de différence, l'un était parti d'Ajaccio simple sous-lieutenant, et était monté sur le premier trône de l'univers, l'autre avait

parcouru l'Europe en exilé, réveillant l'esprit de guerre et
de vengeance contre son compatriote, et après des efforts
inouïs, il avait réalisé son idée fixe, il foulait du pied son ennemi, et le jetait dans cette île d'Elbe, où Pozzo di Borgo lui-
même avait passé deux fois, poursuivi par la fortune de son
rival. Jamais le général Pozzo n'avait pensé que Bonaparte
fût la France, et en cela il était aussi patriote que Moreau,
Lannes, Bernadotte, Masséna, Dessoles et Gouvion-Saint-
Cyr.

Quand le sénat eut rappelé l'ancienne dynastie et posé les
bases de sa constitution, le général Pozzo di Borgo fut chargé
par les souverains alliés d'aller recevoir le roi Louis XVIII à
Londres. Cette mission n'était pas seulement un poste d'honneur pour saluer le nouveau souverain français; mais encore
le général Pozzo di Borgo devait exposer à Louis XVIII l'état
réel des esprits en France, et la nécessité d'adopter les formes
constitutionnelles et les idées libérales d'une charte pour répondre à l'opinion publique. Il se rendit à Londres en toute
hâte : le gouvernement provisoire savait bien que le parti royaliste ardent allait entourer Louis XVIII, et qu'il fallait l'empêcher au moyen de l'intervention salutaire du général Pozzo di
Borgo de se jeter dans les folies. L'homme de confiance d'A-
lexandre, le vieux député de l'assemblée législative devait exercer une grande puissance d'action sur l'esprit de Louis XVIII.
Le général Pozzo di Borgo, arrivant à Calais, frêta pour lui
seul un navire de passage, et au moment où il se rendait à

bord, un épisode assez curieux et qu'il aimait à raconter vint lui montrer l'instabilité des opinions humaines. Il était sur le rivage, quand il vit venir à lui un étranger demandant passage sur son petit navire pour aller au devant de Louis XVIII : « Qui êtes-vous ? lui dit M. Pozzo di Borgo. — Je suis le duc de La Rochefoucauld-Liancourt, et je vais auprès du roi pour reprendre mes anciennes fonctions. » On doit bien s'imaginer l'étonnement de l'ambassadeur : le duc de Liancourt avait non seulement blessé le comte de Provence à l'assemblée constituante, mais encore il l'avait plus profondément ulcéré quand il lui renvoya des Etats-Unis le cordon de ses ordres, en signe de dédain pour tout ce qu'il appelait les hochets du vieux régime ; ces mépris-là, Louis XVIII ne les oubliait pas dans un gentilhomme.

Cependant M. Pozzo di Borgo ne refusa point passage au noble duc, et, chose curieuse ! c'est que la première démarche que fit M. de Liancourt en abordant le yack royal où se trouvait Louis XVIII, ce fut de se revêtir de ce cordon bleu qu'il avait renvoyé au roi pendant son séjour sur le territoire des hommes égaux et libres. On ne peut dire quel fut le désespoir du duc de La Rochefoucauld, lorsqu'il ne put être reçu par Louis XVIII, tandis que le comte Pozzo était accueilli avec ces vives et dignes expressions que le roi prodiguait souvent, les larmes aux yeux. L'ambassadeur des alliés exposa les instructions qu'il avait reçues : « Si la constitution promulguée par le sénat était tombée dans le mépris, ce n'était pas un motif pour renoncer aux principes de liberté qui en formaient la base. » M. Pozzo di Borgo ne quitta point Louis XVIII dans son voyage, préparant de concert avec lui cette déclaration de Saint-Ouen, condition d'un système représentatif, tel que le parti libéral le désirait alors pour la France. Qu'on se représente cette France passant du régime militaire de Napoléon aux principes constitutionnels, se réveillant libre après le gouvernement fort, mais despotique de l'empereur, n'était-ce pas déjà chose immense que d'avoir conquis une représentation publique ? Le traité de Paris, expression des idées diplomatiques posées à Chaumont et à Châtillon, fit rentrer la France dans ses anciennes frontières et sous le gouvernement de son ancienne dynastie, garantie de paix et d'ordre que l'Europe combinait pour son repos.

Le général Pozzo di Borgo resta comme le représentant de la Russie auprès du nouveau gouvernement français, jusqu'au congrès de Vienne, où toutes les sommités diplomatiques furent appelées. Je ne rappellerai point les grandes transactions de cette époque que j'ai racontées dans un livre spécial (1); je dois ajouter que si à Vienne on avait écouté la vieille expérience de l'ami de Paoli, la France n'aurait pas subi les malheurs des Cent-Jours. Le corps diplomatique était informé que Napoléon préparait les moyens d'enfreindre son ban et de reparaître en Europe; le général Pozzo, qui connaissait son actif compa-

(1) *Histoire de la Restauration.*

triote, proposa de le renfermer dans un lieu plus sûr, par exemple, dans une des îles de la mer d'Afrique, d'où il ne pût plus s'échapper en jetant les puissances dans de nouveaux dangers et de nouvelles révolutions.

A Vienne, se manifeste un second refroidissement entre l'empereur Alexandre et le comte Pozzo di Borgo ; il eut pour cause la Pologne. Le czar s'était engoué de la pensée qu'il fallait constituer un royaume de Pologne vaste, étendu, séparé par sa constitution de la Russie, en y comprenant même les anciennes provinces. M. Pozzo di Borgo fut entièrement opposé à cette résolution ; dans un Mémoire remarquablement écrit et largement pensé, il prévit la véritable tendance de l'esprit polonais : « La création d'un tel royaume ne serait qu'un encouragement à l'esprit de rébellion, et cet esprit turbulent préparerait une plus profonde servitude pour la noblesse et le peuple de Pologne, car il faudrait le réprimer avec violence (1). » Hélas ! le général Pozzo disait vrai ! Qui a perdu la Pologne et dispersé cette généreuse noblesse ? N'est-ce pas les folles idées d'une révolution impossible ? L'empereur Alexandre retira un moment sa confiance au général Pozzo pour la donner à M. Capo d'Istria, un peu rêveur et mystique de sa nature, et dont l'esprit correspondait parfaitement aux

---

(1) Ce Mémoire a été retrouvé à Varsovie ; l'empereur Nicolas écrivait au comte Pozzo di Borgo en 1830 : « Combien vous prévoyiez juste et vrai. Vous nous auriez évité bien des embarras. »

pensées d'Alexandre sur l'émancipation de la Pologne et de la Grèce, sous la suzeraineté du czar.

Alors, comme un coup de foudre, éclate le débarquement de Bonaparte au golfe Juan. Cette nouvelle fut reçue sans étonnement par M. Pozzo di Borgo, et quand le corps diplomatique cherchait à rassurer les craintes sur une nouvelle guerre, l'ambassadeur répondit : « Je connais Bonaparte ; puisqu'il a débarqué, il ira à Paris ; et s'il va à Paris, point de trêve ni de paix, l'Europe doit marcher à l'ennemi commun. » A cette occasion, l'empereur Alexandre fit appeler le comte Pozzo, lui rendit sa confiance entière, et l'envoya à Gand auprès de Louis XVIII, avec une mission militaire auprès de l'armée anglo-prussienne des Pays-Bas.

Ce ne fut plus qu'un cri de guerre à Vienne ; toutes les puissances se disposèrent à une nouvelle campagne, malgré les tentatives de Napoléon pour séparer l'Autriche et la Russie de la coalition ; on sait que Bonaparte transmit à Alexandre copie du traité secret, conclu au mois de mars 1815, entre l'Angleterre, l'Autriche et la France, contre la Russie, relativement à la Pologne ; et c'est de cette époque que date l'antipathie du czar pour M. de Talleyrand, antipathie qui empêcha plus d'une transaction après la nouvelle invasion de la France. Le général Pozzo arrivait en Belgique, théâtre inévitable de la guerre, comme commissaire russe auprès de l'armée anglo-prussienne qui formait l'avantgarde de la coalition, lorsque Napoléon tomba à l'improviste sur les frontières. Ce fut au milieu d'un bal brillant, sous les mille lustres du palais de Lacken à Bruxelles, que le duc de Wellington apprit l'arrivée subite de son terrible adversaire ; l'armée anglaise réunie en toute hâte, un courrier fut expédié à Bulow, pour qu'il eût à presser sa marche et à se mettre en ligne. Un premier échec frappa les Prussiens de Blücher à Ligny, et les Anglais prirent position au mont Saint-Jean. M. Pozzo di Borgo y accourut assez inquiet : « Jusqu'à quelle heure croyez-vous pouvoir tenir ? » dit-il. « Je ne compte pas trop sur les Belges, répondit le duc de Wellington ; mais j'ai avec moi une douzaine de régiments anglais et écossais ; adossé sur ce champ de bataille, je réponds de résister toute la journée ; mais il faut que Bulow m'aide avant cinq heures du soir. » Au milieu de la bataille un billet de Bulow annonça son arrivée avant trois heures ; la nouvelle passa de rang en rang ; l'armée anglaise, faiblement secondée par les Belges, résista avec une puissante ténacité qui leur donna la victoire. A cette bataille funèbre de Waterloo le comte Pozzo di Borgo reçut une assez grave blessure.

Napoléon avait quitté son dernier champ de bataille. Pourtant M. Pozzo s'inquiétait encore, et non sans raison : l'armée d'Alexandre n'avait pris aucune part aux événements militaires ; à peine avait-elle atteint l'Allemagne. Le général Blücher et le duc de Wellington n'allaient-ils pas profiter de leurs succès pour décider seuls des destinées de la France ?

M. Pozzo di Borgo appela un jeune officier russe, employé dans l'armée prussienne : « Tuez des chevaux, lui dit-il ; et que, dans quarante-huit heures, le czar soit instruit de la victoire ! votre fortune est au bout de votre course. » Et le diplomate, quoique malade et blessé, se rendit à Paris sur les pas du duc de Wellington. Il avait repris ses fonctions d'ambassadeur près de Louis XVIII, sans avoir les mêmes chances de crédit qu'en 1814. Comme il l'avait prévu, l'occupation de la capitale par les généraux anglais et prussiens les y avait rendus tout-puissants ; le duc de Wellington avait à peu près composé lui-même le ministère Fouché-Talleyrand, et ces deux hommes politiques étaient tout dévoués de longue main à l'alliance anglaise. La Russie ne jouerait donc plus qu'un rôle secondaire qu'il fallait grandir ; l'arrivée de l'empereur Alexandre, à la tête de 250,000 baïonnettes, changea bientôt cette situation des affaires.

M. de Talleyrand put s'en convaincre dès les préliminaires du traité de Paris : le czar avait de profonds griefs contre l'ancien plénipotentiaire de Vienne ; il ne voulut entendre parler d'aucune négociation conduite par ce premier ministre ; la médiation d'Alexandre était pourtant bien nécessaire à nos intérêts dans la discussion du traité de paix. L'Angleterre, la Prusse et l'Allemagne montraient des exigences exorbitantes, voulant exploiter sans pitié leur victoire et nous dépouiller à l'envi. Les premières notes de lord Castlereagh réclamaient la cession d'une ligne de forteresses du côté de la Belgique, depuis Calais jusqu'à Maubeuge. Les Prussiens et les Allemands nous demandaient l'Alsace et une partie de la Lorraine : qui pouvait nous défendre de ces avidités de vainqueurs armés, si ce n'était le czar ? M. de Talleyrand tenta de gagner l'appui d'Alexandre, en assurant à son ambassadeur une haute position politique en France : il offrait à M. Pozzo di Borgo le ministère de l'intérieur réuni à la police, que la démission de Fouché avait laissé vacant, ou tout autre portefeuille à son choix. Le comte Pozzo refusa, déclarant qu'il ne pouvait être utile à la France que comme un intermédiaire entre les deux gouvernements ; Français de cœur, Russe par position et par devoir, il serait comme le symbole de l'alliance entre les deux cabinets et les deux nations. La combinaison mixte essayée par M. de Talleyrand échoua devant l'invincible aversion de l'empereur Alexandre, qui persista dans son désir de voir les affaires étrangères confiées à un homme de son choix, avec lequel il pût traiter en toute confiance. Il indiqua le duc de Richelieu, qu'il appelait le meilleur Français et le plus loyal des hommes. M. de Talleyrand dut céder : il rendit le portefeuille à Louis XVIII, qui chargea M. de Richelieu de composer un nouveau cabinet.

Dès ce moment, l'influence russe se fit sentir dans les affaires publiques ; le czar se porta intermédiaire pour les questions territoriales : à vrai dire même, il avait intérêt à ce que la France conservât sa force active dans le midi de l'Europe pour y trouver plus tard alliance et appui. Le comte Pozzo di Borgo vit donc son action grandir avec celle de son empereur, et cette action fut digne et favorable à la France. Il faut se reporter à ces temps de désastres : la patrie, envahie par 800,000 étrangers, était accablée de contributions de guerre ; Alexandre mit en balance ses idées et ses forces à l'encontre des idées anglaises, allemandes et prussiennes, et il ne s'agit plus dès lors de la cession de l'Alsace et de la Lorraine, et d'une grande partie des provinces du nord.

Dans les conférences intimes des plénipotentiaires, M. Pozzo di Borgo exposa la nécessité de ne point exiger de la France et de la dynastie nouvelle des conditions trop dures, parce que, quand on imposait aux peuples et aux rois le déshonneur, la honte et l'impuissance, il y avait réaction naturelle contre le joug qui pesait trop fort. Le traité de Paris, résultat de ces conférences, fut une dure loi sans doute : quand le duc de Richelieu le signa, sa main tremblante témoignait de toute sa douleur, et il reste de lui une magnifique lettre pour déplorer cette cruelle nécessité (1) ; mais enfin, comparativement aux conditions que les Anglo-Prussiens imposaient, c'était un pas immense. La France n'était point partagée ; si elle perdait quelques points sur la frontière, si elle était surveillée par une occupation militaire, si on lui imposait 700 millions, au moins elle voyait

(1) Voyez l'article Richelieu.

un terme aux maux de la guerre, elle ne perdait ni la Lorraine, ni l'Alsace; elle était encore une grande nation.

Quand l'empereur Alexandre quitta Paris, il laissa plein pouvoir à M. Pozzo di Borgo pour seconder le gouvernement de Louis XVIII, en suivre les premières démarches et en empêcher les premières fautes. La réaction royaliste arrivait ardente; la majorité de la chambre de 1815 s'était prononcée pour un système d'énergie désordonnée, que les partis laissés à eux-mêmes se permettent toujours comme une joie de la victoire. Cette chambre, vivement opposée au ministère Richelieu, rendait impossible l'ordre politique, qui seul pouvait permettre la réalisation des emprunts, et par conséquent l'accomplissement des charges imposées par l'occupation. La modération n'était pas alors seulement une inspiration des nobles âmes, mais encore une loi de nécessité : les réactions ne créent pas de ressources réelles, elles agitent les esprits et détruisent la prospérité publique. M. Pozzo di Borgo seconda le duc de Richelieu, dans la pensée commune d'arrêter le mouvement ultra-royaliste qui mettait obstacle à l'exécution des engagements envers les alliés; et l'ordonnance du 5 septembre changea l'ordre des idées et les principes politiques de la restauration. Les notes de M. Pozzo y avaient préparé l'empereur Alexandre; elles restaient toutes favorables au système royaliste modéré que voulait suivre le cabinet Richelieu : « il fallait un point d'arrêt à la réaction de 1815, » et l'empereur partagea l'opinion de son ministre. M. Pozzo di Borgo vit dans cette ordonnance un acte de volonté royale qui, favorablement accueilli par l'Europe, avancerait l'œuvre de la délivrance du territoire, et Louis XVIII reçut bientôt des lettres de félicitations du czar pour l'acte de fermeté qui permettait à son gouvernement de persister dans les voies d'une modération salutaire.

Cette action s'exerça de plus en plus sur les affaires publiques. L'occupation militaire continuait ; la France, qui avait à régler des conventions pécuniaires résultant de plusieurs sortes de traités, subissait de terribles épreuves : après la guerre, la famine ; après la famine, le désordre des factions, les révoltes simultanées. Les notes de M. Pozzo di Borgo à l'empereur cherchaient à faire sentir la nécessité d'alléger le poids des contributions militaires, si l'on ne voulait pousser au désespoir un peuple qu'il serait difficile d'asservir. Je ne sache pas une collection de notes mieux pensées, plus fortement empreintes du désir d'en finir avec l'occupation militaire ; et peut-être ce vif et patriotique désir fit-il souvent juger le parti royaliste avec trop de rigueur par l'ambassadeur d'Alexandre.

L'action de M. Pozzo di Borgo fut favorable à toutes les négociations françaises, et au congrès d'Aix-la-Chapelle elle se montra sous le jour de la plus noble intervention. Avant de se rendre à ce congrès, l'ambassadeur avait reçu plein pouvoir de son souverain pour engager le duc de Wellington à se déclarer l'arbitre et le médiateur dans la question délicate des créances réclamées par les étrangers sur le gouvernement français. Ces créances dépassaient toutes les limites, et M. Pozzo di Borgo, prenant le duc de Wellington par les sentiments de générosité et d'honneur militaire, l'engagea d'en finir avec l'occupation qui blessait et tourmentait la France, et avec ces liquidations qui n'avaient ni terme ni fin. Le duc de Wellington, quoique intéressé à perpétuer son commandement qui lui donnait une si grande autorité sur la France, consentit à se rendre l'arbitre des intérêts divers. Les choses furent ainsi disposées pour qu'aucun obstacle ne s'opposât aux résolutions prises d'avance, et qui devaient recevoir leur consécration au congrès d'Aix-la-Chapelle.

Les transactions de ce congrès eurent pour résultat la libération de la France; la gloire et la peine en reviennent au duc de Richelieu; mais le général comte Pozzo di Borgo contribua puissamment à rassurer l'empereur Alexandre, très disposé à s'effrayer de la tendance libérale alors si ardente en Europe. Le czar avait un esprit plutôt généreux, passionné, que réfléchi; son éducation avait été faussée; il était alors entouré de quelques hommes timides qui s'alarmaient de la situation des peuples, et surtout de la fermentation des universités allemandes. Dans son court séjour à Paris, après le congrès d'Aix-la-Chapelle, Alexandre s'en était expliqué avec Louis XVIII. Selon le czar, la plaie en ce moment en Europe était le jacobinisme; et ce qu'il fallait éviter avant tout, c'était un désordre nouveau dont la sainte-alliance aurait quelque peine à préserver le monde. Des instructions laissées à M. Pozzo di Borgo furent conçues en ce sens, et quel dut être le désappointement de l'empereur Alexandre, lorsqu'il apprit, à son arrivée à Varsovie, que le ministère Richelieu était dissous, et qu'un système plus fortement libéral était adopté par la politique de la France! M. Pozzo di Borgo n'avait aucune répugnance pour le général Dessolle et le maréchal Gouvion Saint-Cyr, qui formaient les éléments de cette administration : tous deux étaient de cette opposition militaire à l'empire, qui avait servi de base à la restauration ; mais quand on vit surgir l'élection de M. Grégoire, quand le duc de Berry fut frappé du poignard, il y eut effroi dans le corps diplomatique, et le général Pozzo di Borgo ne fut pas étranger à la résolution qui porta le second ministère Richelieu à prendre en mains les affaires publiques. L'action de l'ambassadeur n'était alors ni aussi vive, ni aussi influente ; la raison en est simple : de 1815 jusqu'en 1818, époque de l'occupation du territoire, il était impossible que le gouvernement de France agît indépendamment des étrangers : ceux-ci occupaient le pays ; il fallait bien consulter leurs diplomates, et se déterminer par eux ; mais quand la France eut été délivrée, l'influence changea de nature ; il n'y eut plus action matérielle, mais seulement une influence morale de la part du corps diplomatique, action qui avait ses limites.

L'esprit des révolutions se levait en Europe : l'Espagne,

Naples, le Piémont, avaient proclamé la constitution à main armée ; l'assassinat de Kotzebue, la fermentation des universités, les sociétés mystérieuses dans l'armée russe, la révolte de Manchester, les mouvements de la population active de Paris, au mois de juin 1820, tout cela faisait présager un soulèvement populaire contre les couronnes. Jamais les trônes ne furent plus ébranlés que dans ces deux années de 1820 et 1821 ; les trônes durent se défendre. M. Pozzo di Borgo reçut l'ordre de seconder le système royaliste du second ministère du duc de Richelieu, et il le fit avec une ardeur loyale qui tenait à ses amitiés personnelles et à sa conviction profonde que certaines limites ne seraient pas dépassées. Néanmoins, des mains de M. de Richelieu, le ministère tomba dans celles de M. de Montmorency et de M. de Villèle, expression des opinions religieuses et monarchiques extrêmes, et qui avaient tendance pour le système anglais. Le comte Pozzo vit avec quelque peine le triomphe des hommes qu'il connaissait et même qu'il avait autrefois combattus par l'ordonnance du 5 septembre ; mais les ordres de son souverain étaient impératifs ; il s'en rendit l'organe à Paris. Favorable à l'occupation du Piémont par l'Autriche, il décida enfin cette guerre d'Espagne, préparée aux congrès de Troppau, Laybach et résolue à Vérone.

Le parti royaliste revint triomphant de Cadix ; Ferdinand VII fut rétabli. Dans ce pays de passions politiques et d'effervescences religieuses, le pouvoir était tombé dans les mains de dom Sacz, confesseur du roi. Le but de la Russie était toujours d'exercer une haute influence sur le midi de l'Europe, à l'encontre de l'action anglaise. M. Pozzo reçut l'ordre de se rendre à Madrid, et de pousser au ministère M. Casa Hirujo, l'homme de la modération, et par conséquent favorable aux intérêts russes. L'ambassadeur s'entendit parfaitement sur ce point avec M. de Villèle : à Madrid, M. Casa Hirujo, précurseur de M. de Zéa, triompha, et l'on put compter sur un peu plus d'ordre et de régularité dans les formes du gouvernement de Ferdinand VII.

De retour à Paris, M. Pozzo di Borgo, lié avec le parti de MM. Molé et Pasquier, les amis du duc de Richelieu, blâma toutes les folies de l'opinion royaliste, alors que chaque année elle prenait plaisir à tourmenter le pays par des lois moins impopulaires encore que sottes et sans portée. L'ambassadeur n'avait presque plus d'action sur le gouvernement, son influence se bornait à cette opposition de salons diplomatiques et de haut monde, qui s'éleva bientôt jusqu'au trône ; tout en approuvant la loi des conversions de rente, le comte Pozzo s'exprimait sans déguisement dans son salon sur le mauvais effet populaire que cette mesure pouvait produire : « Le roi de France veut devenir le plus riche des souverains de l'Europe ; je crains bien que tout cela ne finisse par une catastrophe ; on ne joue pas impunément avec le pot au feu des classes bourgeoises. » Et cela fut une prophétie.

A ce moment, l'ambassadeur de Russie perdait son protecteur, je dirai presque son ami : Alexandre mourait dans son voyage de Crimée, pèlerinage entouré de mystères et qui précéda le mouvement révolutionnaire de Saint-Pétersbourg. Quelques officiers voulaient jeter l'empire dans les mains des vieux Russes, tout prêts à reconstituer l'aristocratie moscovite, sorte de république de grands vassaux. L'empereur Nicolas aurait-il la même confiance envers le général Pozzo di Borgo? Il n'avait point, comme Alexandre, une sorte de confraternité d'armes et d'affaires avec son ambassadeur. Mais M. de Nesselrode restant à la tête du cabinet, les pouvoirs de l'ambassadeur furent continués, et il remit ses nouvelles lettres de créance à Charles X, au moment où tous les orages de l'opposition grondaient. Deux ans après, c'en était fait du ministère Villèle, et le roi composait une nouvelle administration à laquelle devait présider M. de Martignac et le comte de La Ferronays. Le comte de La Ferronays exerçait alors les fonctions d'ambassadeur à Saint-Pétersbourg avec la confiance de l'empereur Nicolas ; et ce choix devait plaire au czar. M. Pozzo di Borgo l'appuya de toutes ses forces, et il en était besoin, car la Russie se trouvait dans une complication d'intérêts qui lui faisaient demander impérieusement le concours de la France.

En signant le traité du 6 juillet 1827, qui constituait l'indépendance de la Grèce, la Russie avait blessé profondément la Porte ; le combat de Navarin avait irrité cette nation musulmane, fière de ses anciennes gloires ; des différends étaient bientôt nés sur l'occupation de la Moldavie et de la Valachie ; enfin l'ambassadeur russe avait quitté Constantinople, et tout se préparait à une guerre qui pouvait devenir dangereuse, surtout si l'Angleterre prenait fait et cause pour le sultan. L'empereur Nicolas était déterminé à passer le Balkan, car il avait besoin d'occuper, par cette activité belliqueuse, l'esprit superstitieux et national des vieux Russes, qui éclatent par une révolution.

Dans cette situation, M. de Nesselrode écrivit à M. Pozzo di Borgo de pressentir le cabinet français sur les conditions qu'il ferait, non pas pour une alliance armée et commune, mais pour garder une neutralité amie dans cette guerre d'Orient. M. Pozzo proposait à la France de mettre sur pied une armée de 100 à 150,000 hommes pour tenir en réserve l'Autriche, et d'augmenter ses armements pour contenir l'Angleterre ; il insinua que si, par suite de la campagne, la Russie obtenait des résultats effectifs, on pourrait remanier les frontières et donner à la France, sans bourse délier, les limites naturelles du Rhin en réglant une indemnité à la Prusse et à la Hollande, et qu'il n'était pas impossible non plus que la Morée lui fût assurée, comme une compensation avec les mêmes droits que l'Angleterre sur la république des Sept-Iles : quel magnifique lot pour la France !

Les premières armes contre les Balkans n'avaient point été heureuses ; il y avait eu des siéges meurtriers, des batailles douteuses. Dans ces accidents difficiles, la conduite de M. Pozzo, à

Paris, fut pleine d'activité; tout le monde parlait des échecs des Russes; le général Lamarque publiait une série d'articles pour prouver que ces armées étaient perdues; alors le général Pozzo paraissait dans les salons, et à chaque nouvel obstacle rassurait les esprits sur les conséquences de la guerre : « Attendez, attendez, répétait-il sans cesse, et puis vous verrez. » La meilleure intelligence régnait entre lui et M. de La Ferronays, empressé de seconder tous les efforts de l'ambassadeur pour calmer les esprits que l'Angleterre faisait mouvoir.

L'année suivante, les armées russes, plus heureuses, s'avancèrent sur Constantinople, et la position de M. Pozzo di Borgo fut plus facile. Mais alors aussi arrivait la révolution ministérielle du 6 août qui portait M. de Polignac aux affaires, et avec lui le système anglais de traditions et de sentiments. M. Pozzo di Borgo vit ce changement avec peine; le cabinet de Saint-Pétersbourg s'en expliqua avec M. de Mortemart, et à mesure que le ministère du 6 août s'avançait dans les voies aventureuses des coups d'état, le comte Pozzo multipliait les dépêches à son gouvernement pour lui signaler une catastrophe imminente. Les renseignements qu'il donnait à ce sujet furent si précis, que l'empereur s'en ouvrit à M. de Mortemart, lui annonçant qu'il savait qu'on préparait des coups de folie à Paris : « Le roi de France, ajouta l'empereur, est maître de faire ce qu'il veut dans son royaume; mais tant pis pour lui, s'il lui en arrive mal; prévenez-le qu'on ne le secondera pas, et que l'Europe ne se compromettra pas pour lui. »

L'ambassadeur russe ne sut les ordonnances de juillet que la veille; il n'avait été ni prévenu confidentiellement, ni averti dans les formes officielles. Seulement, quelques jours avant, dans une conférence avec M. de Polignac, il lui avait dit : « Prince, je ne veux pas savoir vos secrets, je ne sais pas ce que vous faites, mais prenez vos précautions pour ne pas compromettre l'Europe; » et alors M. de Polignac, avec son sourire habituel, si plein de sécurité, lui répondit : « Tout ce que nous demandons, c'est que l'Europe ne nous compromette pas. » Et à ces mots l'ambassadeur lui tourna le dos. Quand ces ordonnances fatales parurent le lendemain dans le *Moniteur*, M. Pozzo di Borgo, voyant l'incurie du gouvernement au milieu de ces grandes difficultés, l'absence de forces militaires et de précautions, exprima son mécontentement et son effroi : « Quoi! point de troupes, dit-il, les ponts ne sont pas occupés, aucune précaution d'armes! — Tout est tranquille, lui répondit-on; personne ne bouge. —Tout est tranquille! répliqua l'ambassadeur avec chaleur, tout le sera aujourd'hui peut-être; à demain les coups de fusil, et après-demain, qui sait? je serai forcé de demander mes passeports. »

Ici commence une autre série d'événements : il faut juger la conduite de l'ambassadeur dans les derniers jours du gouvernement qui s'en va et dans les premiers jours du gouvernement qui s'élève.

Les événements de juillet se présentèrent avec un tel caractère d'agitation et de gravité, que le corps diplomatique dut se trouver dans un grand embarras : la royauté de Charles X s'exilait de Saint-Cloud à Rambouillet, et une commission municipale avait régularisé l'insurrection. Si M. de Polignac eût été une tête politique de quelque prévoyance, il eût notifié au corps diplomatique que le roi avait le dessein de transporter sur tel point du royaume son gouvernement menacé. Cette résolution eût été pour les ambassadeurs un ordre formel de se rendre autour de la royauté qui avait reçu leurs lettres de créance et auprès de laquelle ils étaient officiellement accrédités. La présence du corps diplomatique à Saint-Cloud eût été une protestation contre ce qui se passait à Paris, et peut-être les négociations entre l'Hôtel-de-Ville et la royauté se seraient conduites plus facilement : la commission provisoire eût craint de s'engager avec l'Europe, d'attirer à elle une guerre générale. Eh bien ! avec l'incurie qu'il apportait à toute chose, M. de Polignac, ministre des affaires étrangères, n'annonça rien d'officiel au corps diplomatique ; il traita tout avec une légèreté qui tenait à son caractère de prédestination. Dès lors, les ambassadeurs hésitèrent : que devaient-ils résoudre en face de tant d'incertitudes ? Aller à Saint-Cloud ; mais il fallait qu'une notification officielle de la translation du gouvernement vînt du ministre des affaires étrangères : devaient-ils faire des observations, se mêler du retrait des ordonnances, des négociations d'hôtel-de-ville ou de commission provisoire ? Cela n'était ni dans leur droit, ni dans leur devoir. Il fallait donc attendre la fin de la lutte, et ne se mêler des formes du gouvernement qu'alors qu'elles se mettraient en rapport avec leurs cours respectives en demandant à être reconnues.

Dans une réunion chez le nonce, le corps diplomatique arrêta qu'on resterait à Paris jusqu'à nouvel ordre, qu'on ne se mêlerait en aucune manière aux événements que lorsqu'une communication officielle serait faite de la part de Charles X ; des courriers extraordinaires furent expédiés aux cabinets pour les tenir au courant de l'immense crise et demander des instructions ultérieures. Les dépêches, en général, blâmaient l'incurie de M. de Polignac, et peignaient avec des couleurs modérées les événements qui éclataient à Paris, cet ordre au milieu du désordre, l'institution d'une lieutenance-générale du royaume, l'abdication du roi et de M. le duc d'Angoulême. On attendit le résultat du mouvement sans se compromettre, recevoir ou donner l'impulsion.

Ici, j'ai besoin de résumer toute la vie de M. Pozzo di Borgo pour expliquer désormais la direction toujours grave et tempérée de ses dépêches. Le comte Pozzo n'avait jamais appartenu au parti ultra-royaliste : homme modéré et de principes, il s'était constamment renfermé dans cette mesure qui tenait compte des faits accomplis par la révolution française ; c'est ce qui l'avait lié si intimement avec le parti Richelieu, composé de MM. Pasquier, Molé, de Rayneval, parti qui s'était fermement opposé aux coups d'état. Les dépêches du comte de Pozzo révèlent cet esprit de modération et de prévoyance. En 1816, il avait soutenu le duc de Richelieu ; en 1828, le ministère de M. de Martignac et du comte de La Ferronays ; quand le ministère de M. de Polignac arriva, il prévit, comme tout le monde, de grands malheurs, et sa correspondance fit une telle impression à Pétersbourg, que l'empereur Nicolas crut devoir en référer à M. de Mortemart. Le czar était alors fort mécontent du ministère du prince de Polignac, parce qu'il le croyait dévoué aux idées anglaises ; la chute de M. de Martignac lui paraissait un échec pour sa politique orientale, et il dit à plusieurs reprises à M. de Mortemart : « Est-ce qu'il se prépare quelque chose à Paris de contraire à la charte ? Ecrivez au roi de France qu'il prenne bien garde, qu'il fasse tout, excepté des coups d'état. » Il est fort important, quand on veut s'expliquer l'attitude du corps diplomatique à cette époque, de ne pas oublier que dans les transactions de 1814 et de 1815, comme dans les notes diplomatiques de 1818 à Aix-la-Chapelle, l'Europe prenait également sous sa protection et la dynastie et la charte, considérées comme inséparables.

Les reconnaissances diplomatiques de diverses cours ne se firent point attendre : l'Angleterre, quoique dirigée par les tories et le duc de Wellington, salua la pensée de 1688, courrier par courrier. La Prusse vint ensuite, puis l'Autriche, et ces deux puissances sans hésitation. Le comte Pozzo di Borgo enfin reçut les lettres de créance de son souverain ; il les présenta avec confiance et dignité, se pénétrant de cette idée dominante, qu'il devait avant tout préparer l'ordre et la paix, le premier besoin des souverainetés européennes.

Ce fut en cet état que surgit la question polonaise, une des époques les plus difficiles de la vie diplomatique de M. Pozzo : les sympathies pour la Pologne s'étaient réveillées brûlantes dans la multitude ; l'émeute grondait à Paris, elle sillonnait les rues, encore agitées par la révolution de juillet ; les cris : *Vive la Pologne! à bas les Russes!* se firent entendre sous les fenêtres de l'ambassade, des pierres furent lancées dans les carreaux de l'hôtel ; toute la légation russe, qui entourait M. Pozzo di Borgo, insistait pour qu'il demandât ses passeports, annonçant ainsi une complète rupture. L'ambassadeur calma l'impatience de sa légation : « Notre souverain, dit-il, est en ce moment dans une position délicate ; il ne faut rien brusquer avec la France, et nous mettre encore cette affaire sur les bras. Attendons les satisfactions qui nous seront faites ; la canaille n'est pas le gouvernement ; nous ne résidons pas auprès de la rue, mais auprès d'une autorité constituée. Tournons les faits populaires, mais ne les attaquons pas de front. » Le lendemain, le ministre des affaires étrangères vint faire une visite officielle à M. Pozzo di Borgo pour lui offrir satisfaction de la part du gouvernement, et, en même temps, un poste de sûreté lui fut envoyé contre les attentats que l'émeute pourrait commettre encore.

Elevé depuis son extrême jeunesse au milieu des crises politiques, M. Pozzo di Borgo ne s'émut pas de l'insurrection qui grondait : il avait foi dans la prudence du cabinet. Quelques conférences intimes lui avaient donné la certitude que la France laisserait agir la Russie, l'Autriche et la Prusse, dans la plénitude de leurs droits sur la Pologne. Les traités de 1815 reçurent désormais une nouvelle sanction ; les insurgés n'obtinrent que de vagues paroles, et l'Europe en sut gré au nouveau gouvernement, car c'était pour lui chose d'autant plus difficile qu'il était constamment menacé par les partis, les opinions ardentes et armées. Ne faut-il tenir aucun compte de cette sagesse qui conserva la paix, de cette prévoyance et de cette modération qui nous sauvèrent de la mauvaise tendance des partis ? Le comte de Pozzo se vit entouré d'hommages et de reconnaissance, car il avait évité une guerre européenne en ne quittant point Paris. L'insurrection polonaise comprimée, la Russie eut désormais ses forces entièrement à sa disposition ; et l'ambassadeur, qui avait passé la crise, put se féliciter des résultats qui laissaient le cabinet de Saint-Pétersbourg maître de décider du sort des Polonais ; il n'y eut plus de la part des chambres françaises que de stériles protestations, auxquelles les notes de M. Pozzo répondaient en disant que c'était la Pologne elle-même qui avait brisé les liens de la constitution par la révolte, et qu'il fallait s'en prendre à la propagande, s'il n'y avait plus de Pologne ; que c'était assez d'efforts depuis 1815 pour arrêter l'antipathie nationale des Russes contre les Polonais, aussi profonde que celle des chrétiens et des juifs en Allemagne. Que de sueurs et de peines il avait fallu au généreux Alexandre pour constituer la nationalité de la Pologne, question qu'il avait résolue plus par son cœur que par son esprit, et que les vieux Russes ne lui pardonnèrent jamais.

Au milieu de tous les incidents politiques si graves de émeutes de Paris, des complots à l'intérieur et à l'extérieur, de la campagne des Russes à Constantinople, puis des ordres impératifs, je dirai même presque capricieux de sa cour, le comte Pozzo di Borgo conserva ce rôle de modération impartiale, d'homme d'état habile qui conçoit et accomplit un système, sans subir aucune de ces boutades de princes ou de courtisan qui peuvent compromettre des intérêts sérieux. Celui qui avait résisté à l'empereur Alexandre, en lui parlant un langage de fermeté, osa toujours repousser des instructions conçues en dehors de la politique haute et générale, règle et fondement des rapports d'états à états. Tel fut sans cesse le sens de ses dépêches depuis 1830 : pénétré de cette idée que la France était pour l'Europe un principe d'ordre ou de désordre, une force immense et prépondérante, il répondait à toutes les exigences qui ne se renfermaient pas dans ces limites en disant à sa cour : « Vous avez d'autres agents que moi pour ces sortes d'affaires. Je ne suis propre qu'aux rapports à la fois modérés et conciliateurs. »

Quand la guerre d'Orient finissait, l'ambassadeur reçut mission d'aller à Londres pour juger de la véritable situation des affaires et de la position des whigs et des tories : après avoir empêché la France de prendre parti contre les Russes, il fallait également sonder le parti tory et savoir quels seraient ses desseins, si le mouvement de l'opinion et le parlement le portaient encore aux affaires. L'ambassadeur officiel de la Russie à Londres était le prince de Lieven, ou, comme on le disait, la princesse de Lieven, femme d'une activité si remarquable, dont les salons brillants étaient le séjour de la grande noblesse du parti tory et de tous les porteurs de nouvelles. M. Pozzo vit peu les ministres whigs ; ses relations se bornèrent au duc de Wellington et au comte d'Aberdeen, qui tenait alors le portefeuille des affaires étrangères pour le torysme, car ce parti, bien qu'en dehors du cabinet, avait néanmoins ses ministres officiels. La conversation de M. Pozzo avec le duc de Wellington fut un échange de souvenirs et d'espérances, une certaine manière de régler les probabilités d'un avénement des tories au pouvoir. On y songeait déjà, quoique l'esprit public fût alors vivement animé contre une première tentative que le duc de Wellington avait faite pour reprendre le ministère. Dans les choses politiques, c'est une haute habileté que de savoir venir à temps.

Cependant une sorte de disgrâce allait frapper la vie du comte Pozzo. Jusqu'ici, dans les missions qu'on avait données à l'ambassadeur en dehors de ses fonctions officielles à Paris, il avait toujours conservé le titre d'ambassadeur auprès de la cour de France, pays que ses goûts lui faisaient considérer comme une patrie : quand il était allé à Madrid en 1825, à Londres plus récemment, son souverain n'avait point retiré ses lettres de créance, son poste était toujours Paris : comment arriva-t-il que dans cette circonstance on ait agi autrement et que M. Pozzo ait reçu le titre d'ambassadeur extraordinaire auprès de S. M. le roi de la Grande-Bretagne ? Il serait inutile de nier que cela fut une disgrâce, et ce n'était pas la seule qu'il eût subie dans sa vie. Le caractère de l'ambassadeur n'était pas de se plier à des caprices, à des exigences qui n'étaient pas les affaires ; il me souvient de l'avoir entendu se plaindre d'être surveillé par une multitude d'envoyés spéciaux dont les missions étaient en dehors de la tendance régulière de deux gouvernements, de deux peuples faits pour s'estimer. Ce caractère un peu hautain de l'ambassadeur prépara sa disgrâce ; on la couvrit d'une robe de pourpre, par l'immense rôle d'une ambassade à Londres !

M. de Nesselrode expliqua sa nouvelle mission à l'ambassadeur : il fallait pousser de toutes ses forces l'opinion tory menacée ; on savait les liaisons de M. Pozzo avec le duc de Wellington ; un titre provisoire ne suffisait pas pour donner tout l'éclat et tout l'ascendant moral nécessaires au représentant de la Russie ; on devait donc lui attribuer l'ambassade officielle et définitive. Quand la mission serait remplie, quand on aurait détourné le duc de Wellington de la velléité de se rapprocher de l'Autriche dans la question d'Orient, quand on aurait secondé les tories d'une manière active, alors M. Pozzo reviendrait à Paris pour y suivre ses goûts et ses habitudes. Cette dépêche consola l'ambassadeur, tristement affecté de rompre à son âge toutes les relations d'une société intime. Il partit avec cette espérance de revenir un jour qui le soutint dans de cruelles séparations ; tout lui était cher, même ce palais embelli sous ses yeux ; cette verdure de ses jardins, cet ombrage d'arbres exotiques et de fleurs odoriférantes ; et cette bibliothèque vaste et choisie d'auteurs italiens qu'il aimait tant à réciter de mémoire, et ces vues de la Corse, ce golfe d'Ajaccio qui rappelait la première vie de l'ami de Paoli.

Quand vous étiez admis dans l'intimité de M. Pozzo, ce qui vous frappait surtout, c'était cette vigueur de formes, cette physionomie belle quoique basanée, ombragée de cheveux grisâtres artistement arrangés, telle que Gérard l'a reproduite dans un de ses beaux portraits. Sa conversation, précautionneuse d'abord, s'animant peu à peu, devenait pleine d'images qui brillaient à travers un léger accent corse ; sa mémoire était un vaste bazar où se présentaient pêle-mêle tous les souvenirs de la vie la plus longue et la plus agitée. Si vous vouliez voir M. Pozzo di Borgo dans toute la chaleur de son esprit, il fallait lui parler de la Corse, lui demander l'histoire du grand Paoli, de cette république nationale, de cette consulte qui l'avait élu secrétaire du gouvernement, et alors vous le voyiez s'animer du geste et de la voix ; ses yeux perçants recherchaient dans votre âme les émotions qu'il trouvait dans la sienne ; il vous faisait assister à cette assemblée où le peuple corse se leva pour son indépendance. M. Pozzo était moins anecdotique que M. de Talleyrand dans ses longues veillées, mais il était plus sérieux dans ses souvenirs ; il ne se jouait pas avec les faits, il les prenait avec leur côté grave, il ne les heurtait jamais de face ; sans son habileté incessante, il aurait pu se laisser entraîner à d'autres aveux, car il n'était guère maître de lui-même quand il parlait de sa jeunesse politique. C'était un de ces hommes si pleins de faits qu'ils sortaient par tous les pores, un de ces esprits que j'aimais à consulter, parce qu'ils m'apprennent la grande lutte de l'Europe contre Napoléon, autrement que les mauvais pamphlets de l'école impériale.

Ainsi je le vis à son départ pour Londres, fort encore d'intelligence, avec toute la puissance de son regard, le front haut, les yeux fins et pénétrants, la bouche douce et bonne ; mais il était évidemment attristé : il quittait Paris avec le sentiment douloureux qu'il ne le verrait plus que frappé par quelque violent coup de fortune. A Londres, il fit les affaires de son cabinet avec le même dévouement, la même activité ; sa seule consolation, c'était la vieille amitié du duc de Wellington, compagnon de plus d'un champ de bataille. Ils passaient les journées à Apsley-House à causer de l'Europe et de leurs souvenirs, à parler, l'un des caprices du peuple qui brisait les fenêtres de son palais, l'autre des ingratitudes d'une cour qui ne savait pas comprendre que l'ordre et la paix, avec une nation haute et grande comme la France, était la première condition du repos européen.

Fatigué d'une si longue vie, le comte Pozzo avait enfin obtenu la retraite qu'il désirait, lorsqu'une lettre de l'empereur Nicolas lui annonça le voyage d'un czarewitch à Londres. Son souverain le priait de servir de guide au jeune prince pendant son séjour en Angleterre. Ce fut ici une de ces fatigues morales, de ces responsabilités qui avancèrent la vie du comte Pozzo. Comment le peuple anglais, si capricieux dans ses affections et dans ses haines, recevrait-il l'héritier du trône de Russie ? L'épreuve fut heureusement subie, mais on peut dire que les dernières forces de l'ambassadeur succombèrent à la peine.

Je le vis à son retour à Paris ; quelle différence ! et que nous sommes petits devant cette main de Dieu qui brise et froisse les crânes ! Il ne retrouvait la vie douce et facile qu'auprès de son neveu, le colonel Pozzo di Borgo, et sa gracieuse nièce, fille d'un Crillon. Le vieil ambassadeur avait-il voulu témoigner qu'il n'avait jamais cessé d'être Français, en écartelant son blason de Corse des émaux et pièces d'honneur d'un compagnon de Henri IV ?

IV

M. PASQUIER

L'administration de l'empire généralement si forte, si puissante d'énergie et d'unité, se composait de deux éléments : les débris du parti républicain ralliés à la dictature de Napoléon, assouplis sous sa main de fer, tels que Treilhard, Merlin, Thibeaudeau ; puis les restes purs et élevés de l'école monarchique du vieux régime, tels que MM. Molé, Fontanes, de Narbonne. Comme tous les gouvernements d'intelligence et de force, Bonaparte ralliait à lui tout ce qui avait grandeur de souvenirs, influence sur le présent ou le passé ; il n'avait ni répugnance, ni crainte, parce qu'il avait confiance en lui-même, pour tout contenir et tout conduire !

Avant la révolution de 1789, il existait des familles parlementaires qui se transmettaient d'âge en âge les hautes charges de la magistrature. Ces familles étaient un sanctuaire où se perpétuaient les mœurs publiques, les devoirs et la science ; elles avaient bien quelques petits préjugés de corps, quelques velléités du patriciat de Rome : elles croyaient avoir succédé aux assemblées des états-généraux. Les parlements jetaient quelquefois des embarras dans l'action administrative de la monarchie, mais l'esprit de liberté et de probité s'y maintenait à travers les siècles ; le peuple voyait dans le parlement une garantie politique, à une époque où la constitution du pays était un peu confuse, désordonnée.

La famille des Pasquier descendait de cet Étienne Pasquier, si spirituel, si érudit, bon avocat au parlement, et que rendit célèbre ses *Recherches sur la France*. C'est une des physionomies les plus curieuses que celle d'Étienne Pasquier faisant des vers galants, écrivant avec esprit sa belle correspondance, et au milieu des troubles de la Ligue cherchant un juste milieu entre les partis pour s'y poser en timide médiateur. Je l'ai salué plusieurs fois dans mes travaux sur le seizième siècle, ce bon Étienne Pasquier, avec sa finesse et son tact si exquis dans les jours mauvais de la guerre civile.

Sa droite lignée eut charge au parlement, et le chancelier actuel est fils d'Étienne Pasquier, conseiller au parlement de Paris, traduit au tribunal révolutionnaire et condamné à mort le 21 avril 1794. M. Pasquier fut élevé au collége de Juilly, belle institution qui, sous l'influence des idées catholiques, produisit tant d'hommes distingués. J'ai

13

toutes des bois épais, des retraites impénétrables où elles cherchaient un abri dans les jours mauvais de l'exil.

Quand l'ordre fut rétabli avec Napoléon, M. Pasquier revint à Paris ; il se montra dans quelques salons, surtout chez M. Cambacérès qui avait du goût pour les vieux noms de magistrature : son esprit remarquable le fit distinguer. A cette époque, l'empereur voulant reconstituer un noble système monarchique, en recherchait les éléments dans les hommes et dans les choses : tout nom un peu haut, un peu puissant, frappait l'esprit de Napoléon ; il savait toute la puissance de l'hérédité dans les familles. On reconstruit les états autant par les souvenirs que par la force du présent. L'archi-chancelier Cambacérès partageait les idées de l'empereur ; lui-même, un des magistrats éclairés de la cour des aides de Montpellier, entouré de tous les débris éclatants de la magistrature, il présenta le nom de M. Pasquier pour une place de maître des requêtes. Chose à remarquer ! ce travail de l'archi-chancelier contenait trois candidats, MM. Molé, Pasquier et Portalis : nommés le même jour, tous trois ne se sont jamais quittés dans la vie publique ; quoique d'un âge différent et de capacité diverse, ils ont conservé les uns pour les autres cette vive amitié politique qui facilita et grandit leur carrière.

M. Pasquier, maître des requêtes au conseil d'état, se fit remarquer par ses travaux et son assiduité à ce temps où l'avancement était réfléchi ; il avait plus de quarante ans déjà lorsqu'il fut nommé procureur-général du sceau et des titres, puis conseiller d'état. Le conseil d'état était une forte et puissante école; l'empereur, antipathique à tous les corps délibérants sous la grande voix de la publicité, avait horreur du système représentatif et de tout parlage de tribune; il aimait à recueillir les suffrages, à entendre toutes les opinions, sauf à lui à les peser, à les modérer les unes par les autres, de telle manière que jamais un décret impérial ne sanctionnât un projet équivoque ou une mauvaise mesure. Le conseil d'état était le véritable corps politique : composé d'hommes éminents, le titre même de maître des requêtes n'était pas une dignité vulgaire jetée à la tête de quelques ambitions subalternes. Dans ce poste de travail et d'assiduité, les maîtres des requêtes, attachés à une section du conseil, y consacraient leur existence, et le dernier but de la carrière administrative était la place de conseiller d'état, terme ambitionné par les renommées les plus retentissantes.

Cette vive et constante application de tous les jours plaisait à l'esprit studieux de M. Pasquier; il y avait alors une génération de jeunes hommes dévoués au travail, qui se consacraient à l'administration active ou délibérante. Déjà le titre de baron et d'officier de la Légion-d'Honneur avait récompensé les services de M. Pasquier, lorsque la disgrâce de M. Dubois, après l'incendie du palais du prince de Schwartzemberg, rendit vacante la préfecture de police, institution qui datait du consulat. La police se divisait en deux grandes branches. La police d'état confiée à un ministre à département (alors le général Savary), embrassait la sûreté générale de l'empire, la surveillance des partis politiques toujours agités, même sous la main pesante de Napoléon. La préfecture de police, d'un ordre plus simple, se centralisait aux murs de Paris avec tous les soins de l'édilité, c'est-à-dire la sûreté et la propreté, la surveillance des marchés et des subsistances, devoirs si importants dans une vaste capitale. Ensuite le préfet de police rédigeait des bulletins concernant l'esprit public, qui, aperçus d'une certaine hauteur, pouvaient servir à contrôler le ministre de la police; et au temps de l'empire toutes ces fonctions avaient leur gravité.

Appelé à la préfecture de police, M. Pasquier se consacra tout entier à ses fonctions; d'immenses travaux existent encore sur les subsistances de la capitale, sur les moyens de multiplier les greniers d'abondance, questions sérieuses qui occupaient alors le gouvernement, car en 1814 les premiers symptômes d'une inquiétante disette s'étaient fait sentir. Le prix du pain s'élevait à un taux exorbitant; on était toujours à la veille d'une émeute produite par la cherté des grains. J'ai parcouru aux archives de la préfecture de police les éminents travaux de M. le baron Pasquier; je les ai analysés pour l'époque de l'empire (1).

Il faut se rappeler que Napoléon partait alors pour son ex-

(1) Voyez l'*Europe pendant le consulat et l'empire de Napoléon*.

condition de faiblesse, que s'il importait aux partis et aux chefs de parti... Il occasion de cela... vraisemblablement compagne. Quand on ne trouve pas le préfet de police, des veilles de nuit bien consacrées à raffiner les esprits sur de faux bulletins, ébranlent la confiance du peuple. Le prestige qui environnait l'empereur s'éteint, un certain esprit d'indépendance et de contrôle s'élevait jusqu'au pouvoir, les caricatures publiaient, les bons mots, les épigrammes attaquaient la puissance morale de l'empereur.

Sur ces entrefaites, surgit la romanesque entreprise du général Mallet : prodige de hardiesse qui fit voir à quoi tenait la puissance de Napoléon, une heure de plus et un colonel de moins, c'en était fait du plus puissant empire de l'époque moderne. On a reproché à M. Pasquier de s'être laissé surprendre par la conjuration : d'abord la surveillance des complots ne dépendait pas de lui, elle était dans le ressort du ministre de la police, M. Savary. Et ensuite, pour être juste, quelle est la police qui peut jamais prévoir ce qu'une tête solitaire enfante dans le silence de la prison ? La force militaire était dans les mains du général Mallet, il fallut la subir. M. Pasquier fut surpris à la préfecture de police, enlevé dans une voiture de place et déposé à la Force, avec ordre de l'y tenir jusqu'à ce que le gouvernement provisoire eût été installé. M. Pasquier ne fut délivré que lorsque la conspiration eut échoué ; et sans faire aucune concession aux conjurés, il subit la destinée que l'insurrection militaire lui avait faite. On magistrat trahit quand il cède ; il reste dans son devoir même quand la violence le jette au cachot.

Le jugement que porta Napoléon sur la conduite de M. Pasquier lui fut tout favorable; le conseil d'état s'assembla pour examiner la culpabilité ou les fautes de différents fonctionnaires dans la triste affaire de Mallet ; et tandis que le préfet de la Seine, M. Frochot, était destitué par le conseil d'état, M. Pasquier conserva la préfecture de police. L'empereur, qui voyait de haut, jugea que sa conduite était exempte de tout blâme et de tout reproche; il n'avait cédé qu'à la force, il n'avait pu prévoir ni empêcher un mouvement si en dehors de toutes combinaisons ; l'esprit le plus délié n'aurait pu saisir les méditations intimes d'un homme aussi aventureux que le général Mallet. Et d'ailleurs, je le répète, la police politique rentrait dans les attributions du général Savary. Cette rude épreuve fournit bientôt à M. Pasquier une occasion de rendre à la ville de Paris un éminent service. On lui doit la création et l'organisation de la gendarmerie de Paris, qui depuis, sous un autre titre, a contribué en tant d'occasions à maintenir et assurer le repos de la capitale. Déjà M. Pasquier avait réorganisé, en 1811, le corps des sapeurs-pompiers, si rempli de dévouement et de noble courage.

Les temps se levaient difficiles : si déjà la police de Paris était une rude tâche aux jours de prospérité et de gloire de Napoléon, cette police devenait plus délicate, et par conséquent plus surveillante et plus odieuse aux époques de revers

et d'infortunes. Les partis s'agitaient, on ne se taisait plus
sur le désir et la possibilité d'un changement ; l'ennemi approchait de la capitale, et M. Pasquier remplit jusqu'au dernier jour les devoirs d'une sage et ferme administration : il
réduisait les obligations de sa préfecture au maintien de la
tranquillité publique et à la bonne gestion de tout ce qui
tenait au repos et au bien-être de la capitale. Telle était la
mission qu'il avait reçue de l'empereur : sûreté et propreté,
vieux devoir des anciens lieutenants de police.

Quand le canon gronda sur la capitale, le parti du sénat et
de M. de Talleyrand invita M. Pasquier à seconder le changement politique amené par les circonstances. Ce ne fut que la
veille de l'entrée des alliés dans Paris, que M. Pasquier,
comme M. de Chabrol, préfet de la Seine, entra dans le mouvement qui prépara la restauration. L'ennemi allait pénétrer
dans Paris, il fallait empêcher que des agitations du peuple ne
compromissent la sûreté générale. L'action du préfet de police,
si essentielle, demeura passive sur les événements politiques ;
elle recevait l'impulsion, mais ne la donnait pas. M. de Talleyrand l'avait bien compris, et il mit quelque importance à
s'assurer de l'assentiment du préfet de police. M. Pasquier
prépara des proclamations qui invitaient les citoyens au
maintien de l'ordre, et eut des rapports avec M. de Nesselrode
et les généraux alliés qui prenaient possession de la capitale.
De cette époque difficile datent les relations de M. Pasquier
avec la diplomatie et sa carrière politique sous la restauration ;

quand il fut appelé au ministère des affaires étrangères, il y retrouva les souvenirs de Paris en 1814. Ces souvenirs lui servirent pour seconder les affaires diplomatiques de son cabinet.

L'avénement des Bourbons s'était manifesté comme un fait réparateur; la police, si active sous Napoléon, cessa d'avoir de l'importance; une capacité si distinguée que celle de M. Pasquier ne trouvait plus à s'y exercer; il donna donc sa démission de la préfecture de police; le roi l'appela au conseil d'état, et quelques jours après il reçut la direction générale des ponts-et-chaussées, belle et active fonction dans un état où tant d'améliorations restaient à accomplir pour les communications et les routes. La direction de M. Pasquier aux ponts-et-chaussées fut marquée par un travail assidu, une activité qui distinguait l'école de l'empire; la plupart des grandes entreprises de routes se firent sous son administration. En France, nous tenons beaucoup de compte des paroles de tribune, et peu des améliorations réelles ; une chose surprenante, c'est que nous, la nation la plus intelligente, la plus industrieuse, nous soyons arriérés de vingt ans en ce qui touche les routes, même par rapport à l'Allemagne et à la Suisse. Les ponts-et-chaussées, qui dépensent des sommes si considérables, administrent mal, appliquent mal leurs ressources. M. Pasquier s'occupa d'améliorer cette vaste branche de service; sa direction fut courte, car la marche de Napoléon sur Paris vint briser toutes les existences administratives, et il resta sans fonctions durant les Cent-Jours.

Que Henri Louis XVIII rendit la France libre — à la place de Saint-Denis, M. Beugnot se voyait appelé du ministère des cultes, comprise comme garde-des-sceaux avec le premier ministère de M. de Talleyrand, il dut remplir en même temps l'intérim du ministère de l'intérieur, mais si délicat, et si difficile donner la crise où l'on se trouvait. La France était envahie par 400,000 étrangers, les esprits fermentaient et les principes du nouveau gouvernement rencontraient en quelques provinces des résistances sensibles ; il fallait organiser le système des préfets, couper le cours à de vains débats, empêcher les vengeances complaisantes des partis, et de plus, préparer de bonnes élections dans le cas modéré, pour fermer les plaies de la patrie. Quand on est loin des événements, rien de plus aisé que de juger les caractères avec sévérité ; on oublie les services que quelques hommes d'état ont rendus dans les crises. En pleine jouissance des temps paisibles, on explique les faits avec une certitude mathématique ; il en résulte que nous apprécions avec injustice la conduite des hommes qui ont dominé une époque féconde. Qu'on se reporte donc en 1815, après la double invasion, les rentes, contributions de guerre, et l'on verra s'il est possible de gouverner avec une modération plus exemplaire à la face d'un parti vainqueur qui a imposé ses conditions. M. Beugnot suivit la fortune de M. de Talleyrand ; il donna sa démission et fut remplacé par M. de Barbé-Marbois.

Franchement rattaché à l'empire des idées modérées que

l'esprit du ministère Richelieu fit triompher, M. Pasquier fut désigné comme un des commissaires pour présider à la liquidation des créances étrangères, poste de toute confiance, car, en mettant de côté les lois de la probité, on pouvait s'y créer des fortunes colossales. M. Pasquier y apporta son intégrité incontestable ; il fut le digne collègue de M. Mounier, le plus probe des hommes politiques de cette noble école du duc de Richelieu.

Le département de la Seine le porta à la députation, et en arrivant à la chambre, après l'ordonnance du 5 septembre, il fut élu à la présidence ; et de cette position parlementaire il passa de nouveau au ministère dans le mois de janvier 1817. Le duc de Richelieu le fit nommer garde-des-sceaux.

Toute la vie ministérielle de M. Pasquier à cette époque fut dominée par la politique de conciliation ; le premier il développa hautement à la tribune les principes de la liberté de la presse et de la responsabilité des éditeurs. Les esprits étaient encore trop irrités, la patrie trop affaissée pour que l'indépendance des journaux fût admise en principe. On n'affranchissait que les brochures et les livres, on allait peu à peu à la liberté ; les principes qu'exposa M. Pasquier font encore loi sur la matière. La responsabilité fut parfaitement réglée ; les exposés des motifs du ministre sont clairement rédigés, avec une hauteur de principes, une grandeur de discussion qui constitue le véritable style parlementaire. Une récente publication de ses discours a montré la lucidité et l'enchaînement de ses pensées politiques. C'est une habitude des hommes d'état d'Angleterre de publier leurs paroles de tribune, parce que leur vie est là.

Lorsque le ministère de M. le duc de Richelieu vint à se dissoudre dans les derniers mois de 1817, M. Pasquier n'hésita pas à se retirer avec le noble négociateur du traité d'Aix-la-Chapelle. Le mouvement qui allait emporter vers les idées de la gauche le nouveau ministère, présidé par M. Dessolle, et où M. Decaze devait nécessairement tenir la première place, était trop prononcé pour que M. Pasquier s'y associât ; et bientôt il lui parut que la loi d'élection, bonne dans sa simplicité, devait produire de mauvais résultats. Bien qu'en dehors des affaires, M. Pasquier n'en conserva pas moins sa notable influence ; une de ses habitudes politiques fut toujours de rédiger des mémoires sur les situations ; il aime à voir de haut les choses et les hommes, de manière à éclairer le pouvoir. Au mois d'octobre 1819, M. Pasquier présenta au roi Louis XVIII un de ses mémoires sur la marche du ministère, sur les fautes que le cabinet avait commises, et sur les mauvaises conséquences de la loi des élections ; il jugeait la situation telle qu'un changement immédiat lui paraissait indispensable dans la direction du pays.

Aussi, quand le ministère de M. Decaze se décida lui-même à modifier la loi des élections, M. Pasquier reçut immédiatement l'offre d'un portefeuille ; il ne reprit pas la simarre de garde des sceaux, mais il reçut le département des affaires étrangères. La situation devenue grave à l'extérieur, il fallait un ministre tout à fait décidé à sévir contre l'esprit des révolutions. M. Decaze tomba devant l'assassinat de M. le duc de Berry, et lors de la formation du second ministère du duc de Richelieu, M. Pasquier fut maintenu au département des affaires étrangères ; seulement il dut se concerter avec le noble duc sur les points relatifs aux rapports diplomatiques. M. de Richelieu, par ses relations avec les cabinets de l'Europe, devait imprimer une plus grande confiance dans les actes d'une haute diplomatie.

Ici commencent deux existences bien distinctes pour M. Pasquier : la vie de tribune et la vie des affaires. Je ne sache pas une session plus vive, plus disputée que celle de 1820 : les orateurs étaient brillants ; les noms du général Foy, de Camille Jordan, de Benjamin Constant rayonnaient à côté de ceux des Casimir Périer, des Laffitte ; chaque question était décidée à quelques voix, et il fallait modifier la loi électorale, obtenir des mesures d'exception imposées par les circonstances qui suivirent la mort de M. le duc de Berry. Le talent de M. Pasquier se montra supérieur dans cette longue session ; il était sans cesse à la tribune, combattant tous les orateurs du parti libéral avec une indicible autorité de parole. Quand l'émeute se montra menaçante sur la place publique, M. Pasquier vint à la tribune dénoncer les fauteurs des troubles, en bravant les menaces et les vociférations de la gauche révolutionnaire ; il fut franc dans ses discours, et la phrase qu'on lui

du Piémont eut lieu à l'époque indiquée. Que l'on consulte les employés des affaires étrangères, ils répondront que M. Pasquier, ministre assidu à son travail, le plus capable de mener à fin une négociation, apportait en toute chose un esprit clair, décidé, en rapport avec toutes les difficultés immenses d'une situation si mobile.

On avait rompu ouvertement avec le vieux libéralisme; et pour en arriver là, le cabinet Richelieu avait été obligé d'appeler l'appui du parti royaliste : au commencement de la session de 1821, il fut décidé au conseil des ministres qu'on associerait MM. de Corbière, de Villèle et Lainé au cabinet, faute grave alors! c'était trop donner ou ce n'était pas assez, car enfin quelle figure pouvaient faire dans un cabinet des ministres sans portefeuilles et chefs pourtant de la majorité? Qu'arriva-t-il? c'est que des dissidences secrètes durent naître dès les premières réunions. On se concertait au conseil du roi, puis sous main MM. de Villèle et Corbière exprimaient leurs mécontentements et révélaient les desseins des ministres à leurs collègues de la droite dans la société Piet; il devait s'ensuivre des tiraillements, puis une rupture complète, et c'est ce qui arriva après la session de 1821. Les royalistes avaient conçu des répugnances profondes pour M. Pasquier, et une grande partie de la droite ne pouvait le supporter. Toute l'opposition s'était dirigée contre lui à la fin de cette session, et ce fut alors que M. Pasquier rompit en visière avec les ultra par la déclaration de ses amitiés et de ses répugnances; il s'exprima avec une telle hardiesse, une si grande franchise, que la droite tout entière lui déclara la guerre. M. Pasquier voulait en finir, sa position le fatiguait ; prévoyant la chute du ministère, il se fit nommer pair de France dans le courant de novembre 1821. Le ministère du duc de Richelieu s'étant retiré sur l'adresse, le duc de Montmorency remplaça M. le baron Pasquier au ministère des affaires étrangères.

M. Pasquier alla s'asseoir alors sur les bancs de la chambre haute, institution puissante à cette époque, car elle avait pour elle l'hérédité, la propriété et les majorats. La pairie jeune encore avait une immense destinée, et l'on vit bientôt tout ce qu'elle pouvait dans son opposition constante aux fautes et aux entraînements de la restauration. M. Pasquier se plaça sur les bancs où siégeaient les hommes d'état du parti Richelieu, ne laissant passer aucune circonstance sans prendre la parole ; ses discours, tous remarquablement pensés, exerçaient une grande influence sur la chambre. Il parla contre le droit d'aînesse, la création du trois pour cent, la loi du sacrilége, et ses discours préparèrent souvent le vote des majorités ; il s'était posé l'adversaire constant du cabinet Villèle, qui avança si étrangement les idées révolutionnaires, en blessant les intérêts et les affections de la France nouvelle.

La chambre des pairs n'offrait pas toute la chaleur des débats de la chambre des députés, mais elle arrivait à des résultats plus certains : il y avait du calme, une raison forte et politique dans ses discussions ; elle ne se laissait point emporter par

IMPRESSIONS DE VOYAGE

Les craintes du parti, elle montrait hostilité à la direction du cabinet de M. de Villèle, et l'on peut dire que cela indiquait combien peu rapport avait eu la restauration cabinet complète de la vie française. Cette opposition, il faut bien le dire, était un peu celle d'un système de choses, non pas vrai aristocratique qui contenait les éléments de la constitution aristocratique ne répondait pas à sa destinée, mais la haute, en était à la restauration qui comprenait trop vivement les idées et les préjugés. Alors la chambre des pairs voulait conserver l'état et qu'à la révolution avait compris, et c'est pourquoi elle cherchait à modifier le gouvernement royal dans les conditions de la société actuelle. L'opposition de la pairie comptait M. le dauphin, qui faisait cause d'accord avec les princes, elle cherchait à rendre son sentiment de résistance aux doctrines du parti et hautement religieux et monarchique, ce qui par conséquent se trouvait au-delà des besoins et du sentiment de l'époque. À la chambre des pairs obtint un triomphe complet, forcée par des promotions successives, elle n'en eut pas moins une immense influence sur les élections de 1827. Le ministère Martignac se forma dans les principes de l'administration Richelieu, c'est-à-dire avec les loyales intentions qui caractérisaient les hommes d'état de cette noble école. M. Pasquier prit naturellement sur cette administration l'ascendant qui lui appartenait, M. Portalis, garde des sceaux, était lié avec lui des principes et de souvenirs. Il fut question plusieurs fois d'appeler M. Pasquier aux affaires étrangères, son nom même fut adopté par le conseil des ministres après la retraite de M. de La Ferronnays ; mais, lorsque la liste des candidats fut présentée au roi Charles X, ce prince, ne voulant aucun homme important dans un ministère qui n'était pour lui qu'une transition, ne consentit pas à l'entrée de M. Pasquier dans le cabinet. Certaines préventions qui dataient de 1815 et ne s'étaient pas effacées dans l'esprit du roi, lui firent préférer d'abord M. de Rayneval, mais comme ce diplomate expérimenté n'avait que très peu de crédit dans les deux chambres, l'on résolut de faire passer M. Portalis aux relations extérieures.

Quand le ministère Polignac surgit aux affaires, le parti politique s'inquiéta profondément : ce parti, toujours composé d'hommes d'ordre et d'esprits éminents, voyait avec inquiétude la crise menaçante ; il redoutait la lutte fatale que la restauration allait tenter. Toutes ces capacités d'expérience connaissaient Charles X : ils savaient qu'avec son esprit chevaleresque, sa loyauté incontestable, son caractère éminemment français, ce prince avait malheureusement une tendance pour les coups de folie et les actes désordonnés qui pouvaient compromettre son gouvernement. Le parti politique n'était pas plus tranquille que le corps diplomatique ; ils échangeaient entre eux leurs plus intimes pensées, prévoyant l'agitation soudaine qu'un coup d'état pouvait jeter dans la société ; ils furent donc moins surpris qu'effrayés des ordonnances de juillet. Le parti politique se tint en réserve au milieu de la crise populaire, et sa mission se borna, quand un peu d'ordre fut rétabli, à imprimer à la société une allure monarchique, la seule qui pût préserver la France de la guerre étrangère et de la guerre civile. M. Pasquier fut appelé à la présidence de la chambre des pairs, dès que la charte eût établi la pondération des pouvoirs et les formes monarchiques du gouvernement.

A peine installé dans sa présidence, M. Pasquier eut à subir l'épreuve du procès des ministres de Charles X : la chambre des pairs avait été établie comme cour de justice. Il faut se rappeler quelles passions grondaient autour d'elle, combien l'émeute s'agitait. Les partis, qui exploitent tout, voulurent tourner au profit du désordre la solennité de ce procès : ce peuple souverain, ces héros des barricades, espéraient le sang des imprudents ministres de Charles X ; des cris affreux se faisaient entendre comme dans les jours sinistres de la révolution ; la garde nationale était molle, la troupe de ligne démoralisée par l'échec qu'elle avait reçu aux barricades. Ce fut dans ces circonstances que la chambre des pairs fut appelée à délibérer au milieu des cris et du désordre; l'histoire dira qu'elle se montra digne d'une meilleure époque en refusant ces têtes que la partie ignoble de la population demandait à hauts cris ; il fallut de la force et du courage alors, quand ces flots de peuple, comme une mer agitée, menaçaient d'envahir le Luxembourg, d'assassiner tous les membres de la chambre. Eh bien ! la pairie résista, elle ne prononça que la peine de la réclusion, ce qui n'en était pas une , car, dans les troubles politi-

qui y sont plus ou moins inhérents, en est venue à ce que les pouvoirs exhorbitans viendront à habiter et à s'éteindre civilement. L'expérience et l'habileté de M. Pasquier servirent admirablement la cause de la justice et de l'ordre.

Ce fut sans doute pour récompenser la chambre de cet esprit de modération, que les partis se hâtèrent de lui arracher l'hérédité. Le premier coup qu'on avait porté à la constitution de cette assemblée, était évidemment la disposition de la charte qui, de plein droit, enrichit à la pairie les pairs nommés sous le règne de Charles X. La pairie n'avait donc plus un caractère indélébile ; elle n'était plus qu'une fonction amovible, de laquelle, pour ainsi dire, on pouvait être destitué comme d'une préfecture : et quelle aristocratie pouvait-on fonder sur de sels éléments ? Bientôt, on enleva à la pairie la transmission successorale ; on abolit les majorats, on la réduisit à n'être plus qu'une fonction viagère, sans force et sans influence sur le gouvernement. Dès que la chambre des pairs consentit à voter la destruction de l'hérédité, elle se transforma en un conseil des Anciens, en une succursale de la chambre des députés ; elle devint une sorte de noble hôtel, où les vieilles illustrations politiques ou militaires allaient se reposer. La chambre des pairs n'avait plus pour elle ni l'inviolabilité, ni l'hérédité, ni la propriété ; dès lors elle ne pouvait plus être une aristocratie capable de résister aux mouvements de la démocratie. Sa seule grandeur serait désormais dans la supériorité de son intelligence, dans cette active expérience des hommes et des affaires, dans cette aptitude élevée pour les questions de gouvernement que nul ne peut lui contester.

Les partis n'étaient point vaincus encore : une tentative désespérée des opinions républicaines avait été faite dans les rues de Paris ; une masse considérable d'accusés restaient sous le coup des mandats de justice ; en vertu de la charte, le gouvernement déféra la connaissance de tous ces attentats à la chambre des pairs. On disait alors dans les journaux, à la tribune même, qu'on ne pouvait pas faire ce procès : « Il était impossible, répétait-on, que tant d'accusés fussent traduits devant un corps vieux et usé comme la pairie. » J'ai besoin de dire que l'opinion personnelle de M. Pasquier avait d'abord été pour l'amnistie ; lorsque le gouvernement eut décidé qu'elle n'était pas alors possible, M. Pasquier, qui en avait longuement développé les motifs dans un mémoire, comprit toute l'étendue de son devoir de magistrat. On peut se rappeler la fermeté, la gravité, la patience, la hauteur même que le président de la cour mit dans ces débats ; il conserva la supériorité sur ces têtes franches et exaltées, sur ces cœurs de jeunes hommes qui avaient leur patriotisme et leur grandeur de sentiments. Il n'y eut pas une seule condamnation capitale ; tous furent punis avec mansuétude ; ils purent profiter du bénéfice de l'amnistie sollicitée dès cette époque par M. Pasquier.

Presque en même temps se poursuivait le procès Fieschi, après l'horrible attentat qui avait ensanglanté la capitale.

Peut-être l'histoire reprochera-t-elle à ces débats une trop grande complaisance pour Fieschi : on plaça trop haut ce sbire bouffon qui déclamait comme sur les tréteaux ; la seule figure un peu antique de ce procès fut celle de Morey, vieux type du jacobin, conviction qu'il faut plaindre parce qu'elle se fit martyre. On corrigea cet abus dans le procès d'Alibeau, en plaçant dans un rang subalterne ce triste procès dont on surchargeait la chambre des pairs ; on restreignit le théâtre à de justes proportions, on cessa de donner une prime de renommée à tous ceux qui rêvaient l'assassinat et le meurtre ; cela fut d'un si bon effet que, lors du dernier procès de Meunier, la curiosité publique fut à peine réveillée : on laissa le crime à toute son obscurité.

Ces grandes épreuves auxquelles M. Pasquier fut soumis, affectèrent un peu sa santé, mais n'ébranlèrent en rien ces hautes facultés de l'esprit, cette pratique surtout des affaires qui caractérise le parti politique. Je ne sache pas une circonstance grave depuis sept ans sur laquelle M. Pasquier n'ait été consulté. Il eut, dit-on, une grande influence sur la formation du ministère de M. Casimir Périer ; son habitude de présenter des mémoires, de développer toutes les circonstances un peu actives de la vie publique, ont souvent déterminé les résolutions du gouvernement. Ses liaisons avec tous les hommes de diplomatie et de cabinet lui ont toujours facilité la direction des affaires ; il les prend rarement en main : comme M. de Talleyrand, il fait agir et n'agit pas ;

position plus élevée peut-être que s'il était en nom dans le gouvernement du pays.

Son expérience est grande, sa facilité extrême; je ne connais pas de travailleur plus assidu, et chose à remarquer! tandis qu'il prenait une part active dans les questions vives et ardentes de la politique, il trouvait le temps d'écrire plus de vingt volumes sur l'histoire de son temps. Sa ferme volonté de ne laisser voir le jour durant sa vie à aucun de ses manuscrits, et même d'en interdire une trop prompte publication après sa mort, est une sûre garantie de l'entière indépendance des hommes et des circonstances avec laquelle il s'est livré à une si importante composition. Cet esprit de travail, cette étude des faits grandissent les idées : rien n'avance plus la pensée des hommes d'état. Aujourd'hui nous nous jetons tous sans étude préalable dans le mouvement politique; parce que nous savons écrire quelques phrases, ou que nous avons débité quelques paroles de tribune, nous nous croyons appelés à la grande destinée de gouverner notre pays. Telle n'est pas la méthode anglaise : la vie politique est chez nos voisins un grand devoir, un dévouement de tous les jours; l'histoire, la diplomatie, l'administration, tout doit être appris par l'homme public qui prétend à l'honneur d'un ministère ou d'un poste de confiance pour le service de la nation.

M. Pasquier atteignait sa 68ᵉ année, lorsqu'il fut revêtu de la dignité de chancelier de France; il exerçait de fait la présidence de la chambre des pairs depuis la révolution de juillet.

Cette haute fonction allait bien aux Pasquier, fils de magistrature depuis deux siècles : le chancelier actuel répond tout à fait à l'idée que ses ancêtres s'étaient faite de la grande simarre.

Ils sont rares aujourd'hui ces hommes qui, comme les vieux magistrats, font encore du temps de leurs loisirs des heures de travaux et de lecture ; chacune de leurs résidences, chacune de leurs épaisses forêts, sont remplies de leurs souvenirs, de leurs études, comme Baville, Malesherbes ou Champlâtreux.

L'intérieur de la vie de M. Pasquier est simple : il occupe au Luxembourg les appartements du petit château, et laisse le grand palais aux réceptions de M. Decaze. Nul n'est plus facile à aborder, il cause vite, saisit avec promptitude et résout les questions avec une admirable clarté ; la lecture est son goût favori, le travail son habitude ; nulle heure n'est perdue pour lui, et ses visites sont encore des affaires.

On a pu apprécier M. Pasquier comme président de cour judiciaire et comme président de chambre : quand il dirige les débats de la haute cour, il est impartial, et il n'aime ni les paroles inutiles, ni les phrases d'avocats, qui ne servent ni à éclaircir, ni à diriger ; il a surtout cette fermeté sans rigueur qui domine les débats et les abrège, sans rien enlever à la défense. Comme président de chambre, il ne se sépare jamais d'une pensée, d'une opinion politique. On a écrit qu'un président de chambre ne doit pas avoir d'opinion ; je crois au contraire qu'il doit en avoir une, puisqu'il est l'homme d'un système, l'expression d'une majorité : il ne peut laisser ni tout dire, ni tout faire ; il serait même fort heureux qu'un président de chambre eût la faculté de supprimer les discussions oiseuses. Nous succombons sous la parole en France; quand donc arriverons-nous aux affaires ?

L'école politique de la restauration, dont M. Pasquier fut l'un des chefs les plus éminents, s'efface de jour en jour ; héritière de la partie morale et intellectuelle de l'empire, elle devait apporter au gouvernement des Bourbons une force d'appui, une direction européenne. Toutes les fois que les partis se sont emparés des affaires en l'expulsant, il y a eu des catastrophes imminentes. Il est heureux que dans la vie des états, et pour les sauver des crises passionnées, il se trouve des têtes réfléchies, calmes et prévoyantes, qui rendent la transition des régimes imperceptible, et font que, dans notre pays si mobile, il n'y ait jamais en définitive qu'un système modéré et gouvernemental qui triomphe après la longue lutte des partis.

V

LORD WELLINGTON

La vie du duc de Wellington résume pour l'Angleterre la partie glorieuse du parti tory. Le vieux et noble chef des armées britanniques n'est pas seulement une haute intelligence dans les combinaisons de la guerre, mais encore une tête politique sérieuse, un esprit sage et éminemment modéré. Nulle publication n'a fait en Angleterre une impression plus vive, plus profonde, que la correspondance du duc de Wellington dans les diverses périodes de son commandement militaire, depuis l'Inde jusqu'à Waterloo : elle a changé, modifié toutes les idées de partis sur son caractère : whigs et tories ont également admiré la prévoyance de ses mesures, la tempérance de son esprit, dans les situations les plus délicates et les plus variées, au pouvoir comme à la guerre.

En France, les idées marchent moins vite : on y est encore plein de préjugés sur l'esprit et le caractère du duc de Wellington. La vieille queue du parti bonapartiste pèse sur nous, et défigure l'histoire : ce n'est pas dans sa reconstruction de la société qu'elle admire le génie de Napoléon, ni dans sa puissance organisatrice; elle veut constater des choses impossibles, au détriment même de sa renommée, et le duc de Wellington est sacrifié aux ressentiments de Waterloo. Nous avons fait assez de grandes prouesses, la France a produit des capacités assez remarquables, pour qu'on ne sacrifie pas sur la tombe de Napoléon toutes les rivalités qui ont pu lui faire obstacle. C'est en lisant avec attention la correspondance du duc de Wellington, que j'ai moi-même rectifié mes idées sur l'homme qui fut à la fois le chef militaire de son pays, et la tête d'un parti puissant et organisateur aujourd'hui aux affaires.

Lorsque vos regards se portent attentifs sur les magnifiques gravures anglaises qui reproduisent la chute et les malheurs de Tippoo-Saëb, entouré de ses fils en deuil; quand vous contemplez ces beaux paysages de l'Inde, si humides, si chauds, ces arbres panachés, l'éléphant à la tour dorée, les cipayes noircis sous leur costume européen, au milieu de ces troupes anglaises avec leur empreinte de sang-froid et de résignation militaire, puis les murs élevés de Seringapatam et leurs larges canons qui lancent la mort, vous apercevez, au milieu des éclats de la fumée et des cimeterres étincelants, un jeune officier au teint calme, aux manières froides, avec ce regard méditatif qui signale une grande destinée : cet officier est sir Arthur Wellesley, depuis connu sous le titre de duc de Wellington.

Sir Arthur, le quatrième fils de Gérard Colley Wellesley, comte de Mornington, et d'Anne Hill, fille du vicomte Dunganon, naquit à Dungan-Castle, le 1ᵉʳ mai 1769, une année après celle où vint Napoléon, année féconde en génies de toute espèce qui vinrent grandir et poétiser les temps de révolution. Sir Arthur fut élevé au collège d'Eton, puis envoyé en France à l'école militaire d'Angers : notre monarchie avait alors les meilleurs établissements militaires, les universités les plus fortes, et j'ai dit que M. de Metternich et M. de Constant avaient été élevés à Strasbourg.

Arthur Wellesley entra de fort bonne heure au service, et obtint une commission d'officier dans le 41ᵉ régiment ; il acheta, en 1795, la lieutenance-colonelle du 55ᵉ régiment ; avec ce grade il fit partie de l'expédition d'Ostende contre la république française, et commandait, à 24 ans, une brigade dans la retraite de Hollande, sous le duc d'Yorck. La domination anglaise est si vaste, qu'il n'est pas rare de voir les officiers, même de la grande noblesse, envoyés d'un monde à l'autre pour y servir la patrie. Le jeune Arthur Wellesley fut destiné pour la Jamaïque : une tempête ayant rejeté la flotte au port, le jeune officier, après avoir recruté son régiment en Irlande, vit sa destination changée : il dut le commander pour une expédition sur les bords du Gange.

Le marquis Wellesley, son frère, venait d'être nommé gouverneur-général de l'Inde ; le colonel Arthur l'y accompagna. Il combattit vaillamment contre Tippoo-Saëb, ce noble ami de la nation française et de Louis XVI, et contribua à la prise de Seringapatam, à la tête des forces auxiliaires fournies par le Nizam. Sir Arthur exerçait, en 1800, les fonctions de gouverneur de Seringapatam, lorsque Hondiah-Waugh, aventurier indien, fit une incursion sur les terres de la compagnie, à la tête de 5,000 hommes de cavalerie.

On semble assister aux féeries des *Mille et une Nuits*, quand on contemple cette puissance des Anglais dans l'Inde, leur immense établissement au milieu des Hindous, des Mahrattes, et Calcutta, Madras, ces vastes capitales aujourd'hui presque aussi civilisées que Paris et Londres ; ces mœurs molles et douces au milieu de la vie active et militaire. Cette féerie restera-t-elle longtemps à nous éblouir de ses rubis, de ses diamants, de ses topases brillantes ? je le crois, parce que l'administration anglaise, haute, admirable, a toutes les conditions pour coloniser des peuples. On parle incessamment des projets de la Russie : qu'a-t-elle besoin de l'Inde et d'étendre encore ses terres ? Ce sont là des rêves du temps de l'empire : la Russie et l'Angleterre se touchent par le lien du commerce, le plus puissant de tous.

Sir Arthur Wellesley se distingua dans la guerre contre les Mahrattes, et reçut le commandement de 12,000 hommes de cavalerie qui devaient se porter sur le territoire ennemi.

Dans une saison peu favorable, et pendant une marche longue, il avait pris de telles mesures pour assurer les mouvements et la subsistance de ses troupes, qu'il acheva cette campagne difficile sans presque subir aucune perte.

C'était l'époque où le général Bonaparte occupait l'Égypte, et une circonstance assez curieuse, c'est que sir Arthur fut un moment destiné au commandement de l'expédition fabuleuse qui de Calcutta devait traverser l'isthme de Suez et prendre les Français par le désert. Ainsi le jeune de Wellesley aurait été appelé à combattre dès l'origine le général Bonaparte qu'il retrouva empereur aux plaines de Waterloo. Cette campagne dans l'Inde est remarquable parce que la compagnie eut alors à combattre les forces confédérées de Scindiah et du Rajah de Bérar. Sir Arthur les attaqua auprès du village fortifié d'Assye, qui a donné son nom à la bataille, détruisit la cavalerie de Scindiah, défit l'infanterie de Bérar dans les plaines d'Argomme, et s'empara de la forteresse de Gawoneilgar, ce qui amena la soumission des deux chefs. Un monument en mémoire de la bataille d'Assye est encore à Calcutta, et les habitants de cette ville offrirent au général victorieux une épée de la valeur de 1,000 livres sterling ; les officiers lui présentèrent un vase d'or que le duc garde encore à Apsley-House. Le parlement d'Angleterre lui vota des remerciments, et le roi le nomma chevalier de l'ordre du Bain. Il faut lire la première partie de la correspondance du duc de Wellington pour se faire une juste idée des prévoyances et des périls de cette campagne, de l'intelligence et de la modération de ses ordres.

L'Inde fut donc le premier champ de bataille du duc de Wellington. Sir Arthur revint en Angleterre en 1805 pour prendre le commandement d'une brigade dans l'armée du vicomte Cathcart, qui devait agir sur le continent; ainsi le général qui naguère avait combattu sur les bords du Gange allait porter sa fortune en Allemagne. L'expédition fut rappelée par suite de la bataille d'Austerlitz, glorieuse victoire qui fit mourir Pitt de douleur ! car en Angleterre, ce pays des grandes opinions, la chute d'une noble espérance dévore les entrailles des hommes d'état. Ici commence la vie politique du duc de Wellington. L'aristocratie anglaise est remplie de dévouement au pays, les torics s'y donnent corps et âme ; il n'est pas rare en Angleterre d'être membre du parlement et officier en activité de service ; la vie du torysme est essentiellement patriotique. Ce mélange des situations politiques et des devoirs de la hiérarchie militaire constitue cet esprit d'ordre et de tenue dans la majorité ou la minorité du parlement; on obéit à son parti, à son opinion, comme à ses chefs. En 1806, Newport, dans l'île de Wight, nomma sir Arthur son député à la chambre des communes ; et, dans la même année, sir Arthur épousa miss Pakenham, sœur du comte de Longford, noble femme bien souvent résignée. En 1807, il fut nommé premier secrétaire de l'Irlande, sous le duc de Richemond. Dans l'expédition de Copenhague, qui souleva tant de tempêtes au parlement, sir Arthur Wellesley commandait la réserve de l'armée sous le général Cathcart ;

il fut chargé de la capitulation de Copenhague, discutée, arrêtée et signée en une seule nuit, et qui donnait toute la flotte danoise à l'Angleterre. Les deux chambres du parlement votèrent des remercîments unanimes à son armée, et l'orateur de la chambre des communes les lui adressa personnellement, lorsqu'il y reprit place à son retour.

Le théâtre de la guerre s'agrandissait ; sir Arthur allait se trouver en face des glorieuses armées de France, sous des chefs dont la renommée retentissait. En 1808, il reçut l'ordre d'embarquement pour la Corogne ; l'Espagne était envahie, et l'Angleterre allait chercher un champ de bataille pour se mesurer avec Napoléon. La flotte se dirigea sur Oporto. C'est par le Portugal que sir Arthur effectua son débarquement, en face des braves régiments de la grande armée, au temps où le général Junot se drapait en roi à Lisbonne : la monarchie de la maison de Bragance allait comme une bague brillante au doigt de tous ces chefs aventureux que Napoléon envoyait là presque par disgrâce. Le général Junot compromit l'armée par son peu de capacité et ses prétentions vaniteuses : le 21 août fut marqué par la bataille de Vimeira ; les Français avaient pris l'offensive. Il y avait tant de dénûment dans l'armée, qu'il fallut songer à un traité : la triste convention de Cintra, capitulation déplorable, portait, comme principale condition, que les Français évacueraient le Portugal et repasseraient en France avec armes et bagages. Sir Arthur ne signa pas cette convention ; le véritable auteur fut sir Henri Dalrymple si violemment attaqué par l'opposition. Sir Arthur quitta l'armée pour assister à tous ces débats et au procès de Dalrymphe devant la cour martiale. La convention de Cintra, flétrie par lord Byron dans *Child-Harold*, priva Dalrymphe du commandement en chef; il fut confié à Wellesley, qui débarqua, le 22 août 1809, à Lisbonne. Napoléon faisait dire de lui dans le *Moniteur* les railleries les plus amères. Triste et faible partie du caractère de Napoléon, que ces déclamations misérables contre ses adversaires! C'était la petitesse dans la grandeur; voici l'article qu'il dictait de Paris avec une impertinence singulière : « Nous souhaitons que lord Wellington commande les armées anglaises; du caractère dont il est, il essuiera de grandes catastrophes... Sir John Moore et lord Wellington ne montrent nullement cette prévoyance, caractère si essentiel à la guerre, et qui conduit à ne faire que ce qu'on peut soutenir, et à n'entreprendre que ce qui présente le plus grand nombre de chances de succès. Lord Wellington n'a pas manifesté plus de talent que les hommes qui dirigent le cabinet de Saint-James. Vouloir soutenir l'Espagne contre la France, et lutter sur le continent avec la France, c'est former une entreprise qui coûtera cher à ceux qui l'ont tentée, et qui ne leur rapportera que des désastres. »

Sir Arthur, en effet, n'avait plus en face de lui un général sans expérience comme Junot : le maréchal Soult avait reçu le commandement de l'armée de Portugal; vieux soldat, il devait déployer cette longue et belle tactique militaire qui le plaça au premier rang. La bataille incertaine de Talavera de la Reyna fut célébrée en Angleterre comme la victoire la plus décisive ; l'enthousiasme fut à son comble, et, malgré les discours de l'opposition, les deux chambres votèrent des remercîments à sir Arthur, en lui allouant une annuité de 2.000 livres sterling. Le cabinet l'éleva à la pairie, avec le titre de lord vicomte Wellington de Talaveyra. La junte de Cadix, qui jusqu'ici lui était opposée par orgueil de nationalité, lui offrit le rang et les appointements de capitaine-général de l'armée espagnole ; mais Arthur Wellington n'accepta qu'un présent de quelques chevaux de race andalouse que les Espagnols lui adressèrent pour ses haras, au nom du roi Ferdinand VII. Le caractère anglais était là tout entier ; quelques nobles coursiers aux douces allures, c'était le plus noble trophée du commandant en chef des armées britanniques. La marche rapide des maréchaux Soult et Ney, de Salamanque dans l'Estramadure, le forcèrent à une retraite non moins rapide que son mouvement en avant ; il traversa le Tage, où il prit une forte position pour défendre le passage d'Almarez et la partie inférieure du fleuve. Le duc de Wellington était destiné à combattre les deux plus remarquables lieutenants de Napoléon, car Masséna entrait à son tour en Portugal, et commençait ses opérations par les siéges de Ciudad-Rodrigo et d'Alméida.

Aujourd'hui, vieilli dans son palais de Apsley-House, le duc de Wellington se complaît à raconter sa campagne de

Portugal, parce que ce fut une forte résistance, une stratégie raisonnée, et qu'il eut en face de lui les maréchaux les plus renommés de l'empire, Masséna, Soult, puis Marmont, habile dans ses combinaisons, mais toujours malheureux, et Ney, le plus téméraire de tous. Le duc de Wellington a fait dessiner les fameuses lignes de Torres-Védras, dont il traça lui-même le plan et qu'il fit exécuter avec une si fabuleuse persévérance; destinées à protéger Lisbonne, ces lignes s'étendaient de la mer au Tage, au point où ce fleuve, large d'environ six lieues, les défendait aussi bien que la mer même, elles furent établies avec tant de secret, que Masséna resta immobile d'étonnement à leur aspect. La tactique anglaise, qui consiste surtout à s'approprier une position fortifiée, se déploya dans tout son luxe en cette circonstance. Masséna, l'homme de guerre intrépide, passa près de six mois devant ces lignes, magnifique ouvrage militaire; comme un lion impatient de combattre, il tournait autour de ces masses de granit et de ces eaux du grand fleuve, vaste comme la mer. Le vieux général d'Italie attendait des secours de France; il n'eut ni soldats, ni vivres; accablé de privations, il dut opérer difficilement sa retraite jusque sur les frontières d'Espagne. Aujourd'hui encore, quand le duc de Wellington parle de la campagne de Portugal, il reconnaît deux grandes capacités militaires, les maréchaux Soult et Masséna. La délivrance de Lisbonne valut encore à lord Wellington des remercîments du parlement qui lui vota de nouveaux subsides; et, pour perpétuer la renommée de la résistance militaire qui avait sauvé le Portugal, on lui décerna le titre de marquis de Torres-Vedras.

A cette époque, le gouvernement anglais multipliait les témoignages de reconnaissance pour ses généraux, afin de féconder les dévouements, et déjà l'Angleterre voyait dans le duc de Wellington un homme qu'on pouvait opposer à la fortune de Bonaparte. On avait essayé d'abord de comparer l'amiral Nelson à l'empereur; Nelson, mort à Trafalgar, le duc de Wellington s'élevait : telle était au moins la pensée et la tactique du parlement.

L'armée anglaise fit de grandes fautes depuis le blocus d'Alméida jusqu'au siége de Badajoz : la bataille de Fuente-d'Onoro fut pour le duc de Wellington une dure leçon de stratégie. Les juntes n'étaient pas favorables à l'Angleterre; pourtant lord Wellington avait organisé sur un vaste pied de guerre l'armée portugaise : déjà tout à Lisbonne obéissait aux ordres de l'Angleterre qui fournissait munitions, artillerie, vêtements et armes; le Tage voyait une formidable flotte anglaise; dès ce moment l'influence du cabinet de Londres dans la Péninsule prit une immense extension, et le Portugal fut réduit à l'état de vassalité. Les rapports commerciaux vinrent encore fortifier les liens militaires que la guerre avait fondés d'une manière si puissante.

Lord Wellington passa le Tage pour s'opposer au ravitaillement de Ciudad-Rodrigo, point central des opérations militaires. Ciudad-Rodrigo fut emporté d'assaut après onze jours de tranchée. La fortune ne souriait plus à Napoléon ; Masséna avait été rappelé, et le maréchal Soult après lui ; Marmont n'était pas heureux ; le duc de Wellington, au contraire, venait de vaincre la répugnance de la régence de Cadix. Après la prise de Badajoz, cette régence le créa grand d'Espagne de première classe, duc de Ciudad-Rodrigo, et lui confia le commandement général de l'armée espagnole ; puis, le parlement lui vota une nouvelle pension de deux mille livres sterling. Quelques mois après, Badajoz fut emporté d'assaut par les armées anglaises, et nos aigles se voilèrent. Maître de ses flancs, le duc de Wellington passa le Tage pour entrer en Castille, avec une grande supériorité de moyens, à la face de généraux divisés et d'une cour sans énergie : Napoléon n'était pas là pour imposer son immense volonté. Alors fut livrée la bataille de Salamanque, qui décida du sort de l'Espagne ; lord Wellington vint à marches forcées sur Valladolid ; tournant à sa droite, il fit un mouvement hardi en se portant sur Madrid, tandis que Joseph Bonaparte fit sa retraite sur Burgos. Je ne sais par quel motif Napoléon avait donné pour guide militaire à son frère Joseph le maréchal Jourdan, le plus médiocre des capitaines, et dont il raillait tant le premier succès révolutionnaire. De nouveaux remercîments du parlement furent décernés à lord Wellington : le régent lui conféra le titre de marquis, et la chambre des communes vota 100,000 livres sterling pour lui former un établissement.

J'ai besoin d'entrer dans tous ces détails pour bien faire connaître la cause de la fortune politique du duc de Wellington : tous ces grades, tous ces honneurs, ses revenus mêmes lui sont arrivés par le champ de bataille. Le parlement agit avec profusion, parce qu'il avait besoin de créer une existence militaire en opposition avec la fortune merveilleuse de Napoléon. Le maréchal Soult, qui avait levé le siége de Cadix et abandonné l'Andalousie, fit un mouvement si bien combiné avec le corps d'armée du général Souham, que la ligne de lord Wellington fut compromise ; il opéra sa retraite avec une grande précipitation, et le maréchal Soult reprit une glorieuse offensive.

Le général anglais avait ici oublié sa tactique prudente : pendant deux jours toute son armée fut exposée. Cette circonstance signale dans le duc de Wellington un talent militaire plus élevé pour la résistance que pour une campagne active : il ne sut jamais précisément tenir un milieu entre la témérité réfléchie qui s'empare d'une faute pour hasarder un succès, et la prudence qui prévoit toutes les chances d'une mauvaise position.

Pour achever la délivrance de la Péninsule, lord Wellington vint à Cadix, en janvier 1813, communiquer en personne avec la régence ; par cette démarche, les méfiances s'affaiblirent, les armées espagnoles, mises enfin sur un meilleur pied, furent placées sous son commandement immédiat. Lord Wellington, jaloux du titre de généralissime, développa son plan de campagne à la tête de l'armée anglo-espagnole-portugaise jusqu'à Vittoria, où se donna la bataille si fatale à nos armes dans la Péninsule : tout fut pris, jusqu'au trésor de Joseph Bonaparte. La médiocrité de Jourdan, l'avidité de quelques généraux de France, furent en partie les grandes causes de ce désastre ; pour vouloir sauver le trésor, on perdit l'armée. Toute cette famille, qui entourait Napoléon, ne comprenant pas sa gloire, ne servait qu'à compromettre ses destinées ; puis les temps de malheurs arrivaient, et qui peut arrêter alors le torrent? La bataille de Vittoria acquit au duc de Wellington le grade élevé, et rarement accordé en Angleterre, de feld-maréchal ; et plus que cela, elle ouvrait le chemin des Pyrénées à la coalition.

C'est en s'appuyant sur Pampelune et Saint-Sébastien que le duc de Wellington développa son plan militaire d'invasion en France. Le maréchal Soult avait pris le commandement de l'armée française sur la Bidassoa ; du champ de bataille de Bautzen, Napoléon avait envoyé vers ce point menacé un maréchal capable et organisateur, car l'armée d'Espagne était démoralisée. Lord Wellington se déploya jusqu'à Bayonne, après avoir emporté la position de Nivelle. Merveilleuse guerre, toute de stratégie ! Le maréchal Soult manœuvra habilement en présence d'un ennemi supérieur qui n'avançait qu'avec prudence ; les armées restèrent près de deux mois à s'observer, retenues par la rigueur de la saison et par le mauvais état des routes. Soult voulait répéter les lignes de Torres-Vedras, sur les frontières de France : il avait élevé de redoutables retranchements près de Bayonne ; mais lord Wellington, sans les attaquer de front, les déborda par sa droite, forçant ainsi son adversaire à les abandonner.

Le nom de France inspirait tant de respect aux alliés eux-mêmes, qu'ils n'avançaient sur ce territoire qu'en hésitant. En remontant aux vieux siècles de la monarchie, les troupes anglaises pourtant avaient plus d'une fois visité ces champs de bataille de la Gascogne, et les souvenirs du prince Noir étaient restés dans la mémoire des féodaux de la Guyenne. Les ordres de l'empereur au maréchal Soult étaient d'opérer sa retraite lentement et d'arrêter, autant que possible, les Anglais, les Espagnols et les Portugais par de petites batailles ; lui-même venait de stipuler avec Ferdinand VII, espérant par ce traité séparer l'armée espagnole du corps anglo-portugais sous lord Wellington.

Les choses étaient trop avancées pour que ces idées politiques pussent se réaliser : les Pyrénées étaient franchies. Après la bataille d'Orthès, l'armée française ne put tenir la route de Bordeaux, et lord Wellington, de concert avec le marquis de Béresford, eut à se prononcer sur le caractère du mouvement provincial qui se manifestait pour la maison de Bourbon. Dans cette circonstance et pour la première fois, le duc de Wellington dut prendre une couleur politique. Jusqu'ici simple général, il avait montré quelque dextérité dans ses négociations avec la junte de Cadix, mais les événements de 1814 prenaient un caractère évidemment décisif : devait-il donner l'impulsion politique à une restauration de Louis XVIII? Quels étaient les ordres de son cabinet quand les alliés traitaient à Chaumont? Le duc de Wellington laissa le mouvement de Bordeaux se prononcer dans son énergie, et le maréchal Béresford ne s'opposa point à ce que le drapeau blanc fût arboré. Du nord au midi, l'empire déclinait. Lord Castlereagh écrivit les événements de Paris au chef des armées anglaises, et quelques jours après fut livrée la bataille de Toulouse, inutile effusion de sang qui n'arrêta pas la marche des armées coalisées. Tout était fini alors, la restauration était faite, Louis XVIII entrait dans la capitale ; les Anglais occupèrent Toulouse, et la paix de 1814 fut conclue par toutes les puissances.

Lord Wellington n'intervint pas dans ce traité ; sans aucune influence politique, sa vie était exclusivement militaire, et lord Castlereagh, chef du cabinet, ne cédait son crédit ministériel à personne. Cependant, lors du congrès de Vienne, lord Wellington, qui avait été reçu avec tant d'enthousiasme en Angleterre, vint à cette réunion d'empereurs et de rois pour y montrer la puissance de son pays et rappeler ses services à la cause commune. Les talents qu'il avait déployés dans la guerre de la Péninsule, l'habileté et la persévérance de sa lutte, avaient jeté beaucoup d'éclat sur sa personne, et on l'environna avec une certaine curiosité à Vienne. Le duc de Wellington avait alors quarante-cinq ans ; d'un extérieur grave et froid, il mettait quelque prix à de gracieuses bonnes fortunes ; à Vienne, ce fut pour lui un immense concours de fêtes, et l'on sait que nulle capitale au monde n'offre plus de ressources pour le plaisir.

Au milieu de ces distractions du congrès, l'éclat de la foudre se fit entendre, et l'on apprit le débarquement de Napoléon au golfe Juan. Il fallut prendre immédiatement des mesures militaires, et l'on n'hésita pas à confier à lord Wellington la direction générale de la campagne, comme à la tête la plus capable de lutter contre Napoléon. D'ailleurs, la Grande-Bretagne donnant l'impulsion à la ligue européenne, il fallait lui assurer un gage, et le titre de généralissime, confié à lord Wellington, lui fut dévolu en reconnaissance des subsides que le parlement allait voter au profit de l'Europe. Wellington, après un court voyage en Angleterre, se rendit en toute hâte dans les Pays-Bas pour y arrêter son plan de campagne, de concert avec le feld-maréchal Blücher ; et en présence de la puissante armée de Napoléon, il suivit les principes de sa tactique d'Espagne, c'est-à-dire un système de résistance dans une position bien choisie : les lignes de Torres-Vedras avaient commencé sa réputation militaire, le champ de bataille de Waterloo devait l'accomplir. Ainsi, toutes les destinées de l'homme se résument souvent entre deux idées !

Je ne ferai point ici de la stratégie ; je dirai seulement que la bataille de Waterloo exprima le plus parfaitement le type des deux caractères militaires opposés, celui de l'empereur et celui de lord Wellington. Napoléon, impétueux, sublime dans l'attaque, désordonné et irréfléchi dans la retraite; lord Wellington, au contraire, timide, précautionneux, incertain dans une campagne active, à ce point que lorsqu'il est hardi il se compromet; mais en même temps froid, réfléchi, calculateur dans la résistance : Austerlitz et Wagram se retrouvent pour Bonaparte dans l'attaque de Waterloo, comme les retranchements de Torres-Vedras se reproduisent pour le duc de Wellington dans la position retranchée du Mont-Saint-Jean.

Après Waterloo, l'influence du duc de Wellington dut grandir naturellement : il s'avançait sur Paris avec une armée victorieuse. Blücher ne lui était pas subordonné matériellement; mais comme lord Wellington avait à son front tout l'éclat de Waterloo, il exerçait beaucoup d'ascendant sur les pensées du généralissime prussien. Enfin, quand on approcha de Paris, tout le parti révolutionnaire, Fouché en tête, eut recours à lord Wellington, considéré comme l'arbitre suprême dont la décision devait influer sur les destinées de la France. Fouché négocia très activement avec lui pour l'occupation de Paris; et ce fut dans une conversation avec Louis XVIII que le noble lord indiqua le ministère Talleyrand et Fouché comme le seul possible pour réaliser l'union de la royauté et de la liberté révolutionnaire. Lord Wellington se trompa-t-il, ou fut-il joué? Quoi qu'il en soit, sa combinaison échoua presque immédiatement, et l'influence personnelle de l'empereur Alexandre remplaça bientôt l'action intime et continue de lord Castlereagh et de l'Angleterre. Le duc de Richelieu succéda à M. de Talleyrand.

Par le traité du mois de novembre 1815, il était stipulé qu'une armée d'occupation resterait en France, et on la plaça sous le commandement de lord Wellington, sans distinguer les contingents des diverses puissances. On lui donna l'inspection des forteresses des Pays-Bas, qui étaient là construites comme avant-postes contre la France et avec l'argent de ses contributions. Le généralissime, résidant habituellement à Paris, vit souvent Louis XVIII, et ses principes anglais furent toujours d'accord avec un système de modération et de liberté. Il avait un esprit droit, une manière facile et simple de voir les événements; on lui doit cette justice que, nommé arbitre en diverses circonstances sur les réclamations des alliés contre la France, lord Wellington se prononça presque toujours d'une manière favorable à nos malheurs. Consulté même en plusieurs circonstances sur la possibilité de diminuer l'armée d'occupation, il déclara que l'état des esprits en France permettait ce soulagement, indispensable dans la situation de souffrance du pays. A cette époque, où le duc de Wellington nous rendait un service réel, l'esprit bonapartiste arma contre lui un fanatique, qui tira un coup de pistolet à bout portant dans sa voiture : il ne fut point atteint, et je regrette vivement que, dans le testament de Sainte-Hélène, Napoléon se soit abaissé à ce point d'accorder une récompense à celui qui avait ainsi frappé un adversaire des champs de bataille. Ce sont là de ces taches qui ne s'effacent pas, même sur les hautes physionomies historiques.

Après le départ de l'armée d'occupation et la signature du traité d'Aix-la-Chapelle, le duc de Wellington quitta la France. Sa carrière militaire était finie, et il commençait en quelque sorte sa vie politique. Appelé à siéger à la chambre des lords comme duc, possesseur d'une fortune immense, portant sur son blason les insignes de toutes les illustrations de l'Europe, le noble lord dut naturellement exercer une certaine influence. Mais alors l'esprit de l'Angleterre était changé : durant les longues guerres contre la révolution française et l'empire, les Anglais avaient déployé une grande énergie de caractère, une remarquable puissance de moyens; les tories avaient dominé la situation. Et pourquoi cela? c'est qu'ils étaient ennemis de la révolution, et décidés à suivre la guerre avec ténacité. Le peuple n'avait pas alors le temps de songer aux dissensions intérieures; haletant dans les combats toujours nouveaux, il espérait la victoire. Mais lorsque la guerre fut finie, les passions se renouvelèrent, et lord Castlereagh vit décroître sa puissance, tandis que celle des whigs et des radicaux s'élevait.

Le duc de Wellington, tory par principes et par tradition de famille, siégea dans la chambre des lords parmi les conservateurs; il fut le centre avec lord Aberdeen du banc de tories qui soutenaient le ministère Castlereagh. Le noble duc ne parlait pas avec éloquence, mais il s'exprimait avec une grande clarté : sans avoir une large étendue d'esprit, il était doué d'un bon sens instinctif qui lui faisait apprécier justement la plupart des questions; fort au fait des situations politiques en Europe, il avait touché trop d'affaires positives pour ne point en conserver une longue empreinte. Le duc de Wellington, en un mot, était un de ces hommes d'état qui ne font pas de grandes choses, mais de bonnes choses. Sa popularité était bien affaiblie ; les temps n'étaient plus où la multitude entourait la voiture du noble lord, lorsqu'il touchait l'Angleterre après ses campagnes. Le héros de Waterloo était trop tory pour que le peuple le saluât encore. Le procès de la reine avait exalté au dernier point les opinions en Angleterre; on marchait hautement à la réforme.

Dans ces circonstances, le crédit politique du duc de Wellington ne subsista plus que dans le cercle diplomatique; il avait joué un si grand rôle, qu'il se trouva mêlé à toutes les affaires sérieuses du continent. Il assista au congrès de Vérone. Sous le ministère de M. Canning, quoique le parti whig fût prêt à dominer le cabinet, le duc de Wellington conserva une certaine prépondérance pour les affaires étrangères; la Russie devenait alors la rivale de l'Angleterre; la question grecque agitait tous les esprits : or, qu'allait-on décider pour la nouvelle circonscription du territoire hellénique? M. Canning crut essentiel d'envoyer un homme important à Saint-Pétersbourg ; le duc de Wellington, fort estimé de l'empereur

Nicolas, s'était trouvé partie active dans la plupart des questions générales. La mission du noble duc se rattacha dès lors au traité du 6 juillet 1827, qui établit l'indépendance de la Grèce et sa circonscription territoriale. Il fallait en finir, et en Angleterre, où les préjugés n'existent jamais puissants contre les hommes quand il s'agit des affaires, le duc de Wellington fut désigné de préférence, parce qu'il pouvait être le plus utile.

A son retour, M. Canning était mort; le ministère de lord Goderich se débattait impuissant; et, comme les affaires diplomatiques se compliquaient singulièrement, le roi jugea convenable de former un ministère tory avec des hommes capables : il le composa de M. Peel, de lord Aberdeen et du duc de Wellington, sorte de cabinet tout de résistance contre les empiétements de la Russie. Le duc de Wellington, en examinant l'état du pays, vit bien qu'une des premières conditions pour assurer la force et la consistance de son ministère, devait être l'émancipation catholique; c'était pour lui une opinion de famille. Le marquis de Wellesley s'était même séparé du roi Georges III pour cette question. Le duc de Wellington n'hésita pas, et un bill présenté au parlement obtint la majorité; les tories voulaient se donner la gloire de l'initiative dans une question de si grande équité.

Quelques mois après éclatait la révolution de juillet, événement qui portait un coup fatal aux tories frappés au cœur. Le mouvement radical conquit une grande puissance en Angleterre. Le duc de Wellington s'empressa de reconnaître le fait accompli en juillet, mais dans sa pensée il qualifia cet événement du mot *malheureux*, comme il avait défini la bataille de Navarin. Tout n'était-il pas changé et bouleversé par cette immense révolution? et comment le duc de Wellington pouvait-il résister à une politique qui menaçait de détruire les traités de 1815? Le premier ministre vit la portée de ce changement; il ne chercha pas à le parer, et sur le premier amendement où il obtint une majorité équivoque, il donna sa démission et céda sa place aux whigs et à lord Grey. En Angleterre, comme tous les hommes politiques sont au-dessus de leur position, ils l'abandonnent sans regret, même pour un incident. Alors le duc de Wellington se plaça comme le chef du parti conservateur et des tories éclairés de la chambre des lords, à peu près comme M. Peel aux communes. *Conservateur* et *tory* signifient, en Angleterre, des hommes de valeur et de consistance, qui, touchant aux vieilles racines du sol, ne veulent pas qu'il s'ébranle ; magnifique situation pour les hommes d'état, parce qu'ils se posent comme une barrière à la tempête des partis !

En vertu du principe conservateur, le duc de Wellington fut opposé à la réforme qui frappait la vieille constitution anglaise. Il demeura dans la chambre des lords avec cette fermeté de principes; et lorsque, en 1833, la question continentale se brouilla une fois encore, le roi songea à constituer une nouvelle administration dont le duc de Wellington ferait partie. Mais avec un instinct admirable de la position, M. Peel fut placé à la tête du cabinet, et le noble duc n'eut qu'une position secondaire : on avait compris qu'un nom bourgeois, comme M. Peel, était plus en rapport avec la situation que celui du comte d'Aberdeen ou du duc de Wellington. Il résulta de là que le noble lord se trouva complétement effacé par M. Peel, et qu'il ne fut en quelque sorte placé dans ce cabinet que comme le représentant de la chambre des lords : s'il en fut la force et l'éclat, il n'en fut pas la base, comme l'a dit un écrivain politique d'Angleterre.

Le ministère Peel ne dura que quelque temps : le parti tory commit une faute en constituant ce cabinet éphémère, car rien ne perd les partis comme un essai sans résultat et une tentative sans victoire. Le duc de Wellington reprit son siége dans la chambre des lords, et il y parla sur les questions les plus importantes toujours avec gravité et mesure. Ce qui distingue le duc de Wellington, je le répète, c'est un sens droit et une raison éclairée qui domine tout. Son élocution est grave, et il est toujours écouté à la chambre des lords avec respect et attention. Sa vie intime est toute militaire ; il est entouré à Apsley-House des tableaux de toutes ses batailles, depuis l'Inde jusqu'à Waterloo. Sa campagne de prédilection est celle de Portugal et d'Espagne ; on dirait qu'elle se mêle à des souvenirs de jeunesse sous un ciel inspirateur. Le duc de Wellington aime les vieux amis et la société qui lui rappellent ses faits d'armes. Fort lié avec tout le corps diplomatique, il reçoit fastueusement avec l'éclat d'une immense fortune et la grandeur de l'aristocratie anglaise ; souvent il jette un regard d'amertume sur sa popularité passée, et plus d'une fois il montre les fenêtres de son palais grillées de fer pour éviter les pierres que le peuple jette quelquefois à travers ses glaces et ses brillantes dorures. « Quel contraste ! disait-il au comte Pozzo di Borgo en 1834. Souvenez-vous, mon cher ami, de ma popularité après Waterloo, et de mon entrée à Londres en 1815, et voyez l'état de disgrâce dans lequel je me trouve aujourd'hui vis-à-vis de ce peuple ! »

Le duc de Wellington aime qu'on le compare à Malborough et à Nelson, les deux héros de l'Angleterre ; mais il évite toute comparaison avec Napoléon ; car ces deux carrières militaires ne sont ni sur la même échelle ni dans la même proportion. Le duc de Wellington, général pour la défensive, sut toujours choisir une bonne position, reçut la bataille et la donna rarement ; toutes les fois qu'il voulut être hardi, il fut imprudent, et il ne se montra supérieur que pour la résistance. Napoléon, au contraire, est hardi et magnifique dans l'attaque ; ses plans sont habilement conçus, et résultent d'une illumination soudaine ; ils se modifient selon les chances diverses, grâce à son génie merveilleux ; mais au moindre revers Napoléon est abattu ; sa retraite est presque toujours une fuite : s'il attaque brillamment, il ne sait pas résister ; et en cela il personnifiait le génie militaire des Français depuis Crécy et Azincourt. Je dois répéter ce parallèle, parce qu'il est le seul possible entre l'empereur Napoléon et le duc de Wellington. Nelson fut le seul Anglais qui apporta dans la marine le génie que Napoléon jeta dans les guerres continentales. Il serait curieux de voir aujourd'hui l'empereur à l'âge du duc de Wellington, pour comparer ces deux grandes carrières à l'extrémité de la vie.

Depuis la révolution de 1830, il s'est développé une large et grande histoire des partis et des hommes d'état en Angleterre; on a vu passer tour à tour les wgihs et les tories : le comte Grey, lord Palmerston, M. Peel et le comte d'Aberdeen. On a pu dès lors se faire des idées plus justes sur le caractère des hommes et sur leur valeur personnelle : les tories sont revenus au pouvoir avec M. Peel et le comte d'Aberdeen. Le duc de Wellington n'a voulu accepter d'autre position qu'une sorte de patronage sur la chambre des lords.

Désormais un parallèle peut s'établir entre les whigs et les tories et leurs hommes les plus importants. Le comte Grey a laissé dans son ministère tout son bruit d'opposition pour n'être plus qu'un médiocre ministre à la tête du gouvernement. Lord Palmerston s'est manifesté bien vide dans sa fatuité, dans son libéralisme aventureux, de manière à perdre toute sa consistance en Angleterre. Les tories, au contraire, ont conservé deux hommes considérables, intacts dans leur renommée, M. Peel et le comte d'Aberdeen ; nul ne peut égaler le chef du cabinet tory dans sa manière nette et précise de parler des affaires, et le comte d'Aberdeen possède à un degré éminent une large connaissance des faits, une intelligence profonde des relations extérieures : ce qui est, au reste, le cachet et la supériorité du parti tory.

On s'est trompé généralement sur le duc de Wellington, en lui supposant des haines contre la France ; il a même, au contraire, des sympathies pour notre caractère national et notre histoire. Les tories, à un plus haut point que les whigs, sont persuadés que la prépondérance de la France est nécessaire dans l'équilibre européen, cherchant toutes les occasions d'en donner les preuves, et tristement affectés souvent des préjugés et des préventions qui existent au fond de notre caractère contre la politique de leur cabinet.

Le duc de Wellington, parvenu à un âge très avancé (74 ans), parle rarement à la chambre des lords, mais il le fait toujours avec une distinction parfaite ; sa parole a toute l'importance d'un homme d'état consommé, et cette vie, qui a commencé si jeune sous les climats chauds de l'Inde, a été déjà plusieurs fois menacée par quelques accidents, auxquels il a résisté, grâce à la force de son tempérament. Grand travailleur de tous les instants, il a lui-même surveillé les épreuves de cette correspondance qui le place non seulement au premier rang des écrivains stratégistes, mais encore à un degré fort élevé sur l'échelle des esprits d'ordre, de gouvernement et d'administration. Répétons-le, trois hommes résument hautement la vie du parti tory : M. Peel pour l'administration, le comte d'Aberdeen pour les relations extérieures, et le duc de Wellington pour l'éclat et la gloire militaire; ces trois hommes sont de vastes intelligences.

VI

LE DUC DE RICHELIEU

Parmi les admirables œuvres que le pinceau de Lawrence a créées, vous avez dû remarquer une tête mélancolique, au front haut et ombragé de quelques cheveux presque blancs déjà ; ses yeux sont doux et fins, son nez effilé, sa bouche un peu pincée, respirent la distinction ; à cinquante ans à peine, cette physionomie noble et simple porte quelque chose d'usé et je dirai presque de désabusé : il y a tout à la fois du gentilhomme français et de la haute noblesse russe, qui vivent si vite. Lawrence peignit cette tête un peu vague et limpide au congrès d'Aix-la-Chapelle. Celui qui posait devant lui avait été, enfant, comte de Chinon ; il fut, jeune homme, duc de Fronsac, puis enfin duc de Richelieu, par la tradition et la succession de famille.

Les systèmes politiques de toutes les époques se personnifient dans certains hommes d'état qui en deviennent la pensée. Depuis le dix-huitième siècle, la France a toujours été placée entre deux intérêts prépondérants : 1° L'alliance anglaise, introduite pendant la régence, glorieusement brisée sous Louis XV à Fontenoy, puis reprise par les traités de 1783 et de 1785, rompue encore avec mépris et violence, en 1793, par la convention, un moment renouvelée, en 1814, par l'influence de M. de Talleyrand, puis tombant devant l'autorité personnelle de l'empereur Alexandre, rétablie enfin instantanément par le faible traité de 1833 entre la France, l'Angleterre, l'Espagne et le Portugal.

2° L'alliance russe, plus moderne et toute naturelle à la France ; essayée, sous Louis XVI, par l'ambassade de M. de Ségur, restaurée par Napoléon à Erfurth, jusqu'à la désastreuse campagne de Moscou, reprise en 1815, et soutenue par les ministères de MM. de Richelieu en 1816 et de La Ferronnays en 1828, jusqu'à ce que M. de Polignac rentrât sous l'idée anglaise. Après la révolution de juillet, on reprit les errements diplomatiques de M. de Polignac ; seulement ce que le ministre de Charles X avait tenté avec les tories, M. de Talleyrand l'essaya avec les whigs. Telle fut la seule, l'unique différence.

C'est comme personnification de l'alliance russe que je vais écrire la vie du duc de Richelieu, et la suivre à travers ses développements depuis l'époque de la restauration, époque fort importante dans l'histoire diplomatique, car nous vivons avec les traités de 1814 et de 1815. Les congrès de Vienne, d'Aix-la-Chapelle, de Troppau et de Laybach, forment la base de nos rapports avec l'Europe.

Armand-Emmanuel du Plessis, duc de Richelieu, connu, jeune homme, sous le nom de comte de Chinon, naquit à Paris le 25 septembre 1766 ; son père était le duc de Fronsac, fils de ce maréchal de Richelieu, vieillard à la coquetterie effrontée, railleuse et qui reflète le dix-huitième siècle ; sa mère était issue des Hautefort. Tout Paris était plein de fondations du grand cardinal, son ancêtre, qui le couvrait de sa robe de pourpre. Le comte de Chinon fit ses premières études au collége du Plessis (création de Richelieu); il obtint quelques succès au collége, surtout dans l'étude des langues de l'Europe ; il parvint à parler avec facilité l'allemand, l'anglais et l'italien ; et, plus tard, la langue russe devint familière au jeune comte de Chinon comme le français même. A quatorze ans, il épousa une fille des Rochechouart, noble lignée ! Voyez ce petit comte et cette femme mignonne de treize ans voyageant pendant quelques années, selon l'habitude des gentilshommes. Le comte de Chinon visita l'Italie, la terre des arts, saluant les œuvres des grands maîtres et les antiques cités. Quand éclatèrent nos premiers troubles civils, le gentilhomme n'hésita point à offrir ses services à la royauté : au 5 octobre 1791, le comte de Chinon courut seul à pied à Versailles, et, traversant tout ce groupe d'hommes et de femmes déguenillés,

Grand Monsieur, depuis Louis XVIII, fit un appel aux gentilshommes pour servir le drapeau blanc, le duc de Richelieu crut se joindre à l'armée qui combattait pour la vieille couronne de France ; après l'issue malheureuse de la campagne de 1792, le prince de Condé sollicita un asile dans les états de l'impératrice pour les Français exilés. Catherine envoya le duc de Richelieu auprès du prince pour concerter l'exécution du plan de la colonie qu'on voulait former sur les bords de la mer d'Azof, toute composée de gentilshommes ; et cette pensée ne fut pas inutile à la grande fondation d'Odessa. Dans cette crise de guerre, qui pouvait concevoir et suivre encore un projet d'administration régulière?

Au siège de Valenciennes par les armées coalisées, le duc de Richelieu commandait une compagnie noble. Il y avait de la gloire, de l'honneur, dans cette émigration qui suivait le drapeau blanc, comme leurs ancêtres avaient suivi la bannière de Henri IV : ne les jugeons pas avec nos petits préjugés. Quand la république triomphante eut reconquis ses frontières, le duc de Richelieu retourna en Russie et devint colonel d'un régiment de cuirassiers. L'empereur Paul régnait alors : ce caractère âpre et rude punit le duc de Richelieu de son dévouement personnel pour le czarewitch Alexandre, et son régiment lui fut ôté, il reçut même l'injonction de ne pas se présenter à Pétersbourg ; le czar Paul aimait le dévouement personnel avec son égoïsme d'empereur. Exilé de la cour, aurons-nous besoin de dire qu'après l'avénement d'Alexandre le duc de Richelieu reprit son grade avec la faveur du nouveau souverain? Cette première confiance de l'empereur de Russie servit admirablement la France dans les tristes événements de 1815. Dès cette époque, le duc de Richelieu comprit toute l'importance d'une alliance de la Russie et de la France, dont les intérêts se touchent continuellement sans se heurter jamais ; mais était-il possible encore de rêver le retour de la vieille dynastie !

La paix rétablie avec la Russie (1801), le duc en profita pour revoir la France et recouvrer les débris de l'énorme fortune de ses ancêtres, et cela dans l'unique but de s'acquitter avec les créanciers de son père et de son aïeul, qui avaient grevé leur patrimoine par de folles prodigalités : il leur abandonna tous ses droits et ne conserva rien de l'héritage immense. Noble caractère ! M. de Richelieu, premier ministre de Louis XVIII, le petit-neveu du grand cardinal, ne possédait pas personnellement plus de 20,000 francs de revenus.

Bonaparte était dans toute la majesté de son consulat, quand le nom rayonnant du duc de Richelieu lui fut présenté ; le consul, amoureux de toutes les gloires historiques, admirateur du ministre au gantelet de fer, lui offrit de prendre du service dans ses armées. Le duc refusa obstinément : faut-il lui en faire un reproche ? Il était gentilhomme, vivement attaché à la maison des Bourbons, il ne voulait combattre en France que pour son drapeau. Obligé de quitter immédiatement Paris, le duc de Richelieu vint rejoindre l'empereur Alexandre, qui lui confia une rude tâche dans l'administration des provinces méridionales de son vaste empire. Les ravages de la guerre avaient converti en déserts incultes toutes les provinces qui avoisinent la mer Noire, et la barbare ignorance des musulmans n'était pas capable de les réparer. Les vieilles colonies romaines des Palus-Méotides n'existaient plus que de nom, il fallait en peuplant ce désert y ramener la civilisation européenne par une surveillance féconde, attentive. Au commencement de 1803, le duc de Richelieu fut nommé gouverneur d'Odessa, puis appelé à l'administration générale de la nouvelle Russie, climat doux, sorte d'Italie sans arts, sans culture. Aucun établissement n'était achevé, on y comptait à peine, répartie dans une ville considérable, 5,000 habitants. Maître absolu du pouvoir, M. de Richelieu n'hésita devant aucune amélioration, alors même qu'elles froissaient les vieilles coutumes, les intérêts égoistes : c'est toujours à l'aide de ce pouvoir absolu que les grandes choses ont été faites! Tout sembla rajeunir : le commerce, débarrassé d'entraves, prit l'essor le plus rapide; à Odessa, la population avait décuplé. L'administration du gouverneur s'étendait des vastes contrées du Dniester au Kouban et au mont Caucase. Plus de cent villages peuplés par des colons étrangers, anabaptistes allemands, donnèrent l'exemple des pratiques les plus éclairées de l'agriculture; d'immenses champs de blés déployèrent leurs ondulations verdoyantes au milieu des plaines qui naguère offraient à peine aux Tartares quelques herbages pour leurs troupeaux.

Il fallut établir une sorte de système féodal pour défendre le pays contre les invasions des Circassiens au casque d'or, à la cuirasse de chevalier du temps des croisades ; le duc de Richelieu devint le chef militaire de la colonie ; il avait du courage, du dévouement, un désir de gloire. Les établissements de la mer Noire ne pouvaient réussir avec grandeur qu'après la soumission de la Circassie au système russe, conquête que le cabinet de Saint-Pétersbourg accomplit aujourd'hui.

Plusieurs fois, pour mettre un terme aux déprédations des Circassiens, le duc de Richelieu fut obligé de pénétrer dans leurs montagnes à la tête de quelques régiments russes, afin de les contenir et de les dominer. Le noble duc ne négligea rien pour étendre dans ces pays barbares les bienfaits de la société européenne; plusieurs jeunes Circassiens, que le cours des événements et les triomphes de la guerre avaient mis entre ses mains, furent élevés sous ses yeux, instruits dans nos arts, façonnés à nos mœurs; ils retournèrent au milieu de leurs compatriotes, dont ils commencèrent à adoucir les habitudes : telle était un peu la coutume des Romains à l'égard des nations vaincues. Cette administration si active se manifestait au milieu de la peste qui dépeupla Odessa en 1813. Le duc de Richelieu déploya la fermeté d'une administration active; il fut plus d'une fois obligé de recourir à la force militaire qui se confond toujours dans le gouvernement russe avec l'administration civile. Il faut visiter Odessa pour voir tout ce qu'il a produit; le duc semblait avoir hérité du génie créateur du cardinal.

Bientôt une carrière nouvelle s'ouvrit devant lui. Les

événements de 1814 avaient amené la restauration des Bourbons. L'influence de l'empereur Alexandre avait été dominante sur les actes du sénat qui préparèrent la chute de Napoléon. Le roi Louis XVIII, prince à l'esprit susceptible, et très formaliste dans ses manières, avait peu de goût pour le duc de Richelieu; il ne lui pardonnait pas d'avoir préféré un grade en Russie à la dignité de serviteur auprès de sa personne exilée; néanmoins il rendit au nom de Richelieu la pairie et sa fonction de premier gentilhomme. Le duc, en dehors des événements politiques pendant la première restauration, étudia l'esprit nouveau de la patrie après tant de discordes civiles; il savait assez la situation pour comprendre que les événements modifient le caractère avec une force irrésistible : quand on veut terminer les révolutions, il faut faire des concessions incessantes aux hommes et aux choses, et subir d'inflexibles nécessités; elles coûtent sans doute; mais la couronne d'épines n'est-elle pas pour tous?

Étranger aux négociations de 1814, tout entières aux mains de M. de Talleyrand, le duc de Richelieu passa la première restauration à se reconnaître, pour ainsi dire, dans sa patrie : il l'avait quittée jeune homme; depuis que d'événements, que d'existences nouvelles! La propriété envahie, les châteaux de ses pères pillés! Plus de foyer domestique; les ossements mêmes dispersés, et avec cela une société révolutionnaire qui épiait jusqu'aux larmes des victimes! Le 20 mars fut la fatale réaction de l'esprit du soldat et de la haine démocratique contre de nobles infortunes. M. de Richelieu s'exila une fois encore avec la vieille bannière de France.

A son second retour, Louis XVIII forma un ministère présidé par M. de Talleyrand, sous l'influence de l'idée anglaise ; toutefois, le chef de ce cabinet comprit que la Russie devait exercer une puissante action dans les négociations relatives à la France, et il proposa M. le duc de Richelieu pour ministre de la maison du roi, dans la pensée que ce choix serait favorablement accueilli par l'empereur Alexandre. Le duc de Richelieu n'accepta point, excipant de sa répugnance profonde pour siéger à côté du régicide Fouché ; il savait au reste que l'empereur Alexandre voyait avec déplaisir un ministère tout anglais, conçu sous l'ascendant du duc de Wellington. J'ai dit les causes de la chute du ministère de M. de Talleyrand. Quand il fut dissous, Louis XVIII pensa que l'influence russe pouvait seule nous assurer un allégement aux charges pesantes de l'invasion, car le czar était la seule partie désintéressée : il faut lire à cette époque la correspondance diplomatique de lord Castlereagh et des puissances allemandes, pour se convaincre des dures conditions qu'imposaient les alliés. Les puissances avaient fait connaître leurs prétentions accablantes, leur déplorable ultimatum ; la négociation ne faisait aucun progrès, tandis que l'état du pays s'aggravait à chaque instant par la présence d'un million d'étrangers. Ce fut pour obtenir l'appui tout-puissant de l'empereur de Russie que le roi nomma le duc de Richelieu ministre des affaires étrangères et président du conseil, pesant et double fardeau qu'on posait sur son front.

Toutefois, personne n'était mieux placé que le noble duc de Richelieu pour hâter la conclusion du traité ; personne n'avait plus de motifs pour se flatter d'en modérer la rigueur. Le czar devait avoir pleine confiance dans le digne gouverneur d'Odessa, sans se dissimuler que la France avait peu d'appui à espérer de voisins trop longtemps irrités par le poids de sa puissance ; la Russie seule n'avait rien à lui demander, et elle avait même à l'appuyer comme sa fidèle alliée au midi. Cette position, le duc de Richelieu l'avait si bien sentie, qu'il put remontrer au czar que tout ce que la France perdrait en puissance servirait à accroître la force et l'importance de ses rivales, et à créer la supériorité de l'Autriche et de la Prusse. Alexandre avait des dispositions bienveillantes, et c'est en les développant que le duc de Richelieu put accomplir la tâche immense qui lui était imposée. Il est nécessaire de se reporter à cet affligeant tableau de l'invasion en 1815 : 700,000 soldats couvraient notre sol ; les populations germaniques étaient profondément irritées ; on achevait de l'autre côté de la Loire de dissoudre avec peine les restes de l'armée, séditieuse, désordonnée ; le trésor était vide et le cours des contributions interrompu par un long abus de la force : ne fallait-il pas une puissante énergie pour lutter contre cette situation désastreuse ? Dans le temps calme, la diplomatie est un jeu d'adresse et d'esprit, un échange poli de quelques généralités politiques et de quelques desseins d'avenir; mais quand on se rappelle la capitale occupée par un ennemi impérieux, vindicatif, que pouvait-on espérer de la magnanimité des vainqueurs, longtemps humiliés et abaissés par la domination française?

Sous ces effrayants auspices, la suite de la négociation fut remise au duc de Richelieu; c'était au moment décisif où après de vives discussions, les plénipotentiaires des quatre grandes puissances venaient de se mettre d'accord sur les sacrifices à demander impérativement à la France. Les projets les plus désastreux furent soutenus par l'Angleterre, l'Autriche et la Prusse; les alliés avaient résumé leurs demandes en quatre points : la cession d'un territoire comprenant les places de Condé, Philippeville, Marienbourg, Givet, Charlemont, Sarrelouis, Landau et les forts de Joux et de l'Écluse; la démolition des fortifications d'Huningue; le payement d'une indemnité de huit cent millions; l'occupation, pendant sept ans, d'une ligne le long des frontières par une armée de 150,000 hommes, entretenus aux frais de la France. L'Angleterre insistait surtout pour que la ligne des forteresses au Nord fût tellement restreinte, que Dunkerque en fût le dernier point. On refaisait la France de Henri IV; un parti, né au milieu de cette énergie nationale qui souleva l'Allemagne contre Napoléon, n'avait pas douté que l'Alsace et la Lorraine ne dussent être réunies à la confédération germanique. Déjà la carte qui représentait la France dépouillée de ces belles provinces était dessinée par les géographes allemands, et cette carte est restée comme un monument glorieux dans la famille du duc de Richelieu.

Profondément affecté de ces résolutions, le ministre rédigea pour l'empereur Alexandre un mémoire développé avec l'énergique conscience d'un homme de bien : « La France, disait le noble duc, en recouvrant ses rois, devait retrouver le territoire qu'ils avaient gouverné ; sans cela toute restauration serait imparfaite. » Le ministre peignait, avec la chaleur de la conviction, le désespoir d'un grand peuple et les effets qu'on pouvait en redouter pour l'avenir : au premier signal, la France tirerait l'épée. Cette note fit une vive impression sur l'esprit d'Alexandre, et s'il ne fut pas possible d'en faire adopter absolument les bases générales, au moins le duc de Richelieu obtint-il que les places importantes de Condé, de Givet et de Charlemont, les forts de Joux et de l'Écluse, ne seraient point compris dans les cessions territoriales ; l'indemnité pécuniaire fut diminuée de cent millions, et l'occupation, réduite à cinq ans, pourrait finir même au bout de trois. Ce fut le 20 novembre 1815 qu'il signa ce traité mémorable, et il reste encore du duc de Richelieu un éclatant témoignage de la tristesse qui s'empara alors de son cœur ; il avait obtenu de nobles et beaux résultats pour la patrie ; mais il portait le nom de Richelieu, et petit-neveu du grand cardinal qui avait tant accru la monarchie, il souffrait d'en voir détacher la moindre parcelle. Le discours qu'il prononça, cinq jours après, en communiquant ce traité aux chambres, est empreint d'une patriotique douleur et d'une belle résignation. On sentait, en l'écoutant, que le négociateur n'avait cédé, que parce que la nécessité était inflexible et les vainqueurs inexorables.

Les soins d'une négociation aussi immense n'avaient pas fait négliger au duc de Richelieu l'administration intérieure, et pendant que les chambres donnaient au gouvernement les moyens extraordinaires qu'exigeait la répression du vieux et bruyant libéralisme, le ministère décidait de justes et solennelles poursuites contre ceux qui, en favorisant le retour de Bonaparte, avaient préparé les malheurs de la patrie, et autorisé de terribles représailles. Ici se présente le fatal procès du maréchal Ney : aujourd'hui que les idées politiques sont plus nettes et que nous sommes sortis de la déclamation, on s'explique le motif de cet immense débat : le maréchal Ney avait été traduit devant un conseil de guerre, par une ordonnance signée sous le ministère de MM. de Talleyrand et Fouché ; ce conseil s'étant déclaré incompétent, le maréchal dut être jugé par la cour des pairs ; c'était l'ordre naturel des juridictions. Le duc de Richelieu porta, le 11 novembre 1815, à la chambre, l'ordonnance royale qui la constituait en cour de justice, et encore plein des douloureux sacrifices imposés à la patrie, il s'exprima avec fermeté contre les auteurs de la révolution des Cent-Jours : n'étaient-ce pas tous ces gens-là qui avaient amené un million d'étrangers sur notre sol ? Après la condamnation du maréchal, le duc de Richelieu, envieux de calmer les passions dans sa patrie, présenta aux chambres un projet d'amnistie générale, sans autres exceptions que les noms compris dans la liste dressée par M. Fouché. Aux temps agités, les partis vont toujours au-delà des gouvernements, et sur ce projet, la chambre de 1815 établit son système de catégories : les régicides furent bannis du royaume contre l'opinion personnelle de Louis XVIII. Dans le cours de la discussion, il fut proposé de confisquer les biens des bannis et des condamnés ; M. de Richelieu repoussa cette mesure : « Les confiscations, dit-il, rendent irréparables les maux des révolutions. » Et avec combien de générosité le duc de Richelieu ne s'exprimait-il pas alors, lui qui avait perdu tous les biens de sa famille par la plus implacable confiscation !

Ici commence la belle partie de la vie du duc de Richelieu : le noble but qu'il s'était proposé, c'était la délivrance de la France envahie, accablée par l'étranger. La situation du royaume faisait naître des inquiétudes : il fallait avoir une armée pour mettre un poids dans la balance de l'Europe, et remplir enfin les dures conditions du traité de 1815. Pour rassurer les cabinets, le duc de Richelieu leur faisait entendre que les divisions qui s'élevaient dans les chambres étaient l'agitation naturelle du gouvernement représentatif. On doit se rappeler les tristes années 1816 et 1817, la cherté des grains, la famine et la révolte en plusieurs provinces, l'occupation des places fortes de la France par 150,000 baïonnettes et une contribution de guerre de 15 millions par mois.

Au milieu de ces tristesses, le duc de Richelieu proposa de diminuer l'armée étrangère, négociation qui ouvrait la route à un plus grand résultat. Le 14 février 1817, il vint annoncer aux chambres que 30,000 hommes allaient repasser la frontière, que la dépense de l'armée d'occupation serait diminuée de 50 millions, et cet allégement était dû à son administration réparatrice et aux efforts de cette France si féconde en ressources. Je ne sache pas dans l'histoire des années plus difficiles à traverser que cette époque de 1815 à 1817 : invasion armée, famine, partis ardents, factions en armes, et avec cela une gêne immense dans l'ensemble et les détails de l'administration, et une patrie dont il fallait sauver les anciennes frontières !

L'armée d'occupation une fois diminuée, il fut indispensable de recourir au recrutement forcé pour assurer l'indépendance et la dignité du pays. A l'ouverture de la session de 1817, la loi des recrutements fut proposée et adoptée comme un système militaire complet, et cette loi existe encore dans ses bases. C'est à ce moment que se forma la liaison intime de M. le duc de Richelieu avec deux hommes de capacité qui restèrent fidèles à sa mémoire; et qu'il me soit permis ici de rendre un dernier hommage à ces deux hommes, MM. de Rayneval et Mounier, jeunes alors, et morts aujourd'hui, car la vie publique, quand on a des entrailles, s'use vite. M. Gérard de Rayneval était d'une antique famille de diplomates qui datait, aux affaires étrangères, du ministère de M. de Vergennes et du traité avec les États-Unis. M. Mounier, jeté jeune homme comme M. de Barante dans l'administration de l'empire, secrétaire du cabinet, joignait un esprit vif, pénétrant à une immense érudition. Le duc de Richelieu se prit pour eux d'une amitié égale à sa confiance ; il aimait l'honneur, la probité, et quelle plus haute probité que celle de deux hommes restés purs, intacts, pauvres même, au milieu des liquidations de 1,700 millions de créances étrangères ?

En signant la paix de 1814, les gouvernements avaient déclaré éteintes toutes leurs dettes réciproques ; mais en renonçant aux droits du fisc, on réserva ceux des particuliers si violemment atteints par les guerres de la révolution et de l'empire. Quand l'Europe dicta le traité du 20 novembre 1815 si implacable, les réclamations vinrent de tous côtés : on stipula que les payements seraient effectués par des inscriptions sur le grand-livre ; neuf millions de rentes furent d'abord affectés à cette destination. Le terme pour les réclamations n'expirait que le 28 février 1817, et faut-il le dire ? le total s'en éleva à un milliard 600 millions, somme fabuleuse, qui dépassait la valeur de deux budgets de la France. C'était à se désespérer, d'autant plus que chacun voulait son payement intégral : que faire au milieu de tant d'exigences ? La Russie se trouvait placée de manière à jouer naturellement le rôle de médiatrice, car elle avait peu à réclamer ; l'empereur Alexandre, convaincu que si la négociation n'était pas dirigée par un modérateur commun, elle échouerait au milieu de la divergence des vues et des prétentions, proposa de confier cette mission, comme je l'ai dit déjà, au duc de Wellington, en faisant ainsi une sorte d'appel à sa générosité.

Le médiateur, dirigé par M. Mounier (1), après des retranchements inouïs, fixa à 16 millions 40 mille francs de rentes la somme destinée aux payements des dettes de la France envers les particuliers. A quelles épreuves difficiles le crédit public de la restauration ne fut-il pas exposé aux époques de nos malheurs trop oubliés aujourd'hui ! Le duc de Richelieu avait reconnu de bonne heure qu'un système d'emprunt bien dirigé offrait seul le moyen de satisfaire tout d'un coup aux obligations du traité. Le crédit du gouvernement sous Napoléon était nul ; trop de violations de la foi publique, trop d'actes arbitraires, avaient anéanti la confiance, car la révolution et l'empire n'étaient que l'abus de la force ! Les événements de 1814 et de 1815 avaient forcé d'élever les rentes inscrites à 126 millions : le gouvernement pouvait-il encore emprunter ? Aucune maison française ne s'était présentée avec des capitaux suffisants pour opérer sur une si vaste échelle, tant elles avaient peur de s'aventurer ! M. de Richelieu aperçut dans le choix de prêteurs étrangers l'avantage de faire concourir les capitaux de l'Europe entière, et d'accomplir notre

---

(1) Le duc de Wellington avait gardé une grande et belle estime pour M. Mounier ; elle aida ce dernier et le seconda dans sa dernière mission en Angleterre, en 1841.

libération par un simple revirement de place. Les ressources du crédit furent trouvées dans les opulentes maisons Hope et Baring, et pour préparer le départ des étrangers, le ministre obtint que les souverains, signataires du traité de 1815, se réuniraient à Aix-la-Chapelle, pour examiner si l'occupation finirait au bout de trois années, ou si elle serait prolongée à cinq ans, comme le traité en laissait l'alternative.

Cette proposition acceptée, le congrès se réunit le 26 septembre 1818. Les obstacles étaient déjà presque entièrement levés par les vues pacifiques de la Russie qui avaient dominé la Prusse et l'Angleterre. Dès le 2 octobre, l'évacuation des provinces françaises fut décidée, et les dernières traces de l'invasion disparurent; le duc de Richelieu obtint encore une réduction sur la partie de l'indemnité que la France n'avait point acquittée. Qui ne se souvient de la joie orgueilleuse et naïve du duc de Richelieu à son retour? La France n'était plus une nation occupée par l'Europe, mais un gouvernement admis dans l'ordre et la hiérarchie des nations, avec sa grandeur, sa liberté, son indépendance! On ne rend pas assez de justice aux hommes d'état qui restituent à un pays sa prépondérance et sa dignité : l'histoire vulgaire n'élève que ceux qui démolissent.

Cependant une autre crise se préparait : le cours des effets publics, par l'effet de spéculations exagérées, s'était élevé à un taux exorbitant; en 1818, il baissa rapidement, et les alliés pouvaient abîmer le crédit en jetant sur la place les rentes qu'on leur avait données comme payement de subsides. La parole du duc de Richelieu suffit pour obtenir que les délais fixés pour les payements à faire aux puissances seraient doublés; et comme les embarras de la Bourse continuèrent, il obtint encore que cent millions en inscriptions de rentes, qui étaient entrés dans les payements, fussent restitués et remplacés par des bons du Trésor à échéance de dix-huit mois.

Tel fut le terme de la belle négociation du duc de Richelieu avec l'étranger: il avait atteint le but de sa vie. A quel point de désastre et de malheur il avait pris la France! 700,000 étrangers, des contributions de toute espèce, le pays mis au ban de l'Europe! Eh bien! ce pays, il le rendait à sa liberté; il avait organisé l'armée et fondé le crédit; il avait réconcilié la France avec le monde. Avant d'atteindre ce grand résultat, le duc de Richelieu avait fréquemment déclaré à ses amis que lorsque le crédit personnel dont il jouissait auprès des souverains étrangers ne serait plus nécessaire, il descendrait du poste qu'il avait été contraint d'accepter, pour rentrer dans la vie privée; en conséquence, il offrit sa démission qui ne fut point acceptée. Le vieil esprit libéral se réveillait pour conquérir la victoire; beaucoup d'hommes sans autre capacité que le parlage politique avaient cherché à s'emparer des élections; le résultat des opérations de plusieurs colléges électoraux excita l'inquiétude des amis du gouvernement: M. de Richelieu dut rester aux affaires ; il revint à Paris pour concerter les mesures qu'exigeaient les circonstances.

Le cabinet était d'accord sur la nécessité d'opposer une digue au torrent des opinions démocratiques; toutefois le système électoral devint la source de graves dissentiments. Le duc de Richelieu, vivement affecté de la division qui éclatait au conseil, entre lui, M. Decaze et le maréchal Gouvion-Saint-Cyr, revint à son projet de retraite ; tous les ministres donnèrent leur démission avec une simultanéité remarquable. Chose triste à dire ! l'homme d'état qui avait si puissamment contribué à délivrer le territoire de l'occupation étrangère, fut obligé de se retirer devant de petites combinaisons de chambres et de politique étroite. M. de Richelieu ne comprenait pas le système électoral dans les mêmes combinaisons que le vieux libéralisme, et il remit son portefeuille au général Dessole.

De toutes les grandes affaires à travers lesquelles M. de Richelieu avait passé, il n'avait rapporté qu'une honorable pauvreté, et Louis XVIII conféra au ministre démissionnaire le titre de grand veneur, comme il avait aussi accordé le titre de grand chambellan à M. de Talleyrand après ses services de 1814. Les chambres néanmoins comprirent que le pays devait récompenser le négociateur d'Aix-la-Chapelle, et M. de Lally demanda que le roi fût supplié d'accorder au duc de Richelieu une récompense nationale. La même proposition fut faite dans l'autre chambre, au moment même où dans une lettre de M. le duc de Richelieu il déclarait au président des députés qu'il serait fier d'un témoignage de bienveillance donné par le roi avec le concours des deux chambres; mais que, comme il s'agissait de lui décerner aux frais de l'État une récompense nationale, il ne pouvait se résoudre à voir ajouter, à cause de lui, quelque chose aux charges qui pesaient sur la nation. Tout le monde savait que le duc de Richelieu était sans fortune et n'avait pour tout bien que le traitement de grand veneur. Il y eut bien des petitesses dans la chambre des députés, quand il s'agit de fixer un majorat de 50,000 francs de revenu à l'héritier du nom de Richelieu, au ministre qui avait obtenu la libération du territoire : est-ce que les assemblées savent faire quelque chose de grand, si ce n'est au profit des passions qu'elles servent? On changea ce majorat en une pension viagère; le duc accepta cette récompense de ses services, par déférence pour la volonté du roi; mais il en consacra le produit tout entier à la fondation d'un hospice dans la ville de Bordeaux : telle était la générosité personnelle du duc de Richelieu, qui voulut se consacrer tout entier désormais à la vie privée.

Hélas! son rôle politique n'était point fini : le ministère Decaze, de toutes parts débordé par le vieux libéralisme, n'en pouvait plus; on exploitait la loi des élections contre le gouvernement; les concessions succédaient aux concessions; le duc de Richelieu fut appelé à un conseil extraordinaire présidé par le roi en personne, afin d'aviser sur les périls de la situation. Le forfait de Louvel avait plongé la France dans la douleur et l'effroi. M. Decaze, abandonné par le côté gauche des chambres, qui défendait la loi du 5 février 1817, repoussé par les royalistes, qui lui reprochaient de n'avoir point accueilli la proposition du marquis Barthélemy, donna enfin sa démission, et dans ces circonstances, le roi appela, pour la seconde fois, M. de Richelieu à la direction des affaires. Le duc ne céda qu'aux plus vives instances, car la situation était triste, le pays dans l'alarme, l'irritation des partis à son comble. L'administration précédente avait proposé un système électoral mal accueilli dans toutes les parties de la chambre ; elle avait demandé des lois pour armer le gouvernement de pouvoirs extraordinaires ; aucune majorité n'était encore formée, et le ministère ignorait si ces lois surmonteraient la redoutable opposition. Au dehors, l'Europe était effrayée, et il fallait la rassurer. On pourvut à tout, à la suite d'une longue et pénible discussion ; les chambres votèrent les lois exceptionnelles.

Mais alors qui pouvait calmer les esprits ? où était la main assez ferme pour arrêter les mauvaises tendances de la société ? L'éducation de la France avait été faussée depuis la révolution de 1789 ; on était pressé, entouré par de mauvaises idées et d'effroyables systèmes ; les partis se crurent assez forts pour conspirer tout haut et intimider le gouvernement par l'émeute. Des rassemblements séditieux se groupèrent avec des intentions de bouleversements politiques ; la moindre hésitation pouvait faire naître d'affreuses calamités.

Le conseil des ministres chargea le maréchal Macdonald du commandement de Paris; on déploya un appareil militaire formidable, et l'on obtint la preuve d'un complot qui s'étendait à des noms depuis exaltés dans une autre révolution. Pendant dix jours que dura cet état de trouble, on n'eut à regretter que la vie de deux perturbateurs. Depuis que les idées de gouvernement sont plus avancées, on s'étonnerait de lire les déclamations du vieux libéralisme contre les mesures indispensables à la sûreté publique. Tout gouvernement doit se défendre; n'est-ce pas son droit?

L'aspect de l'Europe devenait inquiétant! la révolte de l'armée espagnole à l'île de Léon avait eu pour écho le soulèvement de l'armée napolitaine; le Portugal devait bientôt les suivre; les factieux crurent que cet exemple serait facilement imité par l'armée de France, et c'est vers elle qu'ils dirigèrent leurs efforts. Après avoir bouleversé tous les liens de l'ordre civil, la révolution voulait ébranler les devoirs de l'obéissance chez le soldat. Presque dans tous les corps, les officiers se montrèrent loyalement décidés à tenir leurs serments; quelques-uns seulement ne surent pas résister; une conspiration fut tramée dans plusieurs régiments à Paris; les ramifications s'étendaient sur divers points militaires, et la conjuration devait éclater le 20 août 1820 dans les casernes. Le conseil des ministres décida, sur la proposition de M. Mounier, alors directeur général de la police, que les conspirateurs seraient arrêtés avant qu'ils eussent pris un étendard et proclamé l'insurrection. Les chefs de cette conjuration militaire sont aujourd'hui connus ; quelques-uns même ont été récompensés. Ainsi qu'à toutes les époques, le complot fut nié par les partis; la chambre des pairs se montra indulgente comme les pouvoirs d'expérience et de capacité quand il n'y a pas nécessité indispensable de sévir, et le gouvernement aima mieux beaucoup pardonner, beaucoup oublier, que d'avoir à verser le sang.

Les élections de 1820, accomplies sous l'heureuse impression de la naissance de M. le duc de Bordeaux, donnèrent à la chambre un côté droit, fort et compacte. MM. de Villèle et Corbière s'en étaient posés comme les chefs, et naturellement ils devaient entourer le duc de Richelieu. Mais, au commencement de la session, des nuages se formèrent : le côté droit des chambres avait jusqu'ici combattu avec le ministère et triomphé avec lui ; par une conséquence naturelle, il réclamait une participation directe à l'administration. Des négociations furent entamées avec la droite ; le duc de Richelieu ne voulut éloigner du conseil aucun de ceux qui avaient jusqu'alors gouverné avec lui et sauvé la monarchie de ses périls ; toutefois, deux seulement des députés les plus marquants dans le côté droit (MM. de Villèle et Corbière) furent appelés au cabinet avec le titre de ministres secrétaires d'état. M. Lainé, un des hommes dont le caractère probe et élevé avait le plus vivement frappé M. le duc de Richelieu, fit également partie de cette administration.

Le principe politique de ce ministère remanié fut la réunion du centre droit et de la droite dans un vote commun ; la session ainsi dirigée fut longue et pénible, et ce n'est qu'à la fin d'un vif et puissant débat, que le duc de Richelieu put mettre à exécution l'idée féconde d'un système étendu de canaux tel que depuis il a été compris. M. de Richelieu formula son dessein d'appeler les capitalistes à concourir à ces vastes travaux ; à cette époque, la masse des capitaux s'était jetée sur les fonds publics et les entreprises industrielles n'avaient aucune popularité : l'on rencontra beaucoup d'obstacles qui furent surmontés par une volonté ferme et décidée.

L'ordre régnait dans toutes les parties de l'administration ; les entraves, qu'un système de centralisation poussé à l'exès avait mises à l'action des autorités municipales, furent levées ; dans les finances, la concurrence la plus illimitée fut appelée, pour la première fois, à la vente des rentes, et le cours des effets publics s'éleva au plus haut degré. Dans sa politique extérieure, le duc de Richelieu ne cessa pas un moment de développer le système de l'alliance russe, moins encore par souvenir et affection pour l'empereur Alexandre, que par ce principe constamment émis dans toute la correspondance du duc de Richelieu, à savoir : que l'alliance russe était profitable à la France, parce qu'elle était désintéressée. En effet, que pouvait nous demander la Russie ? Par quel point nous touchait-elle ? Le commerce avec elle ne peut jamais être qu'un échange égal : son industrie ne vaut pas la nôtre; elle a besoin de nos vins, de nos modes, de nos manufactures ; nous avons besoin de ses bois, de son cuivre, de ses fers ; ses flottes ne peuvent nous dominer, ses frontières ne nous atteignent par aucun côté ; son influence nous est utile ; tandis que l'alliance anglaise contrarie les desseins et les intérêts de la France dans toutes les questions décisives. Le système de M. de Richelieu fut repris par M. de Laferronays en 1828.

Sous le deuxième ministère du duc de Richelieu, les grandes puissances se réunirent à Laybach pour arrêter un vaste projet de répression contre la révolte armée. Le cabinet du duc de Richelieu était décidé à tenir fortement contre tous les troubles qui venaient déranger la paix publique. L'Orient aussi s'était agitée : les Grecs avaient relevé l'étendard de la croix ; la Russie, qui, sous Catherine, avait secondé l'émancipation des Hellènes, avait alors trop de préoccupation pour suivre ce système. La France décida l'envoi dans les mers de la Grèce de forces navales qui durent protéger efficacement le commerce, et, dans une neutralité généreuse, elles portèrent des secours à tous ceux qui imploraient le pavillon français. Tout occupé des relations à l'extérieur, le cabinet Richelieu fut menacé dans son propre système ; sa combinaison parlementaire très faible reposait sur un faux élément de chambre ; le ministère ne vivait que par le côté droit, et ce côté, avec ses chefs MM. de Villèle et Corbière, devait tôt ou tard diriger les affaires, parce que la majorité était à eux ; la gauche et la droite étaient séparées du cabinet, et cette droite se montrait impatiente d'obtenir le pouvoir.

Ces deux fractions de la chambre voulurent en finir par un coup d'éclat ; la réponse au discours de la couronne, en 1821, devint le champ de bataille des grandes passions politiques. La commission, dominée par la droite, insista pour que, dans le projet présenté à la chambre, on insérât la phrase suivante : « Nous vous félicitons, sire, de vos relations amicales avec les puissances étrangères, dans la juste confiance qu'une paix si précieuse n'est point achetée par des sacrifices incompatibles avec l'honneur de la nation et avec la dignité de la couronne. » Une telle phrase, si injurieuse, était une rupture ouverte avec le cabinet. M. de Richelieu soutint qu'une pareille insinuation était offensante pour la couronne, et les ministres offrirent leur démission ; la chambre insista et vota l'adresse ; c'était dire qu'on ne voulait plus du ministère. Le cabinet se retira tout entier, et fut remplacé par MM. de Montmorency et de Villèle.

Et qu'on remarque à quoi sont exposés les hommes qui se dévouent tout entiers à la défense des intérêts de leur patrie, sans intrigues, sans passions, par le seul sentiment du bien et du beau ! Nul caractère ne peut être comparé à celui du duc de Richelieu, nuls services à ceux qu'il rendit à son pays ; eh bien ! il fut à la fois renversé par un mouvement de la gauche et de la droite dans la chambre des députés. Voici ce que fit la gauche : le duc de Richelieu prend la France au moment de l'invasion étrangère ; les bonapartistes et les débris du parti jacobin ont encore une fois exposé la patrie par leur folie des Cent-jours ; l'ennemi est à Paris, il occupe la France ; l'influence de M. de Richelieu parvient à préserver le pays, les sacrifices sont amoindris, les étrangers se retirent, et comme récompense, l'opinion libérale renverse le duc de Richelieu !

Voulez-vous savoir également ce que fit l'ingrat parti monarchique : une grande crise arrive pour la couronne, les royalistes sont débordés, le pouvoir va leur être enlevé par la gauche ; la restauration entière est compromise ; le duc de Richelieu se sacrifie encore ; faisant bon marché de sa popularité, il grandit et fortifie le parti royaliste ; les élections, dirigées par M. Mounier, se résument par cette instruction : « Avant tout, les amis de la royauté ; » puis, les ultra, maîtres de la majorité par ce concours, n'ont rien de plus pressé que de renvoyer le duc de Richelieu pour se livrer à leurs folies. Ainsi, les passions se glorifient et se perpétuent dans leurs préventions et leurs excès !

Ce moment fut le terme de la vie politique du duc de Richelieu ; sa sensibilité avait été fortement ébranlée par les injustices des partis. Bientôt on s'aperçut d'une décadence rapide, et, dans un voyage au château de Courteille, qu'habitait la duchesse de Richelieu, le duc se trouva mal, perdit tout d'un coup connaissance, et mourut, à Paris, dans la nuit du 16 mai 1822. Il n'avait encore que cinquante-cinq ans ; sa taille était élevée, ses traits simples et réguliers, tels qu'ils sont reproduits dans le beau portrait de Lawrence dont j'ai parlé. Tous les partis se sont accordés à faire l'éloge des nobles qualités du duc de Richelieu ; ce n'était pas une capacité éminente, mais un homme d'état probe et loyal, et la probité à certaines époques est la plus haute habileté des caractères politiques. J'admire la puissance infinie de l'homme qui fait peser les vertus et l'honneur dans la balance des affaires politiques. Il m'est doux personnellement de rendre ce témoignage au duc de Richelieu, parce que je n'ai jamais connu un plus beau caractère réuni à un plus noble nom.

VII

M. DE HARDENBERG

Il est dans la condition des états qui ont besoin de grandir incessamment, de ne point garder dans leur diplomatie les principes inflexibles d'une politique généreuse. Toutes les fois qu'on étouffe, on cherche de l'air, et les moyens d'une plus vaste respiration. Ainsi a toujours été la monarchie prussienne depuis sa fondation, improvisée pour ainsi dire au commencement du xviiie siècle : à ce temps, un duché se fit royaume, et quand ce royaume fut constitué, il voulut devenir grand ; car, pour déployer le manteau traînant des rois, il fallait un plus vaste espace que pour porter la simple robe de duc ou de margrave.

Cette nécessité de s'accroître créa un droit public particulier pour la Prusse. N'examinant rien que l'inflexible destinée de sa position, elle prit de toutes mains, et Frédéric II fut l'exécuteur de cette pensée de conquête. Ses guerres ne furent dominées par aucun principe du code des nations ; il n'eut qu'un but, se jeter tantôt sur la Pologne, tantôt sur la Silésie, pour acquérir des villes, des provinces ; à cet effet, il employa tout, la renommée d'écrivain, la prétention de poëte, exploitant même la puérile vanité du parti philosophique du xviiie siècle. En envisageant la constitution actuelle de la Prusse comme sa constitution ancienne, on remarquera qu'elle est toujours organisée de manière à s'imposer la nécessité de conquérir : aujourd'hui n'est-elle pas encore un géant efflanqué, armé de toutes pièces, qui a sa tête à Kœnisberg et ses pieds baignés dans le Rhin, auquel il manque un ventre? et ce ventre, c'est la Saxe.

C'est donc comme personnification de la politique prussienne que je vais dire la vie du baron, depuis prince de Hardenberg, le plus remarquable des hommes d'état que la monarchie de Frédéric ait eus à la tête de ses affaires. Charles Auguste, baron de Hardenberg, était né au mois d'octobre 1750, à Hanovre, dans cette principauté enclavée au milieu de l'Allemagne, vieux souvenir de l'origine des rois d'Angleterre. Quoique dépendant du patrimoine des princes appelés à régir la Grande-Bretagne, le Hanovre conserve son caractère allemand sous une administration à part, et les Anglais, si jaloux de leur liberté, ont impérieusement commandé cette séparation pour éviter ces funestes guerres continentales destinées à défendre le patrimoine personnel de leur roi ; ce que leur constitution n'admet pas.

Le baron de Hardenberg sortait d'une ancienne famille que les vieilles traditions héraldiques font remonter au x⁰ siècle, au temps des empereurs de la maison de Souabe ; lui-même, fils d'un maréchal de l'empire, et, dans le dessein de suivre la carrière de son père, il était entré à l'université militaire de Brunswick. Toutefois, ses goûts se déployèrent dans une autre sphère, et à mesure qu'il ornait son esprit de fortes études, il se sentit une vocation pour la diplomatie ; une curiosité incessante le portait à connaître les mille ressorts qui font agir les cabinets dans l'histoire. Puis il voyagea, car parcourir l'Europe, c'était encore s'instruire. Il arrivait à Londres à l'époque du ministère de M. Pitt, alors que les plus ardentes oppositions s'agitaient autour du ministre. Le Hanovre, je le répète, faisant partie du patrimoine de la maison régnante, sans être sujet anglais, M. de Hardenberg dut s'instruire dans cette large éducation des lois et des coutumes qui forment un droit public à part, que chaque sujet britannique doit connaître. Marié tout jeune homme à mademoiselle de Randlow, la plus belle personne d'Allemagne, qu'il conduisit dans les fêtes et les tourbillons du monde, à Londres, là commencèrent pour lui les tristesses domestiques ; la baronne de Hardenberg fut saluée avec un enthousiasme presque chevaleresque par toute la haute compagnie.

Un prince alors, à qui Richardson eût emprunté le caractère de Lovelace, le prince de Galles, l'héritier de la couronne d'Angleterre, beau de sa personne, magnifique dans ses équipages, boxeur, chasseur comme Nemrod, faisant assaut d'armes avec le chevalier de Saint-Georges, devint éperdument amoureux de madame de Hardenberg, et la publicité fut si grande qu'il y eut une séparation irrévocable ; le baron de Hardenberg quitta immédiatement l'Angleterre pour revoir son Allemagne. Il se révélait déjà chez le jeune gentilhomme trois conditions de talent remarquables : la finesse d'esprit nécessaire à toute négociation un peu importante ; une causerie discrète et abandonnée tour à tour, froide et chaleureuse suivant les circonstances ; enfin une connaissance approfondie du droit public européen : conditions qui en faisaient nécessairement un diplomate. Néanmoins le jeune de Hardenberg se livra aux détails de l'administration du pays, et c'est en quoi peut-être il ressemble surtout à William Pitt, à la fois homme politique supérieur et administrateur très minutieux pour la guerre et les finances. Cette intelligence du droit germanique l'aida considérablement lorsqu'il fut appelé à la direction suprême des affaires de Prusse.

Une autre tendance d'esprit de M. de Hardenberg, ce fut le goût vif et prononcé pour la littérature, et de là cette intime amitié pour Gœthe, qui dominait de si haut toutes les intelligences de son époque. Ce n'était pas ici une de ces relations de protecteur à protégé : en Allemagne, où les choses du génie et de l'étude sont prises au sérieux, l'homme de célébrité littéraire est placé dans un rang presque supérieur, et il en naît avec l'homme d'état des rapports d'égalité parfaite et souvent même de maître à l'élève. Quel sceptre brillant que celui de Gœthe sur toute l'Allemagne ! le poëte qui avait remué les temps féodaux avec une si incomparable supériorité, mêlait son blason de gloire à toutes les vieilles couleurs de la noblesse germanique. De cette triple aptitude de M. de Hardenberg, littéraire, politique et administrative, il résulta quelque chose de tout particulier: une certaine étendue d'esprit d'abord qui venait des grandes affaires, une application de détails qui naissait de l'administration, et avec cela un esprit clair, précis, bienveillant, qui avait sa source dans ce commerce littéraire qui avait enthousiasmé sa jeunesse.

Il faut se représenter quels étaient, à cette époque, l'esprit de la Prusse et la tendance de son gouvernement. A côté de sa destinée matérielle vers la conquête, il règne toujours dans ce pays un certain besoin d'études sérieuses et un désir d'avancement d'idées ; s'il n'existe pas un libre débat pour les matières de gouvernement, la discussion demeure entière pour les questions philosophiques et rationnelles ; les opinions religieuses y restent indépendantes, sans théorie imposée ; l'esprit protestant a placé un certain égoïsme dans les écoles, de telle manière que toute pensée, même dévastatrice, est acceptée ou examinée en dehors de ces sentiments chevaleresques qui attachent les peuples à une dynastie, ou une génération à une croyance.

C'est à cette école-là que les hommes d'état de l'Allemagne du nord s'étaient formés, et plus spécialement M. de Hardenberg. L'étude du droit public allemand lui avait donné une certaine manière stricte, dissertatrice, d'examiner les faits sans enthousiasme et sans prévention ; et lorsque la révolution française éclata, la Prusse, qui était entrée la première dans la coalition, vit une nouvelle classe d'hommes d'état s'opposer à l'esprit chevaleresque de la noblesse, et jeter une froide raison au milieu de l'élan des gentilshommes. M. de Hardenberg n'appartenait pas complétement aux idées de M. de Haugwitz, du secrétaire M. Lombard, et de la comtesse de Lichtenau, qui furent entraînés même par les pouvoirs révolutionnaires qui régnaient sur la France ; il était moins que le comte de Goltz porté pour les idées françaises ; mais profondément Prussien d'intérêt et d'opinion, il pensait que le but de son cabinet ne pouvait être de se faire le chevalier errant de certaines idées politiques, mais de conquérir effectivement une grande puissance sur l'Allemagne, aux dépens de l'Autriche, et une addition territoriale en Pologne. Comme la Prusse n'était pas immédiatement menacée par les principes et les idées de la révolution française, M. de Hardenberg jugeait fort important de retirer tout le profit possible de la situation nouvelle que les événements avaient faite.

C'est ce qui le rendit le partisan le plus actif des stipulations du traité de Bâle. Il n'y fut pas d'abord en nom ; le comte de Goltz avait commencé la négociation, fort difficile au reste, avec M. Barthélemy, et M. de Hardenberg l'accomplit après la mort du plénipotentiaire. Ici commença son rôle véritablement actif dans les affaires. Les manières de M. de Hardenberg avaient singulièrement plu aux hommes de la révolution, et à Merlin de Douai spécialement ; on y trouvait un certain parfum de marquis, des formes aisées, de l'instruction, et une manière d'agir sans préjugés, sans préventions, même à l'égard des idées démocratiques. Le comité de salut public le traita presque royalement, en lui envoyant un beau service de la manufacture de Sèvres, comme à la suite des anciens traités, sous la vieille monarchie, lorsque les plénipotentiaires se faisaient des cadeaux diplomatiques.

Dans ce traité, comme dans la négociation de Rastadt, ce fut moins l'esprit français qui animait M. de Hardenberg que la conviction profonde que ce traité de Bâle réalisait les deux idées les plus actives, les plus ardentes dans son esprit : l'influence prussienne sur l'Allemagne, l'agrandissement matériel de son cabinet. M. de Hardenberg fut le promoteur de ce système de neutralité germanique qui domina les intérêts et souleva pour ainsi dire l'Allemagne contre la maison d'Autriche. Pour cela, il se servit de la France ; qu'elle fût monarchie ou république, peu lui importait, il avait son dessein, et sur ce point il se trompa. Il y avait surtout deux questions dans la révolution française : si elle s'était tenue à des mesures intérieures, si elle n'avait rien jeté au dehors, ni ses idées, ni ses intérêts, le système égoïste de la Prusse aurait pu lui profiter; mais les comités de la convention, pas plus que le directoire, ne respectaient les principes posés. M. de Hardenberg avait établi la neutralité d'une partie de l'Allemagne, comment fut-elle appliquée, lorsque l'armée républicaine eut besoin une fois encore de passer le Rhin? S'inquiéta-t-elle beaucoup du principe posé par M. de Hardenberg et de la ligne territoriale de la neutralité? Quand on traite avec un gouvernement, la première condition est de savoir s'il respectera les principes généraux du droit public. La Prusse s'était posée comme trop égoïste, à ce point que M. de Hardenberg empêcha la levée des contingents, dans la crainte que cela n'accrût l'influence autrichienne. Il fallut bien des années pour que cette école s'effaçât. Mais l'esprit de M. de Hardenberg grandit dans la suite; il vit autre chose que la politique vieillie de la rivalité de la Prusse et l'Autriche en face d'une révolution sociale.

Après un long séjour à Bâle, dans les rapports les plus intimes avec la république française, M. de Hardenberg revint à Berlin, et le roi, pour lui témoigner combien il partageait la politique de ses traités, lui conféra le grand-cordon de l'Aigle-Noir; néanmoins, la direction des affaires étrangères resta toujours au pouvoir du comte de Haugwitz, l'ami de la comtesse de Lichtenau, et du secrétaire Lombard. M. de Hardenberg était trop considérable pour accepter

M. de Haugwitz comme supérieur, et on lui conféra une fois encore l'administration de la principauté de Bareuth et d'Anspach. C'était là son délassement; il aimait à se reposer des théories diplomatiques dans la pratique administrative d'une principauté qu'il avait pour ainsi dire donnée à la Prusse. En Allemagne, les hommes d'état veulent être aussi des hommes d'affaires, et leur retraite est encore une étude et un travail.

Tant que le roi Frédéric-Guillaume II vécut, M. de Hardenberg ne se mêla point des affaires actives; ses opinions personnelles s'étaient un peu modifiées, et il n'était pas aussi dessiné pour la convention de Bâle, depuis qu'il avait vu l'application arbitraire et malfaisante que les républicains en avaient faite en Allemagne. On avait promis une liberté absolue à la Prusse dans les questions germaniques, des indemnités réelles, et on ne lui donna rien au congrès de Rastadt. M. de Hardenberg demeura donc étranger à toutes les négociations qui, sous l'ambassade de M. Caillard, voulurent imprimer à la Prusse une attitude nouvelle, et créer une grande intimité entre la république et le roi Frédéric.

On ne voit reparaître l'action de M. de Hardenberg qu'à l'avénement du jeune prince Frédéric-Guillaume III. Attaché par le plus respectueux et le plus chevaleresque des cultes à la reine Louise de Prusse, il entra dans ce cercle d'idées que la jeune princesse imposait magiquement autour d'elle. Grande et mélancolique existence que celle de Louise Wilhelmine, reine de Prusse, la fille du duc de Mecklembourg-Strelitz et de

Caroline de Hesse-Darmstadt, rêveuse, enthousiaste, comme une jeune allemande ! A vingt ans à peine, elle exerçait sur son mari la plus chaste comme la plus immense des puissances ; l'Allemagne se tournait vers elle comme vers une espérance ; elle apporta dans la politique égoïste de la Prusse un sentiment plus noble, plus élevé ; reine pour ainsi dire des étudiants, et des universités, elle fut l'origine et l'espérance de ces sociétés secrètes qui jetèrent tant de poésie sur l'Allemagne, pendant les derniers temps de Napoléon. Sous cette influence de Louise Wilhelmine de Prusse, M. de Hardenberg prit le département des affaires étrangères, un peu après le consulat. A cette époque, le pouvoir était changé en France, et la politique de son gouvernement fort et réparateur avait pris une direction nouvelle. A travers toutes les coalitions, la Prusse avait gardé jusqu'ici la neutralité ; lorsque le 18 brumaire arriva, elle se montra fort empressée pour toutes les exigences du premier consul ; et de la Prusse même partirent les insinuations faites à Louis XVIII par Bonaparte aux fins d'une abdication. On ne garda même pas là ce caractère de dignité qui doit grandir à la face des augustes infortunes.

Le consul devint empereur. A l'effet de resserrer encore des liens aussi intimes, Napoléon désigna le maréchal Duroc, l'homme de sa confiance, pour aller le représenter à Berlin. Le moment était difficile : la guerre allait encore retentir en Europe, la Russie unie à l'Autriche, devait se présenter sur un champ de bataille, et il était fort important dans cette circonstance de créer un rôle convenable à la Prusse. M. de Hardenberg fut donc appelé aux affaires comme l'expression d'un système mitoyen qui commençait à saluger à se développer sous l'impulsion de la reine de Prusse. Tout à la fois attaché aux idées anglaises et à la politique allemande et française, M. de Hardenberg dut balancer tous les intérêts, toutes les influences, en se séparant toutefois de la politique abaissée du comte de Haugwitz. Son tort alors fut de ne pas voir qu'il y avait dans Bonaparte autant de finesse que de génie, et qu'il ne ménageait la Prusse d'abord que pour avoir plus tard à la châtier avec une facilité plus grande.

On vit apparaître la première mauvaise humeur du cabinet de Berlin contre Napoléon dans une note de M. Hardenberg sur la violation du territoire prussien ; cet étrange manquement au droit public avait profondément irrité la nation et la cour. S. M., dit le baron de Hardenberg, ne sait pas de quoi elle doit s'étonner le plus, ou des violences que les armées françaises se sont permises dans ses provinces, ou des arguments incompréhensibles par lesquels on prétend les justifier. S. M., jalouse d'une considération qui est due autant à sa puissance qu'à son caractère, a lu, avec une sensation qu'elle chercherait en vain à cacher, la dépêche justificative qui a été remise par la légation française à son cabinet. On s'appuie sur l'exemple de la dernière guerre et sur la parité des circonstances, comme si les exceptions que l'on permit alors n'avaient pas été fondées sur des traités précis qui ont cessé à la paix ! comme si l'empereur Napoléon s'était souvenu de ces traités, lorsqu'il prit possession du pays de Hanovre, d'un pays qui, par ces mêmes traités, était, depuis longues années, sous la protection de la Prusse ! On prétexte l'ignorance de nos vues, comme si les vues ne se montraient pas ici dans le fait même, et comme si la nature de la chose pouvait changer de face avant qu'on ait stipulé le contraire ! comme si les protestations solennelles des magistrats de la province et des ministres de S. M., près l'électeur de Bavière, n'avaient pas suffisamment publié ce qui n'avait pas besoin de l'être ! et comme si je n'avais pas déclaré moi-même, la carte à la main, longtemps auparavant, dans mes conférences avec M. le maréchal Duroc et M. de Laforest, l'impossibilité de permettre aucune marche de troupes dans les margraviats !... Le roi se regarde, dès à présent, comme affranchi de tous les engagements qu'il a pris, et il se voit obligé de faire prendre à ses armées les positions nécessaires à la défense de l'état (1)... » Cette note, écrite d'un style si ferme, blessa profondément l'empereur Napoléon ; mais alors il avait à ménager le cabinet de Berlin, afin de ne point le pousser dans la coalition.

La Prusse en se plaçant dans un système de neutralité réelle, en faisait résulter cette conséquence, qu'elle devait conserver de bons rapports même avec les puissances belli-

---

(1) Note du baron de Hardenberg au maréchal Duroc, du 14 octobre 1805.

gérantes contre Napoléon ; il y avait donc à Berlin des ministres anglais, autrichiens, russes, avec lesquels M. de Hardenberg se trouvait naturellement en relation. D'après les principes et les antécédents de la cour de Berlin, le Hanovre, quoique fief héréditaire de la maison d'Angleterre, ne s'en trouvait pas moins placé sous la protection de la neutralité germanique. Telle n'était pas la théorie de Napoléon, alors si profondément irrité contre l'Angleterre, et plus d'une violation de territoire avait montré déjà que le puissant empereur ne s'arrêterait pas devant le respect du droit des neutres s'il devait empêcher son succès.

La Prusse, fort mécontente, se trouvait dans un moment décisif : l'armée austro-russe s'avançait contre Napoléon. Comme toujours, l'impétueux chef militaire de la France s'était jeté au-devant des hasards, car il avait pour aider son génie l'audace et la fortune ; aventuré dans la Moravie, si la Prusse s'était déclarée, c'en était fait de lui, car avec 150,000 hommes sur son flanc, sa position était perdue. Tel était le but des pressantes négociations qui se poursuivaient à Berlin ; l'Angleterre offrait des subsides, la Russie un appui, l'Autriche un plus large partage, même dans la Pologne. L'opinion de M. de Hardenberg était donc de se prononcer ; mais était-il toujours le maître au milieu de la corruption générale ? Pour lui étaient la noble reine, le prince Louis de Prusse si généreux et si brave ; mais il avait à combattre l'opinion personnelle du comte de Haugwitz, du marquis de Lucchesini, si dessinés pour le cabinet français. Le système d'une molle neutralité l'emporta, et tout ce que put obtenir M. de Hardenberg, ce fut d'assurer à l'Angleterre qu'on protégerait l'indépendance du Hanovre à ce point de donner passage aux troupes anglaises si elles étaient pressées, attaquées ou poursuivies par les soldats de Napoléon.

A ce sujet, M. de Hardenberg écrivit à lord Harrowby une lettre fort remarquablement conçue sur les principes de la neutralité; on y voyait percer une certaine tendance pour les opinions et les sentiments de la coalition, et un peu d'aigreur contre le cabinet français qui déjà avait méconnu la neutralité prussienne. M. de Hardenberg espérait obtenir une décision complète qui aurait placé la Prusse dans un rang éminent, (puisque 150,000 hommes portés sur les flancs de Napoléon assureraient la victoire à l'Europe), lorsqu'on apprit la grande merveille d'Austerlitz. Immense joueur que Napoléon! son aigle jetait les dés du genre humain de ses immenses serres, et ils tournaient pour lui jusque là; d'ailleurs, n'avait-il pas toujours affaire à des hommes qui temporisaient, à des cabinets qui ne savaient jamais prendre un parti que tardivement, lorsque la victoire avait prononcé. Après Austerlitz, était-il temps de prendre un langage menaçant lorsque l'Autriche et la Russie allaient traiter avec l'empereur des Français sur des bases d'une paix générale?

En ce moment donc, la position de M. de Hardenberg devint difficile, intolérable : n'était-il pas considéré, lui, comme l'expression du parti belliqueux et armé contre Napoléon : le ministre de la noble reine et du prince Louis de Prusse pouvait-il rester à la tête du cabinet, après que la Prusse agenouillée sollicitait presque son pardon pour l'attitude un peu fière qu'elle avait osé prendre? Dans ces moments-là, Napoléon, implacable, savait briser un homme en dictant lui-même quelques articles de *Moniteur*, sortes d'arrêts portés contre les hommes d'état dont il voulait se débarrasser. Bonaparte, excellent pamphlétaire, quand il avait un accès de colère, lançait sa boutade contre un roi, un ministre ou un général. M. Maret prenait cette dictée comme un sténographe, et la jetait au journal officiel, en vertu de son premier état de journaliste et avec un certain tact de rédaction.

Cette fois, M. de Hardenberg eut l'honneur d'avoir contre lui les injures capricieuses de l'empereur, à l'occasion de la note pleine d'impartialité qu'il avait adressée à lord Harrowby sur la neutralité du Hanovre. Un mot de Bonaparte suffit auprès de la cour de Berlin pour motiver la démission de M. de Hardenberg. Ce jour-là même, retiré du cabinet, il repoussa dignement, dans un article de la *Gazette de Berlin*, les outrages de Bonaparte, qui l'accusait de n'être pas même prussien :

« Je m'honore de l'estime et de la confiance de mon souverain et de la nation prussienne. Je m'honore des sentiments des étrangers estimables, et c'est avec satisfaction que je compte aussi des Français parmi eux. Je ne suis pas né Prussien, mais je ne le cède en patriotisme à aucun indigène, et j'en ai obtenu le droit, tant par mes services, qu'en y transférant mon patrimoine et en y devenant propriétaire. Si je ne suis pas soldat, je sens que je n'aurais pas été indigne de l'être, si le sort m'avait destiné à défendre, les armes à la main, mon souverain et ses droits, la dignité, la sûreté et l'honneur de l'état. »

Il y avait de l'aigreur dans ces paroles, comme chez l'homme qui abdique les affaires sans espoir de les ressaisir. M. de Hardenberg remit le portefeuille au comte de Haugwitz, sous l'influence du marquis de Lucchesini et du secrétaire M. Lombard. Quant à lui, entouré de la faveur de l'armée prussienne, de l'enthousiasme des universités, il se retirait à la campagne, comme un homme à qui le temps présent était lourd. Alors, il se passait en Prusse quelque chose de remarquablement significatif : le gouvernement était dans les principes de la modération la plus extrême ; le cabinet et le roi voulaient se maintenir dans les conditions de l'alliance française ; mais il y avait en même temps un mouvement de peuple, une énergique expression de nationalité qui ne permettaient pas ce repos et cette paix pour l'état.

Cette double situation explique les événements et bien des fautes de cette époque, ces tergiversations du cabinet qui se tournait incessamment vers l'opinion publique et revenait ensuite à la peur, surtout depuis la victoire immense d'Austerlitz. Puis enfin le roi, pressé par l'opinion publique, se réveille ; il se manifeste quelque chose de chevaleresque dans l'esprit de la nation et des universités spécialement ; si bien

qu'après la retraite de M. de Hardenberg, la Prusse saisit les
armes d'une manière aventureuse, sans rien calculer ! Et qui
aura la conduite diplomatique de cette guerre ? chose inouïe à
dire ! précisément le comte de Haugwitz, déjà dévoué aux
Français, le secrétaire Lombard, les créatures de Napoléon
même. On aurait dit que la trahison était écrite.

Rien de plus merveilleux que la campagne d'Iéna, admirable mouvement d'armée que dirige l'aigle d'Austerlitz ! Mais
ces victoires grandioses furent-elles dues tout entières à l'énergique et glorieux courage de l'armée impériale, et n'y eut-il
pas une succession de fautes commises ? Est-ce que toutes
les mains qui dirigeaient le cabinet de Berlin étaient fidèles
et dévouées ? Après les désastres d'Iéna, on se ravisa sur
tant de trahisons occultes, et M. de Hardenberg fut appelé
une seconde fois, sous l'influence de la reine Louise de Prusse
et de l'empereur Alexandre, au département des affaires
étrangères, car on marchait alors à la résistance. Cette situation
nouvelle des cabinets de Prusse et de Russie exige quelque
explication, parce qu'elle fut la base des liens d'intimité qui
plus tard amenèrent la chute de l'empire français. Les mécontentements du cabinet de Pétersbourg contre la Prusse venaient précisément de la position de neutralité indifférente que
la Prusse avait adoptée depuis le traité de Bâle : toutes les fois
que l'Angleterre, l'Autriche ou la Russie avaient engagé le
cabinet de Berlin à briser cette situation mauvaise, il y avait
toujours eu refus ; la neutralité formait comme la base fonda-

mentale de la politique prussienne. Ce fut donc une sorte de satisfaction obtenue que de voir la Prusse se jeter dans les hostilités, même tardives. Alors la position devint nette : qu'importe qu'on n'eût pas été heureux dans la campagne d'Iéna si l'esprit de gouvernement se dessinait pour la guerre, s'il y avait enfin une unité, un appui, une force qui pouvaient soutenir les cabinets coalisés !

M. de Hardenberg devint donc l'expression de l'alliance russo-prussienne. Obligé d'évacuer Berlin, le roi Frédéric-Guillaume, à la tête des débris de ses armées, s'était replié sur l'armée russe ; et alors commence cette campagne au milieu des neiges, cette sanglante journée de Prussich-Eylau où l'étoile de Napoléon pâlit. Friedland sauva néanmoins l'aigle audacieuse, comme Austerlitz l'avait préservée deux ans auparavant, et on en revint aux traités ! Qui pourrait dire les conditions humiliantes que le vainqueur imposa à la Prusse ? Qui pourrait dire comment l'heureux soldat fut froidement moqueur pour cette noble reine de Prusse, l'idole des universités ?

M. de Hardenberg, obligé de quitter encore les affaires, céda le portefeuille à un nouveau cabinet que Napoléon désigna de sa main. Tout esprit un peu haut, un peu indépendant dut être proscrit. La Prusse devint alors presque un département français, traversé en tout sens par des routes militaires : on vit les généraux de Bonaparte conduire à coups de cravache des populations entières ; les universités furent fermées, les provinces aux abois ; on imposa des contributions de guerre si lourdes que le paysan voyait son dernier écu, sa charrue et ses bœufs arrachés à ses sueurs. Il ne faut pas ainsi traiter un peuple quand on veut le gouverner. La supériorité d'un pouvoir ne résulte pas de la violence, mais de l'ascendant moral que préparent la protection et l'appui.

Aussi à côté du gouvernement public de la Prusse si abaissé, fléchissant devant les colères et les courroux de l'empereur, il était né un groupe d'associations secrètes qui avaient pris la patrie allemande pour drapeau, et attendaient une crise pour la vengeance. Après la mort de la noble souveraine, ces associations s'étendirent, et les plus grands patriotes comme les hommes d'état en disgrâce y prirent une large participation, car il s'agissait de sauver la nation. Il est incontestable que M. de Hardenberg fut la pensée de ce complot national, comme Blücher et Gneisenau en furent l'épée; ce travail sourd et magnifique, cette résistance morale se déploya avec une indicible et puissante ténacité dans la période qui s'écoula depuis 1808 jusqu'en 1811, et alors, par un caprice d'une volonté de l'empereur Napoléon, M. de Hardenberg dut recevoir encore de son souverain une marque de confiance, et le gouvernement de la Prusse lui fut de nouveau confié. J'appellerai cette époque le temps de crise pour l'Allemagne du nord : incessamment traversée par les troupes françaises, les provinces étaient au pouvoir des généraux; ces belles terres n'étaient que des magasins de fourrages, de vivres, d'argent pour les troupes françaises.

Au milieu de ces désastres, M. de Hardenberg s'occupa spécialement de mettre un peu d'ordre dans l'administration compliquée de la Prusse ; il soulagea le peuple autant qu'il put, et surtout, il tenta de réorganiser fermement l'armée, non point avec publicité, Napoléon ne l'aurait pas souffert, mais par un système militaire qui, appelant incessamment les jeunes soldats et les rendant ensuite à leur famille et à leur foyer, permettait, avec économie, de préparer une belle armée pour l'avenir. Le système de réserve militaire est essentiellement prussien, parce qu'il réalise la double idée d'une armée considérable en temps de guerre, et d'un contingent limité pendant la paix. Par ce moyen, tout le monde est soldat.

Si, à cette époque, l'empereur Napoléon usait de quelques ménagements envers la Prusse ; s'il appelait même le concours de M. de Hardenberg, c'est qu'alors, presque à la veille d'oser une campagne contre la Russie, il voulait y faire entrer la Prusse comme auxiliaire ; le cabinet lui étant suffisamment dévoué, Bonaparte cherchait à se rallier l'opinion par M. de Hardenberg. Ici s'élève une haute question historique : comment se fait-il que M. de Hardenberg ait apposé sa signature sur ce traité intime qui plaçait l'armée prussienne sous les ordres de Napoléon? Etait-il de bonne foi dans l'alliance, ou ne l'avait-il signé qu'avec l'arrière-pensée d'en briser les clauses à la première épreuve que subirait la fortune de la France? Il est besoin de savoir qu'avec Napoléon il n'y avait ni à discuter, ni à développer les conditions d'un traité. La correspondance de M. de Saint-Marsan avec M. Maret, les notes et les explications du ministre prussien avec l'ambassadeur de France, suffisent pour se convaincre que rien ne se manifesta libre, spontané ; tout fut ici imposé par la nécessité la plus impérieuse : il ne fut pas loisible à la Prusse d'accepter ou de refuser l'alliance ; elle mit son trésor, son armée à la disposition du vainqueur, parce que celui-ci avait dit : *Je le veux*.

Or, dans ces nécessités que le malheur impose, ne restait-il pas un espoir ? En politique, il n'y a d'alliances durables que celles qui reposent sur la parfaite concordance de vues et d'intérêts. Quand deux peuples s'unissent, parce qu'ils sont libres et spontanément heureux, parce qu'ils s'aiment et s'estiment mutuellement, parce qu'ils se donnent et se rendent quelques nobles services ; alors, croyez-le bien, ces alliances sont durables ; ces traités sont parfaitement exécutés. Supposez au contraire un peuple vaincu, humilié, un roi de Prusse, un descendant de Frédéric-le-Grand, à qui M. Maret, avec hauteur, écrit « qu'il faut signer une convention militaire et diplomatique, sous peine de se voir captif ; » est-ce qu'un tel traité forme une alliance ? est-ce que la convention qui livre Berlin à l'armée française est un traité d'amis et d'alliés ? est-ce que la stipulation, qui morcelait l'armée prussienne en divisions, sous des maréchaux ou généraux français, pouvait être un acte franc, loyal, durable ? Non : ce rapprochement ne pouvait être qu'instantané ; imposé par la force, il devait cesser avec la force.

D'ailleurs, le gouvernement prussien n'était plus maître du peuple allemand, indigné de son humiliation. Que M. de Hardenberg connût le travail des sociétés secrètes, c'est incontestable ; qu'il les laissât se développer pour s'en faire un vaste instrument contre l'oppression des Français, cela n'est pas douteux : encore. Mais ce qu'on ne s'explique pas, c'est que l'esprit incomplet de M. de Saint-Marsan, c'est que la médiocrité de M. Maret, n'aient pas compris qu'au moindre revers de la grande armée, toutes ces alliances partiraient comme quelque chose d'importun, de pesant, comme un joug qu'on secoue. A quel point d'abaissement la maison de Frédéric n'était-elle pas tombée! La Prusse, agenouillée, avait sollicité l'alliance de la famille Bonaparte, et M. de Hardenberg, le principal négociateur, ne trouva qu'un froid refus. Est-ce que tout cela pouvait s'oublier ? Ici, une jeune reine morte de douleur et de flétrissure, insultée dans les journaux, déshonorée par des pamphlets; là, un peuple opprimé, mais s'organisant de lui-même pour le jour de l'indépendance ; et, à ces insolences du maître, ajoutez la dureté de tous ces généraux, de tous ces leveurs de contributions. Je ne prononce ici aucun nom propre, mais s'il existe encore quelques hommes des intendances, qu'on nous dise si la Prusse était soumise à un système qu'elle pût garder à travers toutes les espérances de liberté qui lui venaient par le soulèvement de l'Europe et si l'incendie de Moscou ne devait pas produire d'autres incendies !

Ici commencent les plus considérables événements de la
Prusse. La fatale campagne de Moscou accomplie, l'armée
française, triste nuée de soldats éperdus, vint s'abattre sur
les frontières de la Prusse, qu'elle avait traversée naguère ; le
corps du maréchal Macdonald est obligé de faire sa retraite du
siége de Riga ; le noble et loyal chef de guerre conduit avec
lui les Prussiens, et spécialement la division d'Yorck, depuis
longtemps travaillée par les principes de Schill. Tout à coup on
apprend que les Prussiens refusent de combattre ; le général
d'Yorck écrit une lettre respectueuse au maréchal, lui déclarant
qu'il veut garder une neutralité absolue avec les armées russes.
Cette défection, qui s'étend à tous les corps prussiens, excite
l'étonnement, bien que depuis longtemps préparée : officiers
et soldats étaient liés aux doctrines de Schill, de Stein et des
sociétés secrètes ; la Prusse, mûre pour l'indépendance, l'obtenait enfin. Le jour se levait beau pour elle, et pourquoi ne
l'aurait-elle pas salué?

Si telle était la position de l'opinion publique en Prusse,
voyons quel était l'esprit du cabinet conduit par M. de Hardenberg. Evidemment le ministre avait connu l'existence des
sociétés secrètes, et ce fut lui qui signa et rédigea les édits de
Breslau des 5 et 9 février 1815, qui organisent militairement
les *tugendbund* ; édits d'un admirable patriotisme, car ils
appellent tous les enfants de l'Allemagne à la résistance. Il faut
les lire, pour comprendre à quel point d'exaltation s'était
élevée la nation : tous les jeunes gens de 17 à 24 ans doivent

prendre les armes pour former des volontaires, avec un costume particulier, la petite casquette d'étudiant, la redingote courte et serrée par une lanière de cuir, ce costume que portaient Stein et Schill. Nul ne pourra se marier, s'il n'a fait ce service ; nul ne pourra occuper de fonctions publiques s'il n'a payé sa dette à la patrie ; aucun amour, aucune ambition sans cela. Ces patriotiques édits sont signés du prince de Hardenberg, qui veut se placer à la tête de l'opinion publique en Prusse. « Les dangers qui menacent aujourd'hui l'état exigent une prompte augmentation de nos troupes, tandis que l'état de nos finances ne permet aucun surcroît de dépenses. L'amour de la patrie et l'attachement à leur roi, qui ont toujours animé les peuples soumis à la monarchie prussienne, et qui se sont plus fortement prononcés dans les cas de danger, n'ont besoin, pour être dirigés vers un but déterminé, que d'une occasion favorable à la brave jeunesse, pour qu'elle puisse déployer le courage qui l'appelle dans les rangs des anciens défenseurs de la patrie, afin de remplir à côté d'eux le plus beau de ses devoirs envers le royaume. C'est dans cette vue que S. M. a daigné ordonner la formation de détachements de chasseurs destinés à être annexés aux bataillons d'infanterie et aux régiments de cavalerie dont se compose l'armée, afin d'appeler au service militaire les classes des habitants du pays que les lois n'y obligent point, et qui sont cependant assez fortunées pour s'habiller et s'équiper à leurs propres frais, et pour servir l'état d'une manière compatible avec leur position relativement au civil, et afin de donner à des jeunes gens instruits l'occasion de se distinguer pour devenir un jour d'habiles officiers ou bas officiers. »

Ainsi était l'esprit de la Prusse, tout entière soulevée et en armes. En même temps, M. de Hardenberg négocie avec M. Maret, qui ne voit pas que le cabinet prussien est entraîné, et que ce n'est plus le roi qui gouverne, mais la nation, et que cette nation est indignée. En général, les fonctionnaires de l'empire ne tenaient pas assez compte de l'opinion : la plupart trop grands seigneurs, ma foi, nés de trop haut, comme chacun sait, dédaignaient les masses. Ces gens-là, nés du peuple, élevés par le peuple, les uns, vieux journalistes, les autres, tabellions, procureurs émérites, se croyaient tellement princes et seigneurs par la grâce de Dieu, qu'ils ne tenaient plus compte de cette force immense qui commande aux rois et aux états. Quand M. de Hardenberg écrivait qu'il voulait un système d'alliance, même depuis la campagne de Moscou, M. Maret était en pleine confiance sur la Prusse. Les dépêches diplomatiques témoignent assez de toute l'ignorance où l'on était à Paris du mouvement qui se préparait à Berlin ; on n'aperçoit pas que des idées nouvelles se développent, que le cabinet n'est plus maître de l'opinion. M. de Saint-Marsan écrit à M. de Hardenberg : « Que va-t-il se passer? » Pour toute réponse, M. de Hardenberg envoie à Paris le général Krusemarck et le prince de Hatzfeld porteurs de paroles endormeuses : « La Prusse veut maintenir la paix ; l'alliance de la France lui plaît, mais il lui faut des conditions nouvelles. » Lisez cette note curieuse de M. de Hardenberg, adressée à M. de Saint-Marsan (1), et qui résume parfaitement la position de la Prusse, position qui n'est pas comprise par M. Maret : « Il est venu au roi l'idée que rien n'avancerait plus le grand œuvre qu'une trêve, d'après laquelle les armées russes et françaises se retireraient à une certaine distance, et établiraient des lignes de démarcation en laissant un pays intermédiaire. S. M. impériale serait-elle portée à entrer dans un arrangement pareil? Consentirait-elle à remettre la garde des forteresses de l'Oder, de Pilau et de la place de Dantzick (pour celle-ci, conjointement avec les troupes saxonnes, en conformité du traité de Tilsitt), aux troupes du roi, et à retirer son armée derrière l'Elbe, moyennant que l'empereur Alexandre retirât toutes ses troupes derrière la Vistule ? Le roi ordonne au général de Krusemarck et au prince de Hatzfeld de demander là-dessus les intentions de S. M. impériale. Il fait sonder également l'empereur Alexandre, comme sur une idée venant absolument de lui seul, et qui ne peut compromettre en rien la résolution que S. M. l'empereur, votre souverain, pourrait prendre à cet égard. Sa Majesté réglera, d'après celle-ci, ses démarches ultérieures. »

Si M. de Hardenberg est timide dans son langage, les choses marchent cependant. D'abord, la Prusse s'est posée comme

---

(1) Datée de Breslau, le 15 février 1813.

alliée ; puis, comme neutre : s'en tiendra-t-elle là? L'arrivée de l'empereur Alexandre à Breslau détermina le roi à suivre le mouvement public, et la cour de Berlin se prononça pour la coalition ; une note rédigée par M. de Hardenberg annonce à M. Maret que la Prusse a déclaré la guerre. Ce remarquable exposé des griefs contre Napoléon, se résume surtout en des plaintes pécuniaires, en des manquements inouis aux stipulations des traités, en souvenirs de la dure domination des généraux français ; M. de Hardenberg n'omet qu'une seule circonstance, laquelle domine pourtant sa pensée, c'est que la nation prussienne est fatiguée de la domination étrangère. Le *tugendbund* est debout comme un vieux guerrier germanique, l'ombre d'Herman agite sa framée.

A cette première note, M. de Hardenberg en fait succéder une seconde, et celle-ci est adressée à M de Krusemarck, à Paris, qui la transmet lui-même à M. Maret : « L'empereur de Russie offre à la Prusse une noble et loyale amitié. Napoléon a repoussé un allié jusqu'à ce point de ne pas daigner s'expliquer avec lui ; la Prusse a souffert toutes les insolences du vainqueur, qui n'a eu aucun ménagement ; les places fortes ont été saisies par les armées françaises, Berlin occupé, 94 millions levés sur la Prusse. Dans ces circonstances, il n'y avait point à hésiter, l'honneur commandait de tirer l'épée, et la Prusse ne la remettrait dans le fourreau qu'après avoir obtenu une paix large et honorable. »

M. de Hardenberg se trouvait ici complétement dans son

système ; ses liaisons primitives l'unissaient à la Russie et à l'empereur Alexandre : heureux de voir la pensée de la reine Louise s'accomplir et les deux monarques se presser la main ! Dès ce moment, tous les soucis du ministre se dirigent vers l'organisation et le développement des sociétés secrètes ; son but est de donner une noble impulsion à la Germanie ; renonçant, pour le moment, à la division entre les partis protestant et catholique, il ne voit plus que l'Allemagne, qui a soif de se délivrer de la tyrannie de Napoléon ; lui, il encourage les jeunes hommes à entonner les chansons patriotiques ; il les excite à marcher fièrement au combat, sans distinguer l'homme civil du soldat.

On vit alors les universités entières se lever et les professeurs conduire eux-mêmes leurs élèves à des batailles de géants. On n'a jamais examiné les journées de Lutzen et de Bautzen sous un point de vue qui leur donnerait un mélancolique intérêt. Là, des générations glorieuses se trouvaient en présence : les conscrits de l'empire de dix-huit à vingt et un ans, les étudiants des universités, qui portaient le drapeau funèbre de la reine Louise, et dont le plus âgé peut-être n'avait pas vingt-deux ans. Au milieu de ce beau sang de nobles hommes, 1,500 pièces de canon tonnaient, déchirant ces chairs tendres et rosées, brisant les crânes, les os, et nul de ces jeunes hommes ne bronchait, parce que tous combattaient pour leur patrie, la mère commune.

Dans ce grand conflit armé, M. de Hardenberg n'oublia

pas ces concessions libérales, capables d'enthousiasmer les populations ; l'Allemagne opprimée avait besoin de liberté ; quand le peuple donnait tant de gages au gouvernement, il était bien juste que le gouvernement fît quelque chose pour le peuple. Il existe en Prusse un esprit essentiellement organisateur ; on y éprouve un besoin incessant de progrès et d'améliorations. Tous les actes de M. de Hardenberg furent marqués à cette époque d'un caractère de liberté ; il grandit les administrations municipales ; tous les priviléges pécuniaires de la noblesse et du clergé furent abolis, et, suivant les notions de l'école économique, il abolit les jurandes et les maîtrises. Quelques actes même du cabinet promettaient des institutions politiques à la Prusse, sans que néanmoins on pût croire qu'on y songeât sérieusement pour un peuple si morcelé d'intérêts et d'opinions que l'Allemagne. Mais alors Napoléon était considéré comme un grand despote par le monde entier ; la force qui se levait contre lui devait être la liberté ; chaque nationalité prenait les armes, parce que le temps d'oppression devait cesser. Dans ces circonstances exceptionnelles, il dut y avoir des engagements pris, des promesses faites ; à un peuple qui osait de si grandes choses, on put garantir de grandes concessions, et, en cela, M. de Hardenberg ne fit que suivre l'impulsion ; il serra la main à Stein, à Blücher, à Gneisenau, parce que ces trois noms, comme celui de Suwarow en Russie, étaient le symbole de la patrie en armes.

Voyez quel nom l'Allemagne donne à notre désastreuse

affaire de Leipsick : *la Victoire des nations!* Oui, c'est que les nations vainquirent là un immense oppresseur qui pesait sur elles; c'est que de la bataille de Leipsick date cette réaction soudainement prolongée qui délivre peuples et gouvernements de cette main de géant. Habitués, comme nous le sommes, à placer à une immense hauteur la grande physionomie de Napoléon, nous ne voulons pas comprendre qu'il fut le tyran de l'Europe, et que nous subissons aujourd'hui la réaction de deux idées funestes : le souvenir de nos conquêtes et celui de nos principes désorganisateurs.

Après Leipsick, le Rhin fut franchi et M. de Hardenberg ne quitta pas un moment le quartier-général des alliés; au congrès de Châtillon, il fut le représentant de la Prusse. Dès ce moment, dans les négociations diplomatiques comme dans les opérations militaires, la Prusse se montra la plus dessinée contre l'empereur des Français; elle espérait, elle eut même imposé déjà de grandes représailles, si la tendance universelle vers la paix, si l'influence exclusive et généreuse de l'empereur Alexandre, n'avaient pas entièrement dominé les négociations du traité de Paris, et la restauration de la maison de Bourbon. Toutes les transactions politiques de 1814 furent signées par le prince de Hardenberg; comme il avait été la main puissante qui avait dirigé les affaires depuis deux ans, le roi de Prusse lui conféra le titre de prince, en récompense de ses services; et ce fut revêtu de cette haute dignité qu'il visita l'Angleterre à la suite des souverains.

A cet aspect du palais de Saint-James, M. de Hardenberg dut éprouver plus d'une pensée mélancolique ; jeune, il avait subi l'influence des douleurs et des passions domestiques : amant et mari de la plus belle femme de l'Allemagne, la comtesse de Randlaw, il l'avait vue enlevée par le prince de Galles, et ce prince était en ce moment le régent de la Grande-Bretagne. Mais tous deux se retrouvaient vieillis : quand on a passé vingt-cinq ans dans les tourmentes et les agitations politiques, les émotions ont usé le cœur et laissent peu de place aux souvenirs d'inimitié et de vengeance. M. de Hardenberg fut donc présenté au prince régent qui l'accueillit avec une bienveillance marquée, et le passé ne se présenta plus devant eux que comme une de ces ruines qui laissent à peine trace dans la mémoire des hommes.

De Londres, M. de Hardenberg vint à Vienne pour assister aux opérations du grand congrès, et il eut l'honneur de voir sanctionner par des traités successifs l'immense agrandissement de la Prusse, devenue la puissance la plus immédiatement offensive, et constituée comme un poste avancé de la coalition contre la France. Ceux qui ont pénétré l'esprit de l'Europe dans cette reconstruction de 1815, peuvent comprendre facilement que tout le système politique fut dirigé contre notre pays, dont l'action avait si terriblement agité le monde depuis trente ans. La Prusse, qui durant la révolution était presque toujours restée neutre, reçut une organisation territoriale réglée de manière qu'elle devait être la première désormais en guerre. Ce long boyau, qui a la tête sur le Niémen et les pieds sur la Meuse, devait nécessairement s'accroître par la conquête, et par là on évitait cette neutralité qui avait jeté une sorte de torpeur militaire en Europe pendant la révolution.

Une implacable haine éclate encore lorsqu'on apprend au congrès de Vienne le débarquement de Napoléon ; les jeunes étudiants à peine rentrés dans les universités, la landwehr et la landsturm, dissoutes depuis la veille, reprennent les armes le lendemain, et l'alliance la plus intime se reforme pour ainsi dire en Europe, afin de marcher droit contre Bonaparte, qui vient, soldat aventureux, se jeter presque immédiatement sur la Belgique et les provinces rhénanes. Dans ce mouvement militaire, qui menaçait la Prusse, M. de Hardenberg dut faire un nouvel appel à cette force nationale qui avait arrosé de son sang les champs de bataille de Lutzen et de Bautzen. Le même esprit se retrouva puissant et fort ; Blücher fut à la tête du contingent prussien dans la campagne de Waterloo ; on se battit avec acharnement, et, victorieux sur un champ funèbre, bientôt les ennemis inondèrent les provinces du nord de la France. Dans toutes les proclamations du prince de Hardenberg, dans tous les actes qui avaient appelé l'Allemagne aux armes, il s'était manifesté une haine profonde, un sentiment de vengeance déplorable contre la France, afin de ranimer le courage et la puissante énergie de la vieille monarchie prussienne. Cette irritation se retrouve à chaque pas des armées allemandes sur le territoire français ; il semble qu'on veuille venger d'un seul coup toutes les humiliations de dix années ; il ne suffit pas de Waterloo pour apaiser la colère qu'Iéna a soulevée ; le souvenir de la domination française se réveille dans toutes les âmes ; et, il faut le dire, dans cette guerre, les plus acharnés, les plus vindicatifs, ce ne sont pas les troupes régulières, les soldats sans imagination et sans intelligence, mais les jeunes hommes des universités, la landwehr et la landsturm ; c'est l'Allemand aux cheveux blonds, à la redingote courte, à la lanière de cuir ; ce sont les admirateurs de Goëthe et de Schiller, les nobles amants de la reine de Prusse (car tous ces jeunes hommes rêvent l'image révérée de la reine Louise, humiliée et flétrie par Napoléon), qui viennent demander les dépouilles de la France.

En négociant le traité de Paris, les notes de M. de Hardenberg se ressentent de cette tendance. de l'Allemagne, et de toute sa vie germanique, depuis qu'il a pris part aux affaires, il s'est mêlé spécialement de tout ce qui touche et intéresse la confédération : lui seul a fait entrer la Prusse dans le système de neutralité et de sécularisation, devenu le droit public de l'Allemagne depuis la révolution française ; maintenant, ces mêmes intérêts se placent sous sa direction suprême. L'Allemagne, qui s'est vue menacée si longtemps par les idées françaises, veut réagir contre cette puissance : elle dit et proclame partout que l'Alsace et la

Lorraine lui ont été arrachées : jeunes sœurs elles doivent rejoindre leur aînée ; la conquête les a données à la France, les revers peuvent les lui enlever. M. de Hardenberg expose ces idées et les soutient dans les conférences de Paris ; il établit que la rive du Rhin n'est pas naturelle pour la France, et qu'au contraire elle est offensive pour l'Allemagne : Strasbourg est une menace comme le serait Mayence ; les Vosges et la Moselle, voilà la ligne que M. de Hardenberg veut nous laisser comme une flétrissure, et cela vient moins de lui que de cette haine que l'Allemagne nous a vouée ; c'est la réaction libérale contre Napoléon, qui va presque au partage de la France. J'ai dit comment M. de Richelieu nous préserva de ce grand malheur en s'adressant à l'empereur Alexandre, plus désintéressé dans la question de partage, et qui s'interposa pour la patrie vaincue.

Ce fut déjà une perte bien assez grande que celle que nous imposa le traité de Paris ! M. de Hardenberg en fut un des signataires, et la prépondérance qu'il avait exercée lui donna un immense droit à la confiance de son souverain. Il devint, dans le cabinet prussien, comme l'expression de l'alliance anglo-germanique, recommençant cette union du parti tory avec l'aristocratie allemande, dont le principe fut l'esprit d'hostilité et de haine contre la France, vieux comme la guerre de Malborough et l'invasion de Fontenoy, où l'épée du duc de Cumberland s'abaissa devant la fortune de Louis XV.

La paix affermie, la tâche du prince de Hardenberg n'était point cependant à son terme ; il y avait pour lui une mission plus rude encore. Le grand essor national, imprimé à l'Allemagne par le besoin de se délivrer de Napoléon, avait donné à tous les esprits une énergique action de liberté ; on avait promis des chartes, des constitutions, une sorte d'unité mystique de l'Allemagne ; et cette promesse, comment la tiendrait-on ? Ce point politique, que nous avons vu si délicat, je dirais presque si terrible, pour M. de Metternich, l'était encore plus pour M. de Hardenberg, chef du gouvernement prussien. En Autriche, l'esprit des populations n'était ni si avancé, ni aussi philosophiquement organisé qu'en Prusse ; l'enthousiasme du peuple n'était au fond qu'un grand dévouement pour l'empereur et l'auguste chef de la maison de Habsbourg ; en échange, le peuple ne demandait qu'un soulagement d'impôts, quelques libertés locales et un peu de bonheur public. Les désirs ne s'arrêtaient point là en Prusse ; toutes les sociétés secrètes rêvaient un ordre de choses étrangement libéral, que l'Allemagne n'eût plus été qu'une république, aussi ne sait-on si un libre cours avait été laissé à toutes ces rêveries patriotiques. Pour arriver à un ordre régulier de gouvernement, M. de Hardenberg, même en face de ses anciennes promesses, dut rompre avec le parti patriote, dont il avait secondé les efforts au temps de la crise. Blücher et Gneisenau, les chefs des jeunes hommes, voulaient une représentation nationale, et pour cela, ils désiraient maintenir dans leur force les sociétés secrètes ; M. de Hardenberg leur remontra que ces sociétés n'avaient plus de but, et que, quant à la constitution des états, il fallait séparer ce qu'on appelait l'administration de la législation politique. Sous ce point de vue, on doit spécialement distinguer la théorie de M. de Hardenberg. La législation, d'après lui, appartient tout entière au roi ; c'est un droit que nul n'aurait contesté à Frédéric, fondateur de la monarchie ; l'administration seule réside dans des états provinciaux, ainsi que le concours pour le vote de l'impôt. Et cette théorie, M. de Hardenberg l'établit dans les actes successifs rédigés sous son influence ; cela va jusqu'à ce point, qu'un édit royal interdit même toutes les sociétés secrètes, comme chose dangereuse et fatale. Le roi y parle un langage paternel et motivé. En Prusse, tout se fait ainsi : on explique, on raisonne, avec un peuple penseur et raisonneur.

Cette seconde partie de la vie de M. de Hardenberg est donc, pour ainsi dire, la contre-partie de la première, et l'on remarquera que presque toujours l'existence des hommes politiques se divise en deux périodes : l'une toute d'action et de mouvement en avant ; l'autre toute de répression pour les idées mêmes qu'on a pu favoriser dans sa jeunesse et dans sa force. L'arme des sociétés secrètes faisait peur, et l'on avait quelque raison de les craindre au moment où les théories les plus étranges étaient jetées à l'Allemagne. La presse faisait ravage ; quand il s'était agi de soulever la Germanie, tout put se dire pour la liberté, comme tout avait pu se faire avec elle ; mais, la crise finie, le gouvernement fut en butte à des accusations soudaines. Dans les universités de Prusse, il est permis d'agiter toutes les questions, d'examiner en morale et en théologie les points les plus avancés ; mais, lorsqu'il s'agit d'application, lorsqu'on attaque de fait le principe du gouvernement, la liberté n'existe plus. En ce qui touche l'examen des droits de la couronne et de l'obéissance du sujet, tout est formellement interdit, parce que le prince de cet état est essentiellement militaire, et que sa grandeur est l'œuvre d'un soldat.

M. de Hardenberg assista comme ministre du roi à tous les actes qui préparèrent la constitution germanique. Frédéric-Guillaume s'abandonnait à sa longue expérience. Il fut premier ministre dans le sens absolu du mot ; et pour témoigner combien il était content de ses services, le roi non seulement lui écrivit de sa main le jour de sa naissance, mais encore il fit placer son portrait, par une gracieuse surprise, dans l'appartement de son hôtel.

Par l'acte de la constitution germanique, la Prusse et l'Autriche se rapprochèrent afin de partager le pouvoir dans une balance égale ; l'une pour le nord, l'autre pour le midi ; la Prusse comme l'expression du système protestant, l'Autriche comme le représentant du système catholique. L'unité allemande fut reconstruite dans ces conditions, et il n'y eut véritablement plus qu'une lutte morale entre les deux nations : la Prusse, plus avancée dans les idées philosophiques, l'Autriche plus paternelle, plus prévoyante dans ses règlements domestiques.

C'est à M. de Hardenberg surtout que l'on doit cette distinction bien établie entre l'administration et la politique, administration large, économique, sourcilleuse, politique surveillante et soupçonneuse, qui ne permet que dans des conditions précises le développement des libertés. Depuis la fin des grandes transactions de 1816, M. de Hardenberg ne s'occupa plus que d'appliquer au système de répression la mesure; la convocation et à la nomination limitée des états. A Troppau, à Laybach, il seconda dans ses desseins le prince de Metternich, et toutes les mesures contre les écoles furent prises de concert avec l'Autriche. Le système d'université allemande reposait sur deux ressorts : la pensée intelligente, studieuse, et l'action politique. M. de Hardenberg, fort éclairé, ami de M. de Humboldt, de Gentz, de Kotzebue, et très littéraire par lui-même, aimait à laisser à la philosophie ce vaste domaine où l'intelligence se déploie et se perd souvent aussi; les études ne furent nulle part gênées dans leur développement, les universités restèrent maîtresses de leur doctrine; seulement elles durent renoncer à cette action mystérieuse sur les associations secrètes et elles ne formèrent plus des corps agissant et délibérant ; la science, la pensée, la philosophie, demeurèrent comme une belle et grande tribu dans le domaine des savants, et comme la scolastique au moyen âge.

L'administration put d'autant mieux se perfectionner que la politique était restreinte ; le système des présidences prussiennes ne fut qu'une collection de vastes préfectures ou d'intendances ; tout fut réglé avec la plus parfaite économie, à ce point que les impôts se perçoivent avec un tiers de moins de frais qu'en France. Comme complément à ce système, les intendances furent partout soutenues par des états qui faisaient intervenir les contribuables dans l'application de la loi ; puis, on plaça au-dessus de tout cela, une force militaire attentive, au moindre bruit de sédition, et capable de tout contenir et de tout absorber.

Dans cette longue lutte, dans ce travail de tous les jours, la vie de M. de Hardenberg s'était usée ; à Aix-la-Chapelle, à Troppau, on l'avait trouvé considérablement affaibli ; la vieillesse était arrivée, et l'on s'étonne même d'un combat aussi vigoureusement engagé avec les partis à l'âge presque patriarchal de soixante-dix ans. On conçoit le gouvernement paisible d'un vieillard sur un état pacifique, et les quatre dernières années de la vie de M. de Hardenberg avaient été les plus laborieuses, parce que non seulement il avait à lutter contre des forces en dehors de lui-même, mais encore contre ses propres opinions, ses propres idées, vieilles à peine de cinq ans. Organisateur des sociétés secrètes, il fallait maintenant les détruire. Ce n'était pas son esprit qui était changé, mais les besoins de l'Europe, qui de la délivrance était passée à la répression.

Au congrès de Vérone, on vit pour la dernière fois M. de Hardenberg, associant toutes ses forces aux idées de l'empereur Alexandre et de M. de Metternich, sur la nécessité de la guerre d'Espagne. Enfin, il vint à Rome pour signer un concordat entre la Prusse et le Saint-Siége. Véritable nouveauté qu'un état protestant se rapprochant du chef de l'Eglise catholique! D'où cela venait-il? où en était la cause? Le mouvement imprimé à l'Europe par la sainte-alliance avait réuni des souverainetés éparses et diverses ; les idées s'étaient confondues par le besoin d'une défense mutuelle ; les nuances s'étaient effacées par la nécessité d'une répression de l'idée démocratique ; le pape était restauré par les Anglais, les Prussiens et les Russes, qui tous appartenaient à des communions différentes. Ces rapprochements politiques avaient aidé l'idée religieuse, et, à ce moment, le czar rêva une Eglise universelle par la réunion de toutes les sectes ; ce qui explique comment M. de Hardenberg put venir à Rome pour signer un concordat. D'ailleurs, par la situation nouvelle, la Prusse avait acquis presque la moitié d'une population catholique, toutes les provinces rhénanes entouraient la grande cathédrale de Cologne, il fallait donc assurer l'exercice de la religion à ces peuples à peine soumis. M. de Hardenberg eut encore la force de présider à ce traité. Puis il s'achemina, pour chercher un climat plus doux, vers Gênes ; il y avait loué une de ces villas ravissantes où lord Byron venait jouir des douceurs d'une belle campagne, lorsque la maladie et la mort le surprirent à l'âge de soixante-douze ans.

C'est une des vies diplomatiques, aussi longues que celle

de M. de Talleyrand. M. de Hardenberg n'avait pas conservé de sa jeunesse cette distinction de formes et de manières qui avait séduit les républicains ; sa parole était devenue lourde, épaisse ; il parlait bien le français, mais avec l'accentuation germanique qu'on retrouve un peu dans M. de Humboldt. Son langage, plein de froideur, était comme le miroir de ses sentiments, qui se laissaient rarement échauffer par l'imagination. Il y avait chez lui l'homme d'affaires plus encore que l'homme d'état ; aussi M. de Hardenberg n'a-t-il pas créé, mais organisé une administration qui vit encore et se développe dans les conditions qu'il lui a tracées.

Aujourd'hui, la Prusse n'a fait que grandir ce système, tout en lui imprimant une tendance plus fortement poétique et philosophique ; car il ne faut pas pour les temps calmes les idées et les impressions des époques orageuses et difficiles. La Prusse tend à réaliser le problème de montrer une nation intelligente, très avancée en philosophie, et qui peut se passer de ce qu'on appelle les institutions constitutionnelles. Cette pensée, qui veut tout centraliser, tout confondre ; cette rêverie, qui groupe l'Allemagne autour de la cathédrale de Cologne, est grande, vaste ; mais pour que cette unité triomphât, la première condition ne serait-elle pas qu'il n'y eût qu'une même foi, qu'un même amour, qu'une même croyance ? et le protestantisme peut-il créer l'unité, lui qui est un morcellement incessant ? Faire de Berlin, la capitale de la science, faire converger là toutes les universités vers une Athènes rêvée par les philosophes, c'est une haute pensée de gouvernement ; mais à côté de cela, que signifie cette licence contre le christianisme ? Si le grand Frédéric recevait des athées secrètement à sa table, il ne leur aurait pas permis d'enseigner l'athéisme publiquement ; et un empire qui veut chercher l'unité dans la science et la philosophie, doit d'abord la poser dans la religion et l'enseignement. Je crois donc que l'idée catholique peut seule resserrer les liens du peuple ; autrement, Cologne restaurée ne présentera qu'un stérile témoignage de l'impuissance du protestantisme pour ramener la foi des arts, telle que le moyen âge l'avait comprise et réalisée.

VIII

M. DE NESSELRODE

Dans la marche des générations, il existe deux périodes : l'une d'activité ardente, vigoureuse, où le calme et la tiédeur importunent ; l'autre, de fatigue et d'affaissement, et celle-ci appelle à la direction des affaires politiques des ministres sages, modérés, et, puisqu'il faut le dire, lassés eux-mêmes d'une vie trop active. Les grandes monarchies européennes ont un incontestable avantage sur les gouvernements libres et orageux ; c'est la perpétuité de leur système et la longue carrière de leurs hommes d'état. Voyez l'Autriche et la Russie depuis trente-trois ans ; elles sont représentées avec une unité constante par deux seuls ministres : le prince de Metternich et le comte de Nesselrode ; la mort seule a privé la Prusse des services du baron, depuis prince de

Hardenberg. Cette perpétuité des hommes d'état crée des traditions constantes dans les cabinets ; elle fait qu'une longue suite de mesures peut être conçue, qu'une même pensée peut être suivie et exécutée avec persévérance. Un jeune homme est pris au sortir de ses études, on le jette dans le troisième ou le second ordre des conseillers d'ambassade ; puis il devient ministre plénipotentiaire ; s'il s'élève et se distingue, il obtient un poste dans la chancellerie, et une fois que la confiance du prince ou la force des circonstances l'ont placé dans une position supérieure, il y reste sa vie entière. Que résulte-t-il de là ? une extrême gravité pour toutes les transactions, une intelligence profonde des affaires ; la position politique qu'on s'est proposée comme un but d'ambition devient le sujet des études de toute une existence.

L'Angleterre elle-même, toujours si habile, a cherché à corriger l'instabilité des hommes par la stabilité des partis. Là il y a deux écoles : les whigs et les tories en face ; en naissant, on est destiné à suivre l'une ou l'autre de ces vastes divisions; les universités de Cambridge et d'Oxford reçoivent dans leur sein cette double génération studieuse s'appliquant aux idées spéciales qui divisent les deux nuances parlementaires; on marche nettement dans la carrière qu'on s'est faite ; en sortant des bancs universitaires, on suit, au parlement, la ligne dans laquelle on a été élevé. Si vous êtes tory, et que les tories aient le pouvoir, vous entrez dans les bureaux comme sous-secrétaire d'état, et vous n'en sortez plus qu'avec votre parti ;

si vous êtes whig, et que les whigs tiennent le ministère, il en est de même, tout est fixé, réglé dans la hiérarchie; par cela seul qu'on sait d'où l'on vient, l'on sait également où l'on va.

En mettant en présence les trois hommes d'état dont je viens de prononcer les noms, le prince de Metternich, le comte de Nesselrode et M. de Hardenberg, je n'ai pas prétendu faire un parallèle absolu; la différence sensible qui existe entre eux, c'est que le prince de Metternich et M. de Hardenberg furent toujours les hommes de leurs propres idées, l'expression d'un système qu'ils suivirent avec constance et qu'ils appliquèrent à travers tous les événements aux deux grandes monarchies qui leur étaient confiées; ce sont des hommes d'état venus avec une idée : toute leur vie en est le développement : le prince de Hardenberg, par exemple, s'imposa, dans les relations à l'extérieur, l'agrandissement de l'influence nationale de la Prusse contre Napoléon, et, dans le gouvernement intérieur, la reconstitution des états et de la bourgeoisie prussienne; le prince de Metternich s'appliqua surtout à faire prévaloir, dans la politique étrangère du cabinet de Vienne, son système de médiation armée, d'influence morale par les grands armements; tandis qu'à vrai dire le comte de Nesselrode n'a jamais été que le fidèle et intelligent exécuteur des pensées de son souverain : il a été l'image d'Alexandre, la main fidèle qui a exécuté ses volontés, même les plus personnelles. On pourrait comparer la position de M. de Nesselrode auprès des empereurs Alexandre et Nicolas à celle des ministres secrétaires d'état sous Napoléon : l'influence qu'il exerce résulte de sa vieille expérience, de cette habitude d'une vie commune en politique; ce qui est aussi une grande puissance.

Charles-Albert, comte de Nesselrode, naquit à Lisbonne, en 1770, d'une famille noble, d'origine allemande ; son père y était ministre plénipotentiaire de Catherine II. Il existait quelques traditions sur la cause de cette sorte d'exil; mais, dans le corps diplomatique, il y a toujours des légendes un peu railleuses et aventurées, comme pour se dérider de la gravité officielle. M. de Nesselrode était tout jeune encore lorsque Catherine finissait son règne. Cette femme si haute, si curieuse à étudier, parce qu'elle représente parfaitement la civilisation russe; cette femme si mâle de pensées politiques et qui avait fait avancer le plan de Pierre Ier, semblait changer l'influence jusqu'ici purement orientale du cabinet de Saint-Pétersbourg, pour la rendre allemande et centrale, premier pas fait vers la prépondérance sur le midi de l'Europe, qui fut depuis une des ambitions d'Alexandre, son petit-fils. Pierre Ier avait montré du doigt Constantinople, Catherine indiqua comme étape Varsovie, pour que la puissance russe pût, dans la suite, prendre dans l'Europe méridionale l'importance que lui préparaient ses correspondants littéraires et ses dépêches politiques. Ce n'était que dans ce but qu'elle flattait l'esprit du xviiie siècle, et qu'elle caressait d'Alembert, Diderot, sorte de journalistes qui tous faisaient ses affaires. Quand Voltaire, dans son expression de vanité flatteuse, écrivait à Catherine que du nord venait la lumière, il prophétisait cette habileté profonde qui portait la czarine à faire parler d'elle à tout prix, « parce que, comme elle le disait avec esprit, à force de grandir le nom russe, on le comptera pour quelque chose en France et en Angleterre, et nous ne serons plus relégués parmi les barbares ; on parlera de nous à Versailles, à Londres et à Madrid, et c'est indispensable en diplomatie pour conquérir de l'ascendant. »

La pensée du cabinet de Saint-Pétersbourg a été depuis cent ans l'agglomération de la Pologne et l'expulsion des Turcs jusqu'au delà du Pont-Euxin. La Pologne est tombée, et nul gouvernement ne pouvait empêcher cette ruine. Il existe entre les Russes et les Polonais une antipathie, une haine profonde, immense : ce sont deux races sans cesse prêtes à se ruer l'une sur l'autre ; ce sont deux géants armés qui se sont heurtés pendant six siècles. L'acte le plus impopulaire à Moscou, à Kalouga, à Novogorod, dans les vieux châteaux des anciennes provinces, ce fut la constitution d'un royaume de Pologne indépendant, organisé par Alexandre, et qui fit gronder la plus vive opposition contre lui. L'autre but de la Russie, la chute de l'empire turc, sera tôt ou tard accompli : on ne peut pas l'empêcher ; si ce n'est pas le gouvernement, ce sera le peuple qui le fera tout seul. Sainte-Sophie manque pour couronner le patriarchat de l'église grecque! L'Europe le sait bien ; elle arrête l'explosion jusqu'à ce que les temps soient préparés, elle règle les lots d'avance ; un beau jour, on apprendra que les Russes, la croix en tête, marchent à la délivrance de leurs frères, et qu'un nouvel empire de Constantin se lève sur le Bosphore. Ainsi il est écrit au livre des destinées.

Je ne sache pas qu'on ait jamais considéré le cabinet russe, en France, sous le point de vue de l'habileté diplomatique ; on a cherché la grande cause de sa prépondérance dans la force matérielle de ses armées, dans son organisation absolue, et l'on s'est trompé. Il n'y a rien de plus persévérant, de plus réfléchi que le cabinet russe ; il va lentement, sans bruit. Depuis un siècle, il a accru sa population de 11 millions d'habitants, occupant plus de 500 lieues carrées de territoire, en y comprenant la Géorgie et la portion de la Tartarie réunie au gouvernement de la Crimée. Indépendamment de ces conquêtes effectives, la Russie a acquis l'incontestable protectorat de la Moldavie et de la Valachie, une influence en Perse, telle qu'aucune autre puissance n'est désormais en mesure de la lui disputer ; enfin, le monde connaît la situation conquise par la Russie à Constantinople, et les efforts de toute l'Europe pour l'empêcher d'accomplir matériellement les vastes projets de Pierre Ier. Pour arriver à ce résultat, la Russie n'a rien épargné, ni protestations politiques, ni appel au principe religieux ; sachant s'arrêter à point nommé, elle ne s'aventure jamais dans une idée ; elle patiente jusqu'à ce qu'elle soit mûre ;

quand son système a trop donné l'éveil, elle ne va pas au-delà des limites, elle fait une concession momentanée; puis elle reprend, avec une admirable suite, des projets qu'elle a conçus. Quand les temps sont venus et les obstacles abaissés, alors la Russie marche droit à la réalisation de sa pensée.

Catherine, frappée d'une apoplexie foudroyante, était au tombeau, et le sceptre passait à ce grand-duc Paul, jusqu'alors condamné à l'obscurité la plus profonde. Le grand-duc quitta sa solitude pour le gouvernement de 40 millions d'âmes. On a exagéré la sombre bizarrerie de Paul Ier, représenté comme un prince bizarre, passant soudainement des actes d'une tyrannie farouche à la bienfaisance et à la douce intimité. Paul Ier était du sang de Pierre Ier; sans cesse entouré de conjurations, menacé dans sa vie, dans sa couronne, il dut prendre souvent ces résolutions qui allaient de l'abandon à la colère, de la confiance à la fureur. Les caractères naissent presque toujours des situations; on est ce que les événements vous créent. Paul Ier avait à défendre ses jours que tant de tentatives menaçaient. Pour juger ce prince, il faut descendre jusqu'aux profondeurs du caractère national des Russes, et voir la situation générale de sa politique.

L'Europe avait reçu une impulsion ardente de la révolution française. Menacé lui-même par l'esprit de révolte, le grand-duc dut voir avec peu de faveur cette explosion populaire qui éclatait à l'autre bout de l'Europe; mais l'éloignement de la Russie, ses embarras financiers, l'accomplissement du partage de la Pologne, ne permirent pas de prendre part à la première coalition contre la révolution française; les Russes n'entrèrent en ligne qu'à la seconde guerre d'Italie, lors de la campagne de Souwarow. Je laisse ici des souvenirs militaires bien connus; les divisions des cabinets de Pétersbourg et de Vienne mirent fin aux espérances de la seconde coalition; mais les régiments russes avaient vu l'Italie, ils avaient touché la Suisse; pour la première fois, les doux rayons du soleil avaient réchauffé leur poitrine; comme les envahisseurs des IIIe et IVe siècles, ils se rappelaient, durant les longues soirées de leur froide patrie, qu'il y avait de grandes villes, de belles cités au midi de l'Europe, que ces terres plantureuses produisaient des fruits savoureux; que de magnifiques récoltes se déployaient sur d'immenses campagnes; ce souvenir était présent à plus d'un vétéran russe en 1813 et en 1814. Dès ce moment, le cabinet de Saint-Pétersbourg se mêla aux intérêts de l'Europe méridionale.

La carrière diplomatique de M. de Nesselrode s'ouvrit lors de l'ambassade de M. de Marcoff à Paris, sous le consulat, époque merveilleuse où tout renaissait avec une certaine force de jeunesse, gouvernement, institutions, pensées politiques et sociales. L'administration vigoureuse du premier consul put facilement ouvrir des négociations avec la Russie, car toutes les fois qu'un pouvoir régulier s'est établi en France, l'Europe n'a jamais cherché un moment à le renverser. Tout jeune homme, M. de Nesselrode, attaché à l'ambassade à

Paris, vit ainsi éclore les magnifiques développements de Bonaparte, premier consul : qui lui aurait dit alors que, quinze ans plus tard, ce serait lui, comte de Nesselrode, chancelier d'Alexandre, qui présiderait aux actes de déchéance de l'empereur, et sanctionnerait les décrets du sénat de 1814 pour la restauration des Bourbons !

Paris était à cette première époque du consulat un séjour de plaisirs et de fêtes. Le traité d'Amiens venait d'être conclu; la paix avait été conquise par la victoire ; on était avide de distraction et de repos ; on sortait du système directorial, l'esprit de bonne compagnie commençait à se montrer ; on en recherchait le code et les traditions pour en rassembler les débris. Il y avait une petite cour aux Tuileries chez Joséphine ; tout ce qui était cérémonial, étiquette, était accueilli avec avidité ; les ambassadeurs seuls avaient des livrées et de ces beaux équipages qui brillaient au milieu des cortéges quasi-républicains, où l'on voyait une longue suite de fiacres dont on cachait les numéros. Napoléon réservait encore toutes ses magnificences pour les fêtes militaires, ces grandes revues du Carrousel où se déployaient, au milieu des flots de poussière, les escadrons des guides et les grenadiers de la garde consulaire, ainsi que nous les voyons dans les tableaux d'Isabey.

Ce luxe des ambassades jetait sur tout ce qui appartenait à la légation un vernis d'aristocratie qui tournait toutes les têtes de cette génération ; de là ces bonnes fortunes des membres du corps diplomatique à cette époque, et ces relations intimes et secrètes qui servirent si bien le comte de Metternich dans ses surveillances diplomatiques. Le jeune de Nesselrode parlait très facilement, comme tous les Russes, la langue française, sans cet accent prononcé que tout l'esprit de M. de Metternich ne peut dissimuler. Il eut donc sa part dans les dissipations de la nouvelle cour, où de jeunes femmes, comme étonnées de leur position nouvelle, s'oubliaient elles-mêmes et oubliaient qu'elles avaient pour chef la tête la plus grave, la plus sérieuse de son temps. Je ne sais pourquoi, mais rien ne m'a fait prendre plus en mépris la société du consulat et de l'empire que la lecture des mémoires qui ont été publiés pour en faire l'apologie ; à côté des merveilles d'un seul homme, que ces petits jeux, que ces étroites intrigues sont mesquines et désolantes !

La légation russe avait alors à s'occuper d'une des questions les plus importantes du droit maritime et du droit des gens. Le traité d'Amiens, qui ne pouvait être qu'une trêve armée entre la France et l'Angleterre, fut déchiré par les deux puissances à la fois. C'est une question oiseuse que de rechercher lequel des deux gouvernements commit la première infraction au traité ; cette paix croula parce qu'elle n'était qu'un point de repos entre deux cabinets qui ne pouvaient vivre l'un à côté de l'autre dans leur gigantesque ambition. Dès que l'état de guerre fut déclaré entre la France et l'Angleterre, Napoléon dut songer à pousser vigoureusement les hostilités ; et pour arriver à ce résultat, il dut songer à s'assurer la coopération de quelques-unes des puissances du continent. Paul Ier, ardent dans ses haines comme dans ses admirations, avait conçu une haute estime pour le premier consul, et Bonaparte, mettant à profit ses sentiments, lui demanda de remettre en vigueur le principe sur l'indépendance des mers au profit des neutres, principe en complète opposition avec les idées et les intérêts anglais : le cabinet britannique n'admit jamais que le pavillon couvrît la marchandise. Une escadre parut dans le Sund pour agir simultanément contre le Danemarck, la Suède et la Russie, qui avaient adhéré à la neutralité armée. La légation de Paris dirigée par M. de Marcoff, arrêta les bases fondamentales du traité sur les neutres, développement d'une grande pensée de droit maritime renouvelée de Louis XVI.

Bientôt les choses changèrent : comme par un coup de foudre, Paul Ier tomba sous les trames d'une conspiration. L'histoire a dit les mystères de cette nuit affreuse. Le doux et mystique Alexandre fut appelé à remplacer son père, et ses dispositions à l'égard de la France et de Napoléon furent presque immédiatement belliqueuses; aussi l'Angleterre domina le cabinet de Saint-Pétersbourg. La légation russe quitta Paris, et comme dans ces derniers temps elle avait agi avec une grande activité, pour se procurer des renseignements qui n'étaient pas favorables aux idées de Napoléon, le comte de Marcoff fut sur le point d'être arrêté ; on hésita pour savoir si des passeports lui seraient délivrés. C'était une des habitudes de Napoléon que ces coups de violence : la barrière même du droit des gens l'importunait ; il était toujours à la veille de s'en affranchir.

Depuis cette époque, le rôle que va jouer M. de Nesselrode, l'importance des négociations de la Russie avec la France, nécessitent de bien expliquer l'organisation hiérarchique du corps diplomatique, tel qu'il se trouve constitué dans l'empire russe. L'empereur étant chef suprême de l'armée, de l'administration et de l'église, tous les pouvoirs dépendent de lui, et par conséquent il se réserve la haute direction de ce qu'on appelle la chancellerie. Cette chancellerie nomme des agents qui, sous le titre d'ambassadeurs ou de ministres, représentent officiellement le prince à l'extérieur ; active et vigilante, elle surveille les ambassadeurs souvent forcés de recueillir des renseignements minutieux qui sortent de leur rôle élevé : il y a des nuances si imperceptibles entre ce qui est permis et ce qui est défendu en diplomatie ! et ce rôle ambigu porta souvent, je le répète, l'empereur Napoléon à des mesures presque violentes contre les ambassadeurs russes, qui se procurant les états militaires, les conventions secrètes, pénétraient les secrets les plus intimes du cabinet.

Indépendamment de ces agents officiellement accrédités, le czar envoie encore des aides-de-camp sans autre mission patente que celle d'un voyage ou d'un compliment ; ces aides de camp examinent, font des rapports aussi bien sur les gouvernements et les populations qu'ils inspectent, que sur les agents mêmes de la Russie. Pour en rappeler un exemple, sous l'empereur Napoléon, en 1811, l'aide de camp Czernitcheff fit deux ou trois voyages à Paris, sous prétexte de complimenter l'empereur et de lui apporter des lettres autographes du czar ; puis il s'en retourna en Russie avec l'état de toutes les forces militaires qu'un employé lui avait délivré au ministère de la guerre ; ce qui servit prodigieusement la Russie dans la défense de 1812. Enfin, quand le czar entre en campagne, un grand nombre d'officiers généraux réunissent à leur titre militaire des missions et des services diplomatiques : le comte Pozzo di Borgo, comme on l'a vu, suivait tout à la fois les opérations stratégiques et les conventions des cabinets qui pouvaient en assurer le développement ; l'Angleterre (la première entrée dans cette voie), quand elle accordait des subsides à une puissance, envoyait auprès de chaque armée un commissaire pour suivre la campagne.

Le comte Nesselrode fut attaché de bonne heure comme conseiller à la chancellerie intime du czar ; l'empereur Alexandre lui reconnut un esprit sûr, une érudition vaste et ferme, une intelligence sérieuse, un esprit d'obéissance facile et disposé à seconder sa volonté suprême. Le comte de Nesselrode chercha surtout à plaire à l'empereur Alexandre, trop profondément pénétré de ses propres idées, pour souffrir une impulsion qui n'eût pas été la sienne. A partir de l'entrevue d'Erfurth, on peut apercevoir que trois pensées se partagent plus spécialement la diplomatie du cabinet de Saint-Pétersbourg. L'une, entièrement russe, voit avec douleur et humiliation l'alliance d'Alexandre avec le chef du gouvernement en France : il y avait haine du vieux moscovite contre la grandeur du nouvel empire, du noble slave contre de glorieux parvenus. On ne voulait pas une rupture ouverte avec la France, mais les engagements pris par le traité d'Erfurth, les intimités nées entre deux couronnes sous la magique parole de Napoléon ; ces engagements, disons-nous, déplaisaient à la vieille aristocratie, aux successeurs de ces boyards qui prétendaient encore au gouvernement féodal des provinces russes.

La seconde école de cette diplomatie était en quelque sorte grecque et orientale. Par le traité d'Erfurth, Napoléon avait voulu satisfaire quelques-uns des projets de la Russie ; comme il se partageait le monde avec Alexandre, il lui concéda la réalisation pleine et entière des projets de Catherine : Constantinople dans quelques années, Ispahan et la Perse dans la suite des temps. On parla même de l'indépendance de la Grèce, et par conséquent de la possibilité d'une insurrection parmi les populations helléniques et syriaques. Il y avait longtemps que ces projets roulaient dans la tête de Napoléon : général de l'armée d'Egypte, n'avait-il pas songé déjà à se servir des idées chrétiennes pour soulever les Cophtes et les Syriaques contre la domination ottomane ? Aux principes de l'école diplomatique grecque devaient se lier quelques maximes de liberté, plus tard développées au congrès de Vienne sous l'influence du comte Capo d'Istria.

La troisième école diplomatique fondée, en quelque sorte, par M. de Nesselrode, consista à prendre le milieu entre toutes ces idées. Si le jeune comte ne fut jamais dévoué aux plans de l'entrevue d'Erfurth, il ne se laissa pas un seul moment entraîner par les gigantesques projets qui furent arrêtés là dans un moment d'enthousiasme ; il ne fut ni absolument idéal avec l'école allemande et grecque, ni absolument moscovite dans ses répugnances envers Napoléon. Ce que remarqua surtout en lui Alexandre, ce fut l'obéissance profonde à toutes ses volontés, en modérant les pentes trop vives, trop rapides de sa politique ; le comte de Nesselrode exécutait toujours, mais il le faisait en tempérant ces impressions d'enthousiasme mystique qui caractérisaient souvent la politique du Czar ; il ne donnait pas l'impulsion, mais il empêchait la volonté souveraine d'aller trop loin.

L'époque où commence la faveur du comte de Nesselrode est spécialement l'expédition française en Russie. Le mouvement qui repoussa cette gigantesque entreprise, plus national encore que militaire, dut se retremper dans le vieux sang moscovite, et dans l'énergie sauvage contre laquelle les czars luttaient depuis Pierre Ier. Alexandre, dont l'éducation et les principes s'opposaient à ce retour de barbarie, eut besoin de trouver quelques hommes d'intimité, dans le sein desquels il pût épancher ses craintes sur le résultat de cette tendance moscovite qui le dépassait. Le comte de Nessselrode devint un de ces esprits de confiance, et, déjà en 1812, sans occuper le titre officiel de chancelier d'état, il prit la plus grande part à l'immense mouvement diplomatique. M. de Nesselrode conclut et signa le traité des subsides avec l'Angleterre et l'alliance intime des deux grandes puissances contre Napoléon, ce qui accomplit sa fortune politique.

Dans le développement du congrès de Prague commence l'intimité du comte de Nesselrode et de M. de Metternich. Ce n'est pas, je le répète, qu'on puisse comparer l'un à l'autre ces diplomates : le prince de Metternich créateur d'un système, et M. de Nesselrode l'exécuteur ou le modérateur d'une pensée qui n'est pas toujours la sienne. Le comte de Nesselrode ne fut pas le plénipotentiaire en titre à ce congrès de Prague; les pleins pouvoirs furent confiés à M. d'Anstett, diplomate habile d'ailleurs. Quoique ce choix ne dût pas être trop favorable au système de paix (il était émigré français), l'impulsion et la direction émanaient tout entière d'Alexandre, et par conséquent du comte de Nesselrode, le plus sincère et le plus dévoué de ses interprètes. Il était alors d'une immense importance, comme on le sent, de déterminer l'Autriche à s'unir dans le mouvement des alliés contre Napoléon; le succès de la campagne d'Allemagne était à ce prix. M. de Metternich, rien moins que décidé à cette époque, voulait faire acheter la coopération de l'Autriche à un haut prix. La négociation fut suivie avec une grande habileté par le comte de Nesselrode, et, à la fin du congrès de Prague, l'alliance de l'Autriche était complètement assurée à la coalition. M. de Nesselrode régla, au nom de son souverain, tous les articles de cette convention qui rassura l'Autriche en lui assignant une belle frontière en Allemagne et en Italie.

Un nouvel élément s'était manifesté dans la diplomatie russe à cette époque. Le général Pozzo di Borgo venait d'arriver au quartier-général, après avoir rempli sa mission auprès du prince royal de Suède Bernadotte. M. Pozzo di Borgo était l'ami des généraux mécontents de l'empire; sa pensée fixe était le renversement de l'ancien rival qu'il considérait comme l'oppresseur de l'Europe. Le comte de Nesselrode eut, sinon à lutter contre cette influence sur l'esprit d'Alexandre, au moins à ne pas l'accepter complétement. Comme M. de Metternich, le comte de Nesselrode crut un moment qu'il était possible de traiter avec Napoléon, en restreignant son pouvoir militaire de telle manière qu'il cessât de nuire à l'indépendance allemande, à la sécurité des intérêts et des relations des états. Sur ce point, le comte de Nesselrode se rapprochait parfaitement des opinions d'Alexandre, qui, durant la campagne de 1813, était aussi éloigné de vouloir renverser Napoléon que de se mêler des formes du gouvernement de la France. Cette question du renversement n'arriva qu'en 1814; on avait assez alors des affaires d'Allemagne; le Rhin n'était pas franchi. Le comte de Nesselrode, témoin de l'entrevue d'Abo entre le Czar et Bernadotte, ne pouvait méconnaître qu'il avait été là question d'un certain nombre d'éventualités, parmi lesquelles se trouvait la possibilité d'une autre forme de gouvernement en France. Ceux qui savent un peu le fond des affaires, n'ignorent pas que rien ne fut plus vague que tout ce qui fut arrêté dans cette entrevue, si on en excepte quelques articles sur les rapports intimes de la Russie et de la Suède, et sur leurs différentes réclamations territoriales. L'empereur Alexandre causa beaucoup avec Bernadotte des plans de campagne, de la situation des esprits en France, de toutes les chances et des possibilités que pouvait amener la guerre. Bernadotte dut, à son tour, se faire l'expression des griefs que, général républicain, il avait conservés contre l'empereur Napoléon ; mais il ne fut question d'aucun changement, on n'y arrêta aucune convention positive pour renverser le souverain qui alors régnait sur la France.

Dans la campagne de 1814, les négociations furent aussi actives que le mouvement militaire même ; une fois que les alliés eurent passé le Rhin, il fut reconnu nécessaire que la diplomatie suivît toutes les phases de la guerre, pour être toujours prête sur-le-champ à répondre aux propositions qui seraient faites par l'empereur des Français et résoudre en même temps toutes les difficultés. L'arrivée de lord Castlereagh sur le continent facilita les transactions pour les subsides et l'armement des corps ; le traité de Chaumont fut signé par le comte de Nesselrode comme par les plénipotentiaires de toutes les puissances ; l'Angleterre, en ce moment, avait acquis un

et

Les les acies diplomatiques depuis trois ans ? Alexandre faisant beaucoup par lui-même, alors même qu'il eût absolument considéré M. de Nesselrode comme un simple secrétaire, on devait prendre les moyens les plus efficaces pour le mettre dans les intérêts du gouvernement provisoire.

Depuis l'entrée d'Alexandre sur le territoire français, les mécontents s'étaient mis en rapport avec le cabinet du czar. J'ai parlé de la mission de M. de Vitrolles, qui avait fait connaître, dans l'intérêt d'une restauration, l'état des esprits à

l'empereur Alexandre (1). A peine arrivé à Paris, le comte de
Nesselrode fut entouré, assailli par mille intrigues qui se croisaient, par des négociations de toute espèce qui venaient aboutir à son cabinet, afin de le faire prononcer pour la restauration. C'était la tendance de l'époque comme le principe révolutionnaire fut la tendance d'un autre temps. Les premières
démarches du comte de Nesselrode furent très précautionneuses : il voulait tâter l'opinion avant tout ; il fallait d'ailleurs
décider le prince de Schwartzemberg, qui commandait l'armée
active, à une grande démonstration, et l'on ne savait pas
quelle était la résolution bien fixe de l'Autriche et du prince
de Metternich, en particulier. Toutes les pièces diplomatiques
émanées du comte de Nesselrode se ressentent de cette situation complexe. Néanmoins, le ministre d'Alexandre se prononça nettement dans une lettre officielle, adressée à M. Pasquier, afin qu'il eût à mettre en liberté les personnes arrêtées
pour la bonne cause ; et la bonne cause, c'était la restauration
de Louis XVIII.

Il était donc évident que l'expression des opinions favorables à la souveraineté légitime signalait une décision prise
avant même qu'elle eût été officiellement dénoncée. Jamais, à
aucune époque peut-être, il n'y eut plus d'activité qu'à ce moment ; M. de Nesselrode doit se la rappeler comme la plus
brillante et la plus agitée des périodes de sa vie : son salon ne

(1) Voyez l'*Histoire de la Restauration*.

désemplissait pas ; tantôt M. de Caulaincourt, avec les pleins pouvoirs de Napoléon, sollicitait la paix ; tantôt les maréchaux de l'empire stipulaient les droits de l'armée et un traité spécial pour l'empereur. Puis, MM. de Talleyrand, de Jaucourt, d'Alberg venaient presser M. de Nesselrode pour en finir avec toutes les incertitudes, en prononçant la déchéance de Bonaparte. Enfin, les royalistes dévoués aux Bourbons, tels que MM. Sosthènes de La Rochefoucauld, de Vitrolles, accouraient pour obtenir le triomphe de l'antique dynastie.

A la suite de ces négociations si diverses, on arrêta de concert, dans le cabinet, la déclaration du czar Alexandre, qui annonçait à la France qu'on ne traiterait plus avec Napoléon; le comte Pozzo fut le rédacteur de cette déclaration si remarquable, imprimée, au moyen d'une presse à la main, dans l'hôtel de M. de Talleyrand, rue Saint-Florentin ; on en jeta des milliers d'exemplaires par les balcons du prince, et ce fut un coup de partie pour la maison de Bourbon, car sa cause fut dès lors gagnée. On a dit que d'immenses présents diplomatiques déterminèrent la résolution de M. de Nesselrode : il faut un peu se défier, en général, de tous ces bruits qui circulent après les événements politiques accomplis; il y a moins de corruption qu'on ne le croit dans les affaires. Toutefois, il est très probable qu'à la suite d'un acte aussi décisif, on dut garder quelque reconnaissance : dans les transactions diplomatiques, il y a presque toujours des présents secrets qui accompagnent la signature des stipulations, c'est un vieil usage ; ces présents furent grandis, sans doute, par suite de l'immensité du service. C'est tout ce que l'impartialité historique peut dire à ce sujet.

Cette époque de 1814 fut bien brillante pour le comte de Nesselrode, à Paris : ce n'étaient que fêtes et fleurs. L'influence modérée de la Russie avait dominé toutes les résolutions et adouci les conditions de la victoire. L'empereur Alexandre jouissait d'une grande popularité, comme le symbole de la paix et l'expression de la magnanimité dans le triomphe : l'Autriche, l'Angleterre étaient effacées, on ne parlait que d'Alexandre, et cette renommée se refléta sur le comte de Nesselrode jusqu'à ce point de donner quelque jalousie à M. de Metternich, qui demeura presque étranger aux transactions de Paris en 1814 ; le ministre autrichien attendait sa revanche au congrès de Vienne. La première occupation de notre capitale fut l'apogée de la toute-puissance morale de la Russie dans les affaires du midi de l'Europe.

Ici, j'ai besoin de bien préciser toutes les difficultés qui entouraient le rôle de M. de Nesselrode. Rien n'était plus mobile et plus impressionnable que l'esprit d'Alexandre, passant d'un enthousiasme à un autre avec une inconcevable rapidité ; quand il avait conçu une idée, il était difficile de l'en faire revenir, et si vous le suiviez sur ce terrain, quelque temps après arrivait une autre idée qu'il adoptait avec non moins de chaleur : combien n'était-il pas difficile, le rôle d'un secrétaire d'état qui voulait donner une suite à ces projets, les classer dans un certain ordre, amener enfin un résultat pour tous? Depuis la fin de 1813, Alexandre fortement préoccupé du mysticisme de madame Krüdner, mêlait à ses manifestes sur les principes européens, à ses théories de paix et de guerre, une sorte de culte ascétique, de superstition exaltée, bien difficile à traduire et à appliquer dans les affaires positives, et dont les puissances, telles que l'Autriche et l'Angleterre, ne voyaient pas toujours le dernier mot.

Au congrès de Vienne, pourtant, c'étaient des affaires positives qu'on avait à traiter : il fallait donner au vague des conceptions de l'empereur Alexandre un sens matériel ; traduire les théories en traités. La Pologne était alors occupée par une armée russe ; l'école diplomatique des vieux Moscovites espérant que cette occupation deviendrait permanente, demandait que la Pologne fût réunie à la Russie sans constitution, ni priviléges d'état libre. Alexandre, tout opposé à ces exigences, désireux d'orner son front de la couronne de Pologne, voulait en réunir tous les fragments dans un même système d'organisation politique. Le comte de Nesselrode devint l'exécuteur fidèle de cette pensée au congrès de Vienne ; la question de Pologne fut son unique préoccupation, comme l'intégralité de la Saxe et la restauration des Bourbons de Naples avaient été la pensée exclusive de M. de Talleyrand.

Au congrès de Vienne, M. de Nesselrode se lia avec

le baron de Hardenberg : la Russie avait appuyé les prétentions de la Prusse ; des liens politiques et de famille avaient rattaché ces deux états l'un à l'autre ; la Prusse était destinée désormais à servir d'avant-garde à la Russie dans ses projets d'influence sur le midi de l'Europe. Les préoccupations de la légation russe l'empêchèrent de surveiller l'intimité qui se formait sous main entre l'Autriche, l'Angleterre et la France, contre les desseins d'Alexandre pour constituer une couronne de Pologne dépendante d'une vice-royauté des czars. M. de Nesselrode eut à combattre tout à la fois MM. de Metternich et de Hardenberg, craignant tous deux de voir échapper les portions de la Pologne qui leur étaient échues par le premier partage : l'Autriche, la Gallicie, la Prusse, les districts au-delà de la Vistule. L'autre opposition que M. de Nesselrode eut à vaincre, je le répète, fut celle des vieux Russes, qui murmuraient de voir la Pologne organisée avec une constitution indépendante et une liberté nationale ; et encore M. de Nesselrode n'était pas entré aussi complétement que son souverain dans ces idées : il avait pris un terme moyen pour échapper à une disgrâce qui alors sembla un moment le menacer.

Ces intérêts se confondirent en face de l'immense nouvelle du débarquement de Napoléon au golfe Juan. L'empereur Alexandre, plus que jamais dans les idées mystiques et libérales de l'école allemande, n'hésita pas un moment à prêter ses grandes forces à la coalition ; madame Krüdner lui avait persuadé que l'ange blanc, ou de la paix, devait en finir avec l'ange noir, ou des batailles, et que ce rôle de médiateur et de sauveur du genre humain lui était destiné. Les immenses armées de la Russie se mirent donc en mouvement contre l'ange noir (Bonaparte). Je n'entrerai point dans la stratégie de la campagne de Waterloo ; il suffit de rappeler que les Russes, qui avaient prêté un appui décisif dans l'invasion de 1813 et de 1814, n'arrivèrent, dans cette seconde circonstance, qu'en troisième ligne de bataille ; c'est ce qui explique l'influence exclusivement anglaise et prussienne qui domina en France les transactions de 1815.

J'ai dit autre part l'histoire de ces négociations (1). L'empereur Alexandre se posa comme protecteur des intérêts français, autant par générosité de caractère, que par la rivalité naturelle qui se montrait déjà entre la Russie et l'Angleterre. Dans cette circonstance, l'action de M. de Nesselrode fut aussi puissante sur l'esprit de l'empereur que celle du comte Pozzo : ils rendirent de grands services à notre pays, il faut le reconnaître ; ils nous sauvèrent d'un morcellement de territoire et d'une indemnité pécuniaire s'élevant au-dessus des facultés de la France. Il nous fallut néanmoins supporter de douloureux sacrifices et le traité de Paris en fait foi.

Ici commence à s'élever un antagonisme dangereux pour le comte de Nesselrode. Nous allons parler de Capo-d'Istria.

(1) Voir les notices de M. Pozzo di Borgo et du duc de Richelieu.

Le comte Capo-d'Istria était né dans les îles Ioniennes, au sein de cette population grecque, si souvent encouragée, depuis Catherine II, à conquérir sa liberté. Ami d'Ypsilanty, de toute cette génération ardente qui combattait pour l'indépendance hellénique, le comte Capo-d'Istria avait été appelé, jeune encore, dans des négociations mystérieuses. Quels que fussent les rapports du cabinet de Saint-Pétersbourg avec la Porte, la Russie n'avait cessé de favoriser secrètement, depuis un siècle, les efforts des Grecs pour leur indépendance : combien même n'avait-elle pas des reproches à se faire ? Plus d'une fois, elle avait poussé les Grecs à se jeter dans la révolte, et puis, quand les efforts ne réussissaient pas, la Russie en face de l'Europe n'osait plus les défendre, surveillée comme elle l'était par l'Angleterre et l'Autriche, qui dénonçaient au divan les moindres actes, les moindres soupirs des opprimés ? Quand donc le comte Capo-d'Istria eut été admis dans la confiance d'Alexandre, la cause des Grecs y trouva un constant appui, un interprète chaud et fidèle. Le crédit de Capo-d'Istria remontait à ses négociations en Suisse, vers 1815, négociations qui eurent pour résultat un nouvel acte de médiation, sous la triple influence de l'Autriche, de la Prusse et de la Russie. Capo-d'Istria fut quelque temps après appelé à partager avec le comte de Nesselrode le ministère des affaires étrangères.

C'était, je le répète, une véritable rivalité, car le comte de Nesselrode appartenait essentiellement aux idées et à l'école européenne ; il avait suivi le développement de cette politique qui, depuis 1812, avait marché de concert contre le principe militaire de la révolution française. La pensée dominante de cette école, à partir de 1816, devint la répression du mouvement libéral produit par la grande résistance des peuples aux conquêtes de Napoléon. M. de Nesselrode s'était, sur ce point, tout-à-fait rapproché de M. de Metternich, et tous deux voyaient avec chagrin l'empereur Alexandre livré à l'école libérale et hellénique du comte Capo-d'Istria. La difficulté se compliquait ici, car à l'idée politique venait se mêler la pensée religieuse : il y avait sympathie entre les deux églises grecques de Moscou et d'Athènes ; les patriarches étaient en communion parfaite de rapports. On ne pouvait sur ce point attaquer de front l'empereur Alexandre ; seulement il était possible à M. de Nesselrode de lutter contre Capo-d'Istria, en semant partout des craintes sur les redoutables progrès de l'esprit d'insurrection.

Déjà, à la fin de 1815, l'empereur Alexandre avait conçu le projet de la sainte-alliance, projet qui, dans l'expression, n'était que le résultat des idées mystiques et chrétiennes de l'école de madame Krüdner ; au fond, il y avait là des conséquences très positives contre l'esprit de révolte. La sainte-alliance n'était qu'un contrat de mutuelle garantie, et en quelque sorte de solidarité des couronnes contre le mouvement révolutionnaire. M. de Metternich et le comte de Nesselrode n'étaient certainement pas des hommes à vagues transactions, il y avait trop de réalités dans leur vie pour cela ; ils virent néanmoins avec satisfaction les cabinets s'engager dans ces idées, espérant l'un et l'autre entraîner l'empereur Alexandre à leur système. Les événements, au reste, semblaient favoriser la pensée commune du comte de Nesselrode et du prince de Metternich : les sociétés secrètes d'Allemagne prenaient un grand développement ; la Prusse, l'Autriche, dans de perpétuelles inquiétudes sur l'esprit et la tendance de ces associations, écrivaient notes sur notes à Saint-Pétersbourg, et M. de Nesselrode servait en secret les pensées des cabinets alarmés. Les plans libéraux exprimés par le comte Capo-d'Istria trouvaient donc de secrets adversaires, et, plus d'une fois, l'empereur Alexandre demeura comme en suspens entre les tendances diverses qui se disputaient son esprit, sa puissance et ses affections.

Cependant les événements marchaient de manière à affaiblir le crédit de Capo-d'Istria et à agrandir celui de M. de Nesselrode. Le sénat de Pologne était la création spéciale d'Alexandre, il l'avait formé de ses mains ; ce sénat par une résistance mal calculée venait de blesser profondément les volontés du czar ; ce qui dans un état habituel de gouvernement eût été considéré comme un acte légal, fut confondu avec la révolte armée et criminelle, et l'empereur prit tout à coup des résolutions dures et fermes à l'égard de la Pologne. On rentrait ici dans les idées du système européen, cette grande répression qui appartenait à l'école de MM. Nesselrode et Metternich ; par le même motif, le crédit du comte Capo-d'Istria faiblissait visiblement auprès de l'empereur Alexandre, et avec ce crédit, l'idée d'insurrection chrétienne de la Grèce.

Le comte Capo-d'Istria, je l'ai dit, était favorable à ses compatriotes, les Grecs, qui avaient secoué alors par un mouvement spontané l'oppression de la Porte ; Capo-d'Istria poussait l'empereur Alexandre à intervenir immédiatement en portant une armée russe sur le Pruth et une flotte impériale dans la Méditerranée. Le prince de Metternich vit avec effroi la rébellion des Grecs ; protectrice du divan, la maison d'Autriche s'efforça à tout prix, d'éviter un conflit qui porterait préjudice à la puissance ottomane, nécessaire à l'équilibre européen ; en conséquence la tactique de l'Autriche dut être de persuader à l'empereur Alexandre, et sur ce point M. de Nesselrode fut d'accord avec lui, que le comte Capo-d'Istria ne voyait qu'une question chrétienne là où il y avait un véritable esprit de révolution : l'état de l'Europe, selon M. de Nesselrode, ne permettait pas que l'on favorisât l'émancipation d'un peuple, car la rébellion s'organisait partout contre les souverainetés, et la Grèce n'était qu'un prétexte.

L'instant était bien choisi pour jeter ces alarmes dans l'esprit de l'empereur : la tendance des universités allemandes se manifestait par l'assassinat de Kotzebue ; le Piémont prenait les armes, Naples était en insurrection, l'Espagne proclamait les cortès. Alors, de concert avec le comte de Nesselrode, M. de Metternich revint à l'idée des congrès, à ces grandes fusions des souverainetés entre elles, ainsi que la sainte-alliance les avait réglées. L'école diplomatique avait une sorte de prédilection pour ces assemblées européennes dans lesquelles les hommes d'état, réunis entre eux, dissertaient sur toutes les vastes affaires du continent. Vous rencontriez cette même passion de congrès chez M. de Talleyrand, chez le prince de Metternich, M. de Hardenberg et le comte de Nesselrode, comme une habitude prise, un besoin de paraître et de dominer sur le théâtre de la diplomatie; l'empereur Alexandre aimait aussi ces réunions souveraines, parce qu'on le consultait comme un arbitre, les princes s'en rapportant à sa magnanimité et à son expérience.

A Troppau, à Laybach, M. de Nesselrode accompagna l'empereur Alexandre. Ceux qui ont étudié à cette époque le czar et M. de Nesselrode, remarquèrent qu'ils étaient dans une sorte d'alternative douteuse et de balancement incertain entre les idées libérales et les tendances fortement répressives de l'Autriche. M. de Metternich consacra toute son habileté à convaincre l'empereur des dangers qui menaçaient les souverainetés européennes, si on ne se décidait pas à une de ces grandes démonstrations militaires qui en finissent avec les rébellions. C'est alors qu'à point nomme arriva au comte de Nesselrode la nouvelle d'un mouvement séditieux, qui s'était manifesté dans un des régiments de la garde à Saint-Pétersbourg; cette nouvelle dessina tout d'un coup les dispositions de l'empereur : M. de Nesselrode reçut ordre d'entrer corps et âme dans le système autrichien et la disgrâce de Capo-d'Istria fut imminente.

Car ce qu'il faut bien remarquer, dans cette lutte entre le principe libéral et le principe absolu, c'est que Capo-d'Istria était demeuré le fidèle interprète d'une pensée d'indépendance pour la Grèce. Le malheur des Hellènes à cette époque (et ce qui retarda leur émancipation), fut que leur mouvement insurrectionnel, se mêlant à la révolte du Piémont, à la proclamation de la constitution des cortès, on ne put pas toujours exactement déterminer la différence entre un soulèvement militaire désordonné qui effrayait les gouvernements réguliers, et ce magnifique spectacle de la Grèce, vierge morte, comme dit Byron, qui arborait la croix sur ses drapeaux déchirés. Capo-d'Istria fut disgracié avec son amour de la Grèce! Triste ingratitude des révolutions : c'est ce même Capo-d'Istria, le protecteur des Hellènes, que le poignard d'un Grec frappa au cœur!

Alors s'opère la fusion intime de la politique russe et de la diplomatie autrichienne, l'absolu triomphe du prince de Metternich. Cette situation se prolonge au congrès de Vérone sous M. de Nesselrode, dès lors ministre unique, chef de la chancellerie sous les ordres d'Alexandre. Au congrès de Vérone, M. de Nesselrode tient la plume; tout se fait de concert à l'égard de l'Espagne; les notes diplomatiques sont rédigées en commun; M. de Metternich écrit au ministre autrichien à Madrid, et M. de Nesselrode rappelant le ministre russe, fulmine des arrêts de proscription contre l'assemblée des cortès : ce n'est plus Alexandre, libéral, modéré, mais un prince impérieux, qui par l'organe de son ministre impose partout sa loi d'une façon souveraine. Si la finesse de M. de Villèle se refuse un peu à s'engager dans une campagne coûteuse et soumise à mille chances, M. de Nesselrode n'hésite pas à lui écrire, au nom de l'empereur, une dépêche pour lui annoncer que la Russie est décidée à tout tenter, pour réprimer l'esprit de révolte dans la Péninsule. Il n'y a plus moyen désormais de résister, tant l'impulsion est puissante !

La fin de la vie d'Alexandre est remplie de cette préoccupation ; la sainte cause de la Grèce lui pèse comme un remords, il en porte la douleur empreinte sur sa physionomie maladive ; mais que faire ? la crainte des révolutions s'est emparée de son âme, et l'a livrée à mille terreurs, tant il craint l'esprit des sociétés secrètes ! Le libéralisme lui fait peur ; on lui représente comme un spectre menaçant les séditions de son empire ; il ne comprend pas que le meilleur moyen d'occuper l'effervescence nationale des Russes serait de les jeter sur la Turquie pour la délivrance de la Grèce. On a beaucoup recherché les causes secrètes de la mort si rapide de l'empereur ; peut-être cette douleur poignante n'y fut-elle pas étrangère ! Alexandre, profondément religieux, avait des passions douces et une âme tendre, impressionnable ; chaque coup de yatagan qui faisait rouler une tête de femme ou d'enfant sur les ruines d'Athènes ou de Lacédémone, devait déchirer ses entrailles.

Alexandre au tombeau, la Russie subit une commotion tout à la fois politique et militaire. On ne connaît pas assez, dans l'Europe méridionale, le caractère de la noble famille du czar; il y avait de l'exaltation dans l'amour filial de l'empereur Alexandre pour sa vieille mère; il y avait un respect profond au cœur de Constantin et de Nicolas pour leur aîné Alexandre; sa mort les surprit tous, et sur cette tombe éclata ce mouvement militaire préparé par les sociétés secrètes et par une génération de jeunes officiers qui rêvaient la vieille indépendance slave.

L'avénement de l'empereur Nicolas allait-il changer la position du comte de Nesselrode? Une première cause empêcha que le crédit du ministre ne fût altéré, ce fut l'admiration respectueuse que Nicolas portait aux volontés et à la politique de son frère; ensuite, jeune encore dans les affaires, il lui paraissait indispensable de s'entourer des hommes qui avaient connu toute la politique de la Russie depuis la grande époque de 1814. Ces esprits à traditions, essentiels au gouvernement, conservent l'histoire de tous les précédents dans les cabinets, ils savent comment l'Europe s'est conduite pendant une longue série d'années, quels sont les secrets qui l'ont fait agir, les actes qu'elle a eu à concerter, science indispensable pour l'intelligence des traités et la suite des négociations. On ne pouvait d'ailleurs refuser à M. de Nesselrode une haute sagacité à démêler les événements, une obéissance éclairée, quoique passive. L'empereur Nicolas voulant continuer la politique de son frère, à qui mieux s'adresser qu'à celui qui en avait suivi tous les actes depuis quinze ans? D'un autre côté, M. de Nesselrode avait l'estime de l'impératrice mère, et quelle puissance n'avait pas exercé cette femme couronnée sur toutes les affaires politiques? Elle seule garda ses mépris hautains pour Napoléon, elle seule domina son fils Alexandre, même après Erfurth; selon les mœurs patriarcales, tous ses enfants lui faisaient en quelque sorte hommage de la couronne, comme s'ils devaient le pouvoir suprême à celle qui leur avait donné la vie.

Toutefois, le comte de Nesselrode aperçut bientôt qu'il devait se modifier. Les idées avaient marché depuis la mort d'Alexandre; il était impossible de contenir l'esprit russe se prononçant avec tant d'énergie pour la Grèce; il lui fallait donc un aliment militaire, et une guerre était indispensable. L'influence du prince de Metternich s'affaiblit dès ce moment sur le cabinet de Saint-Pétersbourg, et M. de Nesselrode commence à se séparer de l'Allemagne, à se faire plus complétement Russe, se dessinant plus spécialement pour l'intervention grecque; en ceci, il ne faut pas lui faire un reproche d'inconstance; les temps n'étaient plus les mêmes : le principe monarchique avait partout triomphé dans le Piémont, comme à Madrid et à Naples; la

Pologne paraissait entièrement soumise sous son vice-roi Constantin ; il était dès lors plus facile de démêler le principe héroïque et saint de la révolution grecque, de réchauffer l'ardent espoir d'une indépendance conquise par tant de pieux sacrifices. Par la nouvelle tendance des faits eux-mêmes, le comte de Nesselrode se trouva l'antagoniste de M. de Metternich, avec lequel pourtant il avait jusqu'alors marché. L'intérêt russe l'emporta sur l'esprit autrichien.

L'intimité de la France et de la Russie remontait à l'époque de 1815, et s'était réchauffée au congrès d'Aix-la-Chapelle en 1818, sous l'influence du duc de Richelieu. Mais à cette époque, comme le constatent les dépêches du comte de Nesselrode, la France était trop abîmée sous les conséquences fatales des deux invasions, pour jouer un rôle actif dans les affaires, et prêter enfin une appui digne d'être recherché par les cabinets dans une alliance. Depuis 1819, la France prit un tel développement de puissance vitale et d'énergie militaire, que la Russie se hâta de la compter dans ses moyens diplomatiques. La pensée du cabinet français se dessina dans ce sens sous le duc de Richelieu, sous M. Dessolles, jusqu'au ministère plus anglais de MM. de Polignac, de Montmorency, de Villèle. Le ministère de M. de La Ferronays fut également favorable à l'alliance russe ; et ce n'était pas ici seulement de la reconnaissance pour des services rendus à la restauration, mais le sentiment profondément éprouvé, que l'alliance russe ne pouvait en aucune manière blesser nos intérêts, et pouvait, tout au contraire, dans un certain nombre de circonstances, agrandir notre influence diplomatique et nos circonscriptions territoriales. La collection des dépêches du comte de Nesselrode et du comte Pozzo di Borgo, pendant cet intervalle, les notes diplomatiques qui subsistent aux affaires étrangères, attestent la bienveillance du cabinet de Saint-Pétersbourg, et ses offres secrètes pour obtenir l'union et le concours de la France dans la question d'Orient.

Une des causes encore de cette intimité si recherchée, était la rivalité qui déjà se montrait entre l'Angleterre et la Russie : le système des alliances, en 1815, avait bouleversé toutes les vieilles idées diplomatiques, les jalousies particulières avaient cessé devant le but commun, la destruction du pouvoir de Napoléon. Mais une des fautes de l'Angleterre, dans cette circonstance, fut surtout d'agrandir démesurément le pouvoir de la Russie, de créer, pour ainsi dire, sa toute-puissance d'avenir ; c'est avec les subsides et l'argent de l'Angleterre, en 1813 et 1814, que le cabinet de Saint-Pétersbourg avait acquis les moyens de peser, à tout jamais, sur les intérêts méridionaux. Le comte de Nesselrode, qui avait pris part au plus grand nombre des transactions de 1815, dut également se séparer des traditions de l'alliance de 1812, et c'est une habileté que ces changements sans brusquerie : les esprits souples ont aussi leur puissance ; quand on veut trop résister, on est facilement brisé. Le comte de Nesselrode est l'homme des transitions, il ne s'est jamais posé inflexible dans un système ou dans une idée, il s'est fait le traducteur des temps et des intérêts, et ceci explique, je le répète, comment, chancelier d'état de l'empereur Nicolas, il eut des idées souvent un peu opposées au chancelier d'état de l'empereur Alexandre. Ces deux princes ne sont pas les hommes des mêmes idées et des mêmes situations, et cependant le comte de Nesselrode les a servis avec la même exactitude et la même intelligence. C'est un talent en politique que de savoir se faire l'interprète d'autrui ; il n'y a que quelques esprits supérieurs qui, fortement préoccupés de leurs propres conceptions, dominent les temps et les caractères : ceux-là sont souvent brisés ; beaucoup de ministres fort distingués ne peuvent atteindre cette hauteur, et n'osant se faire types, ils se font images. Ils vivent avec tous les temps, toutes les situations et toutes les difficultés.

Depuis l'avénement de l'empereur Nicolas jusqu'à la révolution de 1830, la politique russe fut absorbée en quelque sorte par la guerre contre la Porte ; toute l'ancienne théorie de la sainte-alliance fut abandonnée pour un intérêt moins vague ; on avait moins de crainte des révolutions quand la plus complète des révolutions arriva. L'événement de 1830, de quelque manière qu'on le juge, dut tout à coup faire naître des émotions nouvelles dans la pensée de la chancellerie russe : le principe populaire faisant irruption avec violence, se présentait avec la même énergie que le pouvoir militaire de l'empereur Napoléon, contre lequel l'Europe s'était autrefois armée.

La vieille éducation du comte de Nesselrode allait le servir ici, car la première conséquence de la révolution de juillet était sinon de faire renaître les traités de la sainte alliance, parchemin tombé en pièces, au moins de préparer un traité de mutuelles garanties. Il fallait cesser toute dissidence particulière pour courir au plus pressé. Les idées du prince de Metternich revenaient entières, comme un retour vers les projets de 1815 ; l'école diplomatique abandonnait encore les sérieux projets pour les éventualités d'une croisade contre le principe démocratique. Nous sommes assez portés à croire que le comte de Nesselrode ne vit pas avec déplaisir cette réminiscence des principes de répression politique qu'il comprenait mieux, et dont il avait nourri ses premières années d'études et de travail. Mais l'âge était venu alors : M. de Nesselrode, en 1850, n'était plus jeune, et ce n'est pas à la seconde période de la vie que l'on ose affronter ces grandes perturbations qui ébranlent le monde. On n'a pas tenu assez de compte, en récapitulant les causes du maintien de la paix, de cette peur de dérangement qui dominait toutes ces existences fatiguées : ce n'est pas sans raison que l'antique Grèce avait mis dans la main des vieillards la décision de la paix ou de la guerre. Supposez à M. de Metternich l'effervescence des jeunes années, au comte de Nesselrode quinze ans de moins, qui sait ? peut-être la guerre eût éclaté violente, et avec elle toutes les chances de désordre.

D'ailleurs, le mouvement de la Pologne donnait une suffisante occupation à la Russie, et les idées de l'empereur Nicolas se trouvaient, sous le point de vue de la répression, en parfaite harmonie avec le comte de Nesselrode. Ce que voulait la nation russe, c'était la réunion de la Pologne; cette fusion de nationalité, objet des études constantes de M. de Nesselrode, allait tout à fait s'accomplir; sans partager sur ce point tous les préjugés des vieux Moscovites, cet homme d'état était d'avis que cette nationalité divisée, que ce gouvernement double et simultané, nuisait à l'unité politique et administrative de la Russie.

C'est une chose remarquable que cet ensemble d'administrations diverses, qui constituent le vaste empire russe, et qui toutes correspondent à un centre commun sous la main de l'empereur. Depuis que l'assemblée constituante a posé en France l'unité administrative, notre système de gouvernement n'a plus à redouter cette opposition de province à province, de district à district, dans un tout homogène; et les forces de chaque nationalité sont venues se fondre dans une unité fort commode pour le pouvoir. Il n'en est pas de même en Russie; là, le cabinet de St-Pétersbourg commande à mille peuples divers : Tartares, Mahométans, Polonais, Cosaques; chacun de ces peuples a ses lois, ses coutumes, sa puissance, ses souvenirs; il faut donc maintenir cette individualité, sans nuire à l'ensemble du système; il n'y a là ni forme commune de lever l'impôt, ni même jusqu'à un certain point homogénéité pour la conscription

23.

militaire. Les uns payent tribut, les autres sont soumis à des redevances d'armes, de chevaux; ici, le recrutement se fait par les seigneurs; là, par des levées en masse; quelques peuples sont encore soumis par rapport au czar à tous les principes du régime féodal, d'autres à l'autorité régulière et immédiate des princes. En France, les rouages administratifs sont si simples, qu'il suffit d'une main et d'une volonté administrative pour les faire mouvoir; il n'y a rien de plus facile que le rôle d'un préfet, et même d'un ministre de l'intérieur : intérêts, droits, coutumes, tout est sacrifié à la force du gouvernement.

De là, en Russie, cette nécessité d'une éducation plus soignée, plus complète pour les hommes d'état : un jeune homme qui se destine à la diplomatie, à St-Pétersbourg, doit savoir, indépendamment du français et de l'allemand, le grec moderne et une langue orientale. M. de Nesselrode avec sa longue expérience a dû se soumettre à la loi commune; il a employé une bonne partie de sa vie à s'immiscer dans l'étude des langues vivantes : l'homme d'état est devenu un répertoire de traités, un catalogue vivant de toutes les transactions. Les bureaux auxquels il préside sont les plus vastes, les plus multipliés, les plus minutieux, si l'on peut parler ainsi : il y a une division pour les relations avec la Perse, une division pour les rapports avec la Chine, avec les petits princes mahométans, indépendamment de la correspondance secrète avec les chefs des populations que la Russie a récemment domptées. M. de Nesselrode préside à tous ces rapports de chancellerie avec une activité que rien ne ralentit. Cette extrême facilité de travail, cette existence laborieuse au milieu des relations européennes, fortifient le crédit du comte de Nesselrode auprès du czar, qui d'ailleurs fait beaucoup par lui-même et n'a besoin d'un ministre que comme d'un grand agenda qu'il consulte et d'un bras fidèle qui exécute. Depuis cinq ans, le système des aides de camp diplomatiques a repris toute sa force; l'empereur Nicolas aime ces allures demi-militaires qui donnent à la Russie une attitude incessamment armée ; c'est une des causes actives de sa puissance morale.

Le comte de Nesselrode n'est que la main éclairée qui écrit la volonté de l'empereur ; on l'apprécie comme un homme de bon conseil, ce qui veut dire qu'il écoute beaucoup, et qu'il sait deviner la pensée intime de celui qui le consulte, sans avoir jamais de ces systèmes incisifs qui heurtent la puissance suprême. La jeune école diplomatique de la Russie considère M. de Nesselrode comme une archive vivante, à peu près comme était M. d'Hauterive en France, et c'est une grande position dans un état que d'en savoir l'histoire, lorsqu'on est appelé à diriger les affaires du temps présent. Cette tempérance des hommes fatigués est également un bienfait à côté des esprits impétueux qui veulent marcher par saccades dans les affaires publiques. L'esprit généreux et fier de l'empereur Nicolas a besoin auprès de lui d'un homme qui n'exécute ses ordres que le lendemain, parce que cela donne le temps de la réflexion, et que souvent celui qui commande voudrait révoquer, après le sommeil de la nuit, ce que la veille il avait ordonné. Les esprits à tempérance sont bons pour cela.

En tous points, le comte de Nesselrode a le salon le plus aimable, le plus causeur de Pétersbourg; il aime à y réunir les opinions les plus diverses, les illustrations les plus opposées, de manière à former comme un terrain neutre, sur lequel tout le monde puisse se rencontrer, et quand une noble vieillesse est venue, que peut-on désirer de plus? Il faut planter sa tente quelque part. Lorsqu'on a traversé quarante ans les événements les plus gigantesques, on offre, comme les vieillards d'Homère, l'hospitalité aux jeunes, en racontant à tous ce qu'on a vu, ce qu'on a jugé; on regarde la génération, comme le voyageur placé sur une tour élevée, qui contemple les cités au-dessous de lui et les peuples qui se remuent, se groupent, agissent incessamment pour accomplir le long travail de l'humanité.

IX

LORD CASTLEREAGH

Je vais écrire la vie de l'homme d'état le plus violemment attaqué dans les annales de l'Angleterre, et je dirai presque de l'Europe : nul n'eut à subir plus d'outrages et d'insultes, nul ne déploya plus de fermeté inflexible dans une vie des plus dramatiques et des plus agitées. Je vais encore heurter bien des petits préjugés, blesser bien des opinions vulgaires ; ces choses-là ne m'ont jamais empêché d'aller droit aux vérités historiques, à l'égard des hommes qui ont accompli une grande carrière politique.

Sur le pittoresque lac de Foyle, où se voient tant de vieux châteaux et d'îles fertiles, habitées par les petites colonies de vieux pêcheurs, un jeune homme aux traits nobles, aux manières excentriques, avait fixé depuis deux ans sa résidence; son habitation unique, c'était son bateau ; la pêche, la chasse, les exercices violents, remplissaient sa vie ; le soir, environné de pêcheurs, il se faisait redire les vieilles légendes de la contrée, et, à son tour, instruisant hommes et femmes du lac, il dressait des règlements sur la chasse et la pêche, comme le souverain de cette république des eaux. Nul n'était plus intrépide que lui : un jour il s'élança sur une barque dans le détroit qui sépare l'Irlande de l'Angleterre ; on racontait son naufrage à l'île de Man, où, seul, il avait conduit son yach sur la mer agitée, comme une divinité ossianique. Il rêvait les légendes scandinaves ; amoureux fou de la fille d'un pêcheur, la jolie Nelly, il sacrifiait tout à cette passion ardente, romanesque. Son vêtement était celui d'un simple enfant du lac, car il aimait et voulait plaire. Rêveur enthousiaste, il ne souffrait aucune contradiction, et lorsqu'un jour on essaya de lui disputer sa Nelly, il offrit à son rival un duel, à la manière scandinave, c'est-à-dire à la hache d'armes ; il s'y comporta avec une bravoure qui retentit dans toute la Grande-Bretagne.

Ce jeune homme, si poétiquement exalté, car sa jeunesse est comme une ballade, était Robert Stewart, depuis lord vicomte de Castlereagh et Marquis de Londonderry. Sa race n'était point irlandaise, elle venait d'Écosse ; l'on sait que pour rattacher l'Irlande à l'empire britannique, Jacques Ier avait créé de grands fiefs en Irlande, et y avait jeté les hommes les plus fidèles. Le duc de Lennox obtint huit de ces fiefs avec une sorte de suzeraineté, et les Stewart, si beau nom en Écosse, race alliée sans doute à la grande lignée, eurent des terres dans la vassalité des Lennox. Le sort de l'Irlande ne fut-il pas toujours d'être placée sous des races étrangères ? A chaque mouvement, la conquête s'appesantit davantage sur elle : son oppression vient de ses troubles ; lorsque la révolte n'est pas heureuse, elle produit un asservissement de plus, et c'est le crime de ces agitateurs populaires qui, pour des vanités personnelles, tuent les vieilles nationalités.

Les Stewart se prononcèrent néanmoins pour Guillaume III, et ce qu'on appela en Angleterre la glorieuse révolution : possesseurs de fiefs militaires, ils devaient seconder l'avénement d'une nouvelle race qui sanctionnait l'usurpation des terres conquises ; quand il y a eu de vastes bouleversements dans la propriété, il faut un changement dans le pouvoir, cela est indispensable pour raffermir le sol. Les orangistes formèrent donc un grand parti irlandais étroitement uni, et ils dominèrent militairement la population. En vain, dans son passage rapide en Irlande, le malheureux Jacques II fit-il prononcer, par le parlement de Dublin, la confiscation, pour cause de félonie, des biens du colonel Stewart, au service de Guillaume III ; cette confiscation ne dura qu'un temps ; Guillaume, vainqueur, prodigua ses récompenses à l'officier qui l'avait si puissamment servi. Williams Stewart fut un de ces fermes oppresseurs de l'Irlande comblés de richesses par le roi de 1688, un des lords souverains de ces pays conquis de nouveau après la Boyne.

Ainsi, ce jeune homme, que les pêcheurs saluaient sur leur lac, venait d'une grande lignée ; sa mère sortait des Seymour, et portait le nom de Sarah-Françoise, comme ces femmes des puritains que le génie de Walter Scott a ranimées: Le jeune Robert Stewart avait fait de bonnes études, avec toute la jeunesse de la Grande-Bretagne, à l'université de Cambridge ; et, de là, il s'était précipité dans cette vie romanesque ; les uns disaient que c'était par amour pour Nelly, les autres racontaient, au contraire, qu'une telle passion n'avait été que l'accident de cette vie exaltée, comme une couronne de bleuets sur le front du guerrier scandinave. Vie généreuse, au reste, que celle de sir Robert ! car, jetant les guinées à pleines mains, il construisait de petits ports pour les pêcheurs, leur distribuait des barques pavoisées, comme le génie bienfaisant de ces eaux. Telle est, en Angleterre, la source de la puissance aristocratique : si sa vie publique est dans les cités, si elle aime à se mêler aux affaires du gouvernement, sa vie privée est à la campagne ; ses châteaux ont conservé la loi bienfaisante de la féodalité ; des vieux créneaux viennent les antiques secours et les aumônes ; au donjon est la pharmacie ; à la ferme du pauvre, le grenier ; l'aristocratie règne en vertu de ce puissant appui qu'elle prête à tous dans la vie domestique.

Cependant, le désir d'une carrière publique commençait à animer le cœur de sir Robert Stewart. Il faut à cette jeunesse anglaise le parlement : elle s'y forme à la vie politique, elle y prend place sous une couleur ou sous une autre, d'après un certain ordre de principes traditionnels. Les Stewart devaient siéger au parlement d'Irlande, car ils tenaient une grande position dans le pays. Comme cette race appartenait à l'église protestante, l'élection fut fortement disputée, et il en coûta 50,000 liv. sterl. au candidat ; c'est une règle en Angleterre que ces corruptions, qui sont la force même de la constitution du pays, car nul mauvais choix n'en résulte. Tout est fixé d'après des règles déterminées ; tout est si bien prévu, si bien organisé par ce mécanisme providentiel, que les élections arrivent toujours dans un ordre d'idées conservatrices : la corruption d'argent, souvent dans la vie des états, corrige les idées de renversement, corruption bien plus fatale pour un peuple.

L'Irlande possédait alors son parlement, cause de désordre dans l'unité britannique, avant que le grand Pitt n'eût tout placé sous la loi commune de la triple couronne. Il y a quelque chose d'étrange et de parfaitement inconséquent dans la prétention des Irlandais : ils disent qu'ils respectent l'unité sans jamais vouloir s'en départir ; et puis ils réclament un parlement à eux, quelque chose qui ressemble à une république indépendante de l'Angleterre. Qu'ils gardent haut leur liberté catholique, c'est leur droit ; ils en ont obtenu la consécration ; mais veulent-ils faire partie de l'empire britannique, ou veulent-ils que la harpe cesse de rayonner sur le blason des souverains anglais ? Seule, l'Irlande ne peut vivre : son commerce est alimenté par les vastes débouchés de l'Angleterre ; elle n'existe que par les colonies; le jour où elle ne serait plus anglaise, elle serait perdue. Que signifient donc ces révoltes incessantes, ces protestations de tous les temps, qui ne servent jamais qu'à exalter un homme sur les places publiques !

Au reste, l'élection de sir Robert Stewart, si elle fut anti-catholique, ne fut point ministérielle; il promit sur les hustings de voter favorablement pour la réforme parlementaire, et en arrivant aux communes, il se rangea parmi les membres de l'opposition; sorte de tribut qu'acquittent envers la popularité tous les hommes d'état au commencement de leur vie; les intelligences les plus fortes n'ont pas été exemptes de payer cette obole à l'art oratoire. Cependant, on put remarquer déjà que sir Stewart dans ses discours gardait une certaine mesure d'ordre et de principes, qui s'éloignait de toute déclamation; il parlait sérieusement, c'est-à-dire qu'il gouvernait en parlant; ce n'était point un tribun à la voix sonore, retentissante, qui excite de violents éclats de rire par de mordantes épigrammes; ses études se ressentaient du torisme de sa race, et ses goûts d'un esprit éminemment conservateur.

Deux questions alors agitaient l'Irlande et l'Angleterre : la réforme parlementaire d'abord, puis la liberté du commerce de l'Irlande avec les colonies. Sur le premier point, les Castlereagh, comme les Wellesley, pensaient qu'il était absurde d'imposer aux catholiques un serment de conscience qui les excluait des élections parlementaires; mais n'était-il pas extravagant aussi de préparer une réforme indéfinie qui bouleverserait tout l'état social de la Grande-Bretagne? Ce fut pour l'admission des catholiques au parlement que les tories irlandais se rapprochèrent de l'opposition ; ils se montrèrent favorables à l'émancipation des dissidents et opposés en même temps à la réforme radicale. Sur ce dernier point commença la séparation de Castlereagh d'avec les agitateurs irlandais qui tuaient l'unité britannique.

Sir Robert Stewart pensait également que l'Irlande ne pouvait être déshéritée d'un large commerce avec les colonies : que signifiait un système qui reportait tous les bénéfices en Angleterre et en Écosse, sans y faire participer les populations essentiellement agricoles de l'Irlande? Le jeune Robert Stewart défendit les intérêts irlandais avec une raison ferme et large ; il fut immédiatement remarqué par les hommes d'état de l'Angleterre, et surtout par l'administration du marquis de Buckingham et de lord Westmoreland.

C'était le temps où commençaient les agitations violentes de l'Irlande décidée à se séparer de la couronne britannique ; il ne s'agissait plus pour l'opposition de demander la liberté religieuse, l'indépendance politique, mais encore de constituer une sorte de république irlandaise sous le protectorat de la démocratie, qui alors embrasait l'Europe. De coupables rapports avec la république française devaient placer la société des Irlandais-Unis en dehors de la constitution et du patriotisme. L'Irlande appelait les étrangers ; il se forma donc naturellement un fort parti opposé à ces mauvais desseins : les orangistes, dévoués au gouvernement anglais, organisèrent la Yeomanry, sorte de système féodal contre les insurgés ; la guerre civile se déclara violente en Irlande, à l'époque de l'expédition des généraux Hoche et Humbert sur les côtes. Les membres du parlement n'avaient plus à hésiter : ou il fallait se dessiner pour les Irlandais-Unis, appuyés sur l'étranger, ou se déclarer pour le gouvernement de M. Pitt. Sir Robert Stewart, qui venait de prendre le titre de lord Castlereagh par la promotion de son père, n'hésita pas à se prononcer, et dès ce moment, il eut cette conviction profonde, qu'il n'y a d'hommes d'état véritables que ceux qui savent réprimer les mouvements tumultueux de la place publique.

Avec l'énergie qui formait la base de son caractère, il se voua désormais aux mesures de répression. Nommé secrétaire général de l'Irlande sous lord Cambden, il s'associa ainsi complètement aux idées orangistes. Ce fut à sa vigueur que l'on dut la fin de troubles si ardents. Lord Castlereagh ne s'arrêta devant aucun de ces petits obstacles qui perdent les causes ; comme il s'agissait de sauver son pays, l'administration se montra inflexible ; il y eut sans doute des amnisties, mais après la fin du tumulte et la soumission des rebelles. Ce qui distingua le gouvernement de lord Castlereagh, ce fut l'organisation forte et considérable qu'il donna au parti orangiste, propriétaire et féodalement organisé pour la défense de ses fiefs. Lord Cornwallis put dès lors succéder à lord Cambden dans le gouvernement de l'Irlande ; il trouva la force répressive tellement assurée que le gouvernement crut le temps arrivé de parler d'oubli et de pardon.

A cette époque, des haines ardentes s'étaient élevées contre lord Castlereagh : destinée, hélas ! de tous ceux qui ramènent violemment un pays à l'ordre ; ils font des mécontents ; ils ont pour adversaires les esprits qui par turbulence ont troublé la patrie ; parce qu'ils ont eu la main dure, on veut nécessairement qu'ils l'aient eue sanglante. Ces récriminations des Irlandais ne permirent pas à lord Cornwallis de conserver lord Castlereagh comme secrétaire-général ; celui-ci donna sa démission : aux temps calmes, il ne faut pas les hommes des époques d'orage, et quand la tempête a cessé on se souvient à peine des services du hardi pilote. Le marquis de Cornwallis, en faisant dominer le système d'indulgence, n'avait plus besoin de l'inflexible main de lord Castlereagh. Toutefois, aucun des actes de son administration n'avait échappé à la vaste intelligence de l'homme d'état qui dominait les affaires de l'Angleterre : M. Pitt avait vu dans le secrétaire de l'Irlande un esprit tenace, convaincu, et prêt à tout tenter pour le développement d'une idée une fois conçue ; sorte d'intelligence qui devait plaire à M. Pitt, au moment où l'Angleterre était si profondément menacée. Une bonne fortune pour les gouvernements dans les temps décousus, c'est la présence aux affaires d'une volonté ferme qui empêche la société de se dissoudre. Dès ce moment, il se forma des rapports entre M. Pitt et lord Castlereagh ; le grand ministre avait besoin d'un fort appui dans la question définitive de l'union parlementaire de l'Irlande à l'Angleterre : les derniers troubles qui avaient éclaté, cet appel déplorable à l'étranger et à la révolution française, avaient inspiré à M. Pitt la conviction profonde qu'il n'y aurait d'ordre et de force qu'avec l'unité, et que l'existence d'un parlement en Irlande était en opposition avec cette centralisation puissante, qui seule peut constituer la fortune et la gloire des états. A chaque révolte tumultueuse, l'Irlande perdait ainsi quelque chose de sa liberté ; destinée que font les agitateurs aux masses trop confiantes en leurs paroles ! Un peuple n'obtient des concessions qu'en restant dans l'ordre et dans les conditions sérieuses d'une plainte fondée ; il y a une grande force dans la douleur même muette, une indicible puissance dans le sentiment de la justice. Lord Castlreagh se fit dans le parlement irlandais le défenseur zélé de M. Pitt pour l'union des deux parlements. Le pays aperçut toute la puissance de cette mesure ; les trois couronnes d'Angleterre, d'Irlande et d'Écosse durent fonder ce grand tout, désormais l'appui du continent menacé. Pitt récompensa lord Castlereagh, et après son discours sur la réunion de l'Irlande, il fut appelé par le parti ministériel à la chambre des communes réunies, et nommé président du contrôle pour les Indes Orientales. C'était une de ces positions que les ministres donnent en Angleterre aux hommes capables dont ils s'entourent pour les soutenir au parlement.

Nul ne connaissait mieux que lord Castlereagh la situation

de l'Irlande, les ressources que le parti orangiste pouvait fournir pour la répression. Il devint ainsi un homme précieux, car le premier ministre voulait alors accomplir administrativement cette union de l'Irlande et de l'Angleterre, que le parlement venait de prononcer. Lord Castlereagh, l'homme le plus propre à réaliser ce dessein, par sa connaissance approfondie de la topographie morale de l'Irlande, fut consulté pour toutes les mesures. M. Pitt avait surtout ce génie pratique qui sait distinguer les hommes spéciaux ; autour de lui était une multitude de jeunes capacités avec chacune son lot, sa mission. Cette habitude des sous-secrétaires d'état est merveilleuse en Angleterre : elle donne aux affaires tous leurs développements ; les hommes d'état restent dans les généralités d'idées et de système, tandis que les jeunes sous-secrétaires s'appliquent aux statistiques de détail et à l'administration intérieure. Ainsi fut lord Castlereagh, laborieux, tenace, et n'arrivant jamais à une idée générale que par l'étude active, minutieuse des plus petites circonstances.

Cette spécialité d'affaires fit maintenir lord Castlereagh dans le ministère Addington, sorte de transaction momentanée pour arriver au système plus ferme encore de M. Pitt contre la révolution française. Addington signa la paix d'Amiens, et Castlereagh, comme président du bureau du commerce, eut à délibérer sur toutes les mesures qui grandirent les rapports mercantiles de l'Angleterre avec l'Inde et les colonies. Il s'effaça complétement comme homme politique ;

les idées d'Addington n'étant pas les siennes, il s'absorba dans le bureau du contrôle et les affaires de l'Irlande. Comme il avait au cœur une haine raisonnée contre la France, à l'imitation de son maître, il laissa passer cette administration sans y prendre part; aussi, pour le récompenser, Pitt, en redevenant le chef du cabinet, lui donna le portefeuille de la guerre.

Il est ici essentiel de bien comprendre que l'ambition de M. Pitt était d'avoir tous les ministères sous sa main; il n'aimait autour de lui que les jeunes gens de son école ou les hommes immédiatement liés à son système, ses fidèles Achates, comme il le disait classiquement de Dundas; et parmi ces jeunes hommes brillaient Castlereagh et Canning, caractères assouplis sous sa puissance, mais essentiellement opposés et un peu jaloux l'un de l'autre; Castlereagh, si ferme, si prononcé, que jamais il ne revint sur une idée, ayant du reste la parole un peu lourde, lente, mais grave et jamais irréfléchie; Canning, railleur, avec un esprit enclin à la déclamation classique, orateur un peu gâté par une prétention de paroles à effet. Au parlement, Castlereagh, écouté souvent avec impatience, arrivait néanmoins à son résultat; la majorité ne voyait dans Canning qu'un parleur spirituel; Castlereagh était l'homme d'état; Canning, l'homme de la phrase, un peu comédien, sans tenue, avec une indicible légèreté de propos; Castlereagh, meurt pour son parti et pour une idée; Canning, renégat de son parti, soutient tout avec esprit, rayonnant de ses triomphes oratoires, alors même qu'il compromet son cabinet.

Lorsque Pitt, leur maître à tous deux, mourut, le cœur brisé par la victoire d'Austerlitz, la couronne crut indispensable, pour amener la paix avec la France, d'appeler aux affaires MM. Fox et Grenville, c'est-à-dire les chefs du parti whig; essai malheureux, tant de fois tenté par l'Angleterre ! M. Fox, ainsi que tous ses amis, montrèrent dans cette administration un grand vide de politique, une incapacité profonde; c'est ce qui a fait dire en Angleterre qu'un ministère whig est une calamité pour le pays et pour le parti lui-même : pour le pays, en ce qu'il le compromet; pour le parti en ce que les wighs y perdent leur réputation, et que, dans un ministère de quinze mois, ils jouent le fruit de quinze années de popularité. Comme de raison, Canning et Castlereagh furent les adversaires les plus hostiles du cabinet Fox. Curieuse histoire à suivre que ces débats du parlement pendant le ministère de Fox et de Grenville ! Canning et Castlereagh; quoique sur la même ligne, ne s'aimaient pas, parce qu'ils avaient des talents divers et des conditions différentes de caractère et d'esprit. Castlereagh attaquait l'administration par des raisonnements, des chiffres, et une certaine puissance de tradition qui entraînait les tories ; chez Canning, c'était de la verve, de la moquerie : puis, par dessus tout, Fox était déplacé dans le pouvoir.

Les hommes, dont la vie se résume à toujours attaquer,

sont essentiellement posés sur un mauvais terrain lorsqu'ils arrivent aux affaires, l'air manque à leurs poumons; ils ne sont ni libres ni heureux dans cette sphère, car elle n'est pas la leur. Au contraire; les hommes d'affaires qui passent un moment dans l'opposition deviennent fort dangereux, surtout s'ils ont la parole facile, l'action vive, pressante : comme ils ont beaucoup vu, ils conservent une autorité incontestable, en reprochant à l'opposition de ne pas mieux faire qu'eux au pouvoir, et de singer maladroitement ce qu'elle avait naguère attaqué avec tant de violence. Les hommes qui déclament toujours ne sont pas à redouter; il n'y a de terribles adversaires que ceux qui ont l'expérience des événements.

— La pitoyable administration de lord Grey, après la mort de Fox, continua la politique des whigs. Lord Grey fut un peu, à toutes les époques, le plastron de son parti et le jouet des hommes habiles qui s'emparèrent de son crédit : il y a toujours dans les opinions certains hommes qui servent de doublure; ils ont un nom, on le prend pour en user et l'absorber. Le ministère Grey et Grenville dura seulement quelques mois après la mort de Fox, car les questions du continent prenaient une attitude trop dessinée pour que les whigs pussent les diriger. Fox voulait une paix avec la France, espèce de trêves bâtardes que Addington avait essayées dans le traité d'Amiens : est-ce qu'il y avait possibilité d'un traité entre deux puissances aussi fières, aussi fortes, que Napoléon et l'aristocratie anglaise? Il fallait la chute irrévocable de l'un ou de l'autre. Austerlitz avait créé un ministère Fox, le réveil de la Prusse amena la chute des whigs ; et lord Portland, du parti tory mitoyen, prit la direction pénible des affaires de la Grande-Bretagne ; il dut naturellement s'adjoindre les deux adversaires les plus fermes, les plus invariables de l'administration précédente : lord Castlereagh et M. Canning, caractères et talents si distincts, ainsi que je l'ai dit. Castlereagh rentra dans le département de la guerre, dont il connaissait parfaitement le personnel ; Canning eut les affaires étrangères, comme l'élève chéri de Pitt et l'héritier de ses doctrines.

Dès lors, il ne s'agit plus d'une paix avec la France, mais d'une guerre violente, acharnée contre Napoléon, parvenu à l'apogée de la gloire ; et, dans cette ligne, la fermeté de lord Castlereagh fut invariable. Sa préoccupation fut de trouver, sur ce continent abaissé par l'épée de l'empereur, des ferments de guerre, des mobiles intimes pour soulever les gouvernements et les peuples, si profondément abîmés devant un pouvoir gigantesque. L'influence française s'étendait depuis Cadix jusqu'à Hambourg, et d'Anvers à Trieste : l'Autriche était en paix depuis la triste défaite d'Austerlitz ; la Prusse, un moment soulevée, avait fléchi tristement sous le joug ; l'Allemagne subissait la confédération du Rhin ; la Suisse, la médiation dominatrice de l'empire français ; l'Italie formait une vassalité sous la couronne de fer ; à Tilsitt, la Russie et la France s'étaient tendu la main ; les deux empereurs devaient même se voir à Erfurth, pour cimenter les principes d'alliance projetés à Tilsitt, et se partager le monde.

L'Angleterre restait donc seule, isolée, dans la lutte violemment engagée contre Napoléon. Pénétré des doctrines de Pitt, lord Castlereagh repoussa impérieusement toute tentative de paix avec une puissance si absorbante et qui voulait demeurer telle. Lord Portland avait de la témérité, un certain caractère chevaleresque qui le faisait s'engager fièrement dans la lutte, et la liaison nouvelle de lord Castlereagh avec le duc de Wellington lui donnait une sorte de prépondérance sur le parti tory, ce qui blessait la vanité de Canning. Comme tous les parleurs politiques, Canning visait à la domination ; parce qu'il citait avec bonheur quelques vers classiques, appris aux universités d'Oxford et de Cambridge, il se croyait appelé à un rôle supérieur à celui de lord Castlereagh, à la parole lente et difficile. Cette jalousie grandit encore à la suite de l'expédition brillante contre Copenhague, où celui-ci avait déployé un talent réel comme ministre de la guerre : la combinaison réussit complétement ; la flotte danoise fut au pouvoir des Anglais. L'opposition dit bien que c'était un acte inique, contraire à tous les principes du droit des gens ; mais n'était-il pas d'une absolue nécessité pour la Grande-Bretagne d'empêcher la réunion de l'escadre danoise à la flotte d'Anvers ? La tiède neutralité du Danemarck n'était pas une garantie suffisante pour l'Angleterre, il fallait forcer cette cour à se prononcer, ou détruire une marine trop voisine du formidable arsenal de Napoléon. M. Canning en prit de la jalousie contre son collègue du cabinet : il se posait en première ligne depuis M. Pitt, et il ne souffrait pas qu'un autre partageât sa renommée. Bientôt cette inimitié éclata d'une manière plus profonde, plus solennelle.

L'active diplomatie de l'Angleterre sur le continent avait réveillé les craintes de l'Autriche sur les résultats probables d'une guerre ; l'entrevue d'Erfurth détermina le cabinet de Vienne à prendre les armes contre Napoléon : aussitôt l'Angleterre contracta une alliance offensive et défensive avec l'Autriche, appuyée sur des subsides. On savait aussi que depuis la guerre d'Espagne de grands mécontentements existaient dans l'empire français contre l'ambition insatiable de Bonaparte ; plusieurs ministres, tels que Fouché et M. de Talleyrand, prévoyaient les chances possibles de la mort ou d'un renversement de l'empereur. Quand des généraux comme Bernadotte étaient en disgrâce, on pouvait bien supposer qu'au cas possible de la mort de Napoléon, ou bien d'une révolte militaire, ce vaste empire formé par un seul homme tomberait en décadence et en pleine dissolution. Le plan de l'Angleterre fut dès lors formulé sur ces bases : en même temps que l'Autriche prendrait l'initiative de la guerre par un immense déploiement de force, on débarquerait un corps anglais en Hollande, afin d'entraîner un rapide soulèvement populaire. Ce qui importait spécialement à Lord Castlereagh, c'était de détruire l'arsenal et la flotte d'Anvers, comme on avait naguère capturé la flotte danoise. Castlereagh, en sa qualité de ministre de la guerre, fit donc d'immenses préparatifs destinés à l'expédition de Walcheren. Faut-il le dire? ici commence la trahison de M. Canning, par rapport à son pays, par rapport à son collègue ; il est incontestable que M. Canning fournit des renseignements à Fouché pour l'instruire des desseins de lord Castlereagh ; lorsque la jalousie vient au cœur, elle n'écoute rien. Et quant à ce qui touche son collègue, Canning engagea lord Portland à se débarrasser de lord Castlereagh comme d'une tête dure, inflexible, incapable de conduire le département de la guerre, ou de diriger et de soutenir un débat. Au parlement, M. Canning voulait dominer le parti tory, et lord Castlereagh était un obstacle à ce dessein d'ambition.

L'expédition de Walcheren échoua ; les explications durent suivre entre les deux collègues. Dans les catastrophes il y a toujours des paroles amères, parce que nul ne veut en supporter les conséquences. Un mouvement d'opinion se souleva contre Castlereagh, dénoncé comme un ministre incapable par les whigs : comment se faisait-il qu'une belle armée anglaise était venue s'engloutir dans les misères et dans les maladies? Lord Castlereagh dut se justifier, et comme l'orage grondait avec violence, il lui fut désormais impossible de garder un portefeuille ; mais sa lettre, vive, colère, irritée, accusa hautement Canning, si ce n'est de trahison, au moins de menées sourdes, déloyales, qui avaient amené les désastres. Canning répondit, d'une façon embarrassée, par des détails sur les retards que le départ des troupes avait éprouvés, sur la fausse direction des dépêches; il ne fut incisif et ardent que dans les récriminations personnelles contre Castlereagh; et celui-ci, fier et hautain, provoqua son adversaire en duel. Il revenait à la première et poétique manière de son existence, aux souvenirs de sa vie de jeune homme si excentrique sur les bords du lac de Foyle; là aussi il avait eu un duel à la mode des Scandinaves. Ministre sérieux et réfléchi, il crut que dans les questions personnelles il n'y avait d'autre moyen de finir une rivalité que par un duel d'homme à homme. Canning et Castlereagh se battirent au pistolet. En Angleterre on meurt pour une idée, pour un système; tous deux braves ne reculèrent pas devant une rencontre. Castlereagh fut plus heureux, et Canning tomba grièvement blessé. Néanmoins, la démission du ministre secrétaire d'état fut acceptée; Canning demeura maître de son portefeuille, et lord Portland continua ce système mitoyen qui avait amené la rupture entre ses deux collègues.

Telle est quelquefois la situation des partis et des affaires, qu'en dehors d'un cabinet on a souvent plus d'importance que dans un ministère. Or, l'attitude ferme, inflexible, de lord Castlereagh, dans ses haines implacables contre la France, lui assurèrent cette domination au sein du parti tory, que Canning espérait en vain. Les Wellesley, alors si puissants par le duc de Wellington, lui firent partager leur crédit, et Castlereagh suivit dans le parlement cette conduite d'énergie politique qui prépare la chute de toute idée mitoyenne. Le ministère de lord Portland et de M. Canning avait encore fait quelques démarches pour la paix avec Bonaparte ; Castlereagh s'y opposa constamment. D'accord avec les ministres, chaque fois qu'il s'agissait de mesures répressives ou d'un mouvement d'opinion favorable aux conservateurs, il les combattit quand, oubliant ce rôle, les ministres faisaient des concessions au wighisme ou à l'idée de paix ; il grandit toujours par cette conduite habile, et lorsque la mort fatale de M. Perceval amena la dissolution du ministère, le parti tory représenta lord Castlereagh pour le poste de ministre des affaires étrangères, à la place de M. Canning.

La situation de l'Europe imposait alors à l'Angleterre un rôle dessiné et constamment énergique. Sans que la guerre fût prête à se réveiller sur le continent, il y avait partout des éléments d'une conflagration universelle ; l'Espagne avait donné le signal de l'indépendance, et les armées anglaises s'y déployaient depuis Lisbonne jusqu'à Cadix. Immédiatement après son arrivée aux affaires étrangères, lord Castlereagh eut à s'expliquer sur la question de paix et de guerre avec la France. A la veille de se jeter dans son expédition de Russie, Bonaparte, afin de constater son désir pacifique, et comme un leurre jeté à l'opinion, fit écrire par M. Maret à lord Castlereagh, pour lui proposer, disait-il, la paix à des conditions simples qui se traduisaient par les points suivants : A Naples et à Madrid, la dynastie actuelle ; en Portugal et en Sicile également la dynastie régnante (sans autre explication). Engagé fortement avec la Russie, lord Castlereagh n'avait aucune envie de traiter, et ce fut sans doute une raillerie de sa part de poser à M. Maret la question suivante : « Avant tout, il est besoin de savoir de quelle dynastie il s'agit : En Espagne, est-ce de Ferdinand VII ou de Joseph Bonaparte? A Naples, est-ce la maison de Bourbon ou Murat, qui est la dynastie actuelle? » Et comme M. Maret répondit qu'il s'agissait de S. M. don Joseph et de S. M. Joachim, lord Castlereagh déclara avec un juste orgueil que toute démarche ultérieure était inutile, parce qu'il ne s'agissait pas de ces usurpateurs, mais bien des rois légitimes d'Espagne et de Naples, avec lesquels seuls la Grande-Bretagne était en rapport.

La politique de l'Angleterre prenait donc une attitude plus ferme par l'avénement du chef du torysme actif sur toutes les relations de l'Europe. Quand Bonaparte développa son aventureuse expédition contre la Russie, lord Castlereagh porta son attention la plus vive, la plus réfléchie, sur la Porte et la Suède, qui pouvaient agir si puissamment. Le caractère brusque, impératif de Bonaparte avait fait échouer les négociations pitoyablement engagées par les agents de M. Maret ; lord Castlereagh, plus heureux et plus habile, alla droit à son but vis-à-vis de Bernadotte et de la Porte ; il savait le prince royal de Suède mécontent de la hauteur de Bonaparte, il lui proposa des subsides pour garder une exacte neutralité, en se réservant toutes les chances de l'avenir. Dans ses rapports avec l'Europe, la diplomatie anglaise fut encore plus habile en préparant la paix de Bukarest, qui laissait au czar Alexandre toutes ses forces disponibles. C'était admirablement attaquer la puissance de Napoléon que de lui enlever des alliances nécessaires en assurant une double force à son ennemi. La paix de Bukarest donna au czar toute liberté de déployer cette armée qui vint prendre Napoléon par son flanc, et l'enserrer dans ses vastes replis. La neutralité de la Suède permit à la Russie la disposition de ses forces par Riga, circonstance qui aida plus qu'on ne croit la défection de la Prusse en 1815.

L'active capacité de lord Castlereagh, cette énergie d'unité qui domine son caractère, se manifeste surtout dans le mouvement européen qui prépara la chute de Napoléon. En 1815, le continent entier est rempli d'agents anglais, ils sont partout, à Vienne, à Berlin, à Stockholm et jusque dans les sociétés secrètes d'Allemagne ; les tories s'aperçoivent que le moment est venu d'agir avec vigueur et d'en finir avec la puissance qui les a si longtemps menacés. Jamais le parlement ne présenta un spectacle plus animé, plus national, un dévouement plus unanime pour la cause de la vieille aristocratie anglaise ; nul sacrifice ne coûta ; les subsides furent accordés à pleines mains. Les désastres de Moscou avaient enflammé toutes les âmes. Avec ce mot magique de *délivrance*, on réalisa la pensée la plus hostile contre Napoléon ; des traités d'alliance et de subsides furent conclus par lord Castlereagh avec presque toutes les puissances, et afin de personnifier plus complètement son système, le ministre désigna son propre frère sir Charles Stewart, avec une mission spéciale auprès de la Prusse et de la Suède. Sir Charles Stewart, aujourd'hui marquis de Londonderry, nommé commissaire près les armées anglaises, a publié lui-même ses dépêches, adressées à celui qu'il appelle son illustre frère. Les commissaires anglais, tous avec des missions de guerre et de politique, sont à la fois militaires, agents négociateurs et commandants d'armées. Il faut lire dans ces dépêches les pénibles efforts de sir Charles Stewart pour amener un peu d'unité dans les camps de la coalition. Comme l'Angleterre payait de droite et de gauche les armées avec une indicible libéralité, elle voulait conserver la direction politique des événements ; et comme cette suprématie trouvait des obstacles dans les calculs et l'amour-propre, il fallait perpétuellement discuter avec les généraux en chef et le gouvernement. Jeune encore, sir Charles Stewart à l'esprit ardent, un peu fier de sa naissance, avait à négocier surtout avec Bernadotte, qui à travers sa fausse position conservait une certaine dignité personnelle. De là, cette incessante dissidence d'opinions, ces querelles même qui amenèrent souvent l'intervention politique et modérée du commissaire russe, le général comte Pozzo di Borgo (1). Sir Charles

(1) Voyez l'article de M. Pozzo di Borgo.

Stewart ayant conçu des défiances contre Bernadotte, sans doute avec raison, le suivait de près ; et sa haute position de frère et d'homme de confiance du premier ministre anglais, lui créait une supériorité incontestée dans toutes les négociations. L'attitude de l'Angleterre alors était si fière ! je ne sache pas d'époque, dans l'histoire des empires, plus magnifique d'énergie que celle de l'Angleterre depuis 1792 jusqu'en 1814, et cette énergie prépara le réveil de l'Europe contre Napoléon ! Castlereagh en fut l'âme, car les éléments dont se composaient alors le ministère anglais s'étaient assouplis sous sa main : quand il y a un caractère de force quelque part, tout ploie sous son influence, car il faut bien que la supériorité se proclame. Lord Liverpool était sans doute un homme considérable, et il tenait officiellement la première place dans le cabinet ; mais Castlereagh, au moment où l'Europe se réveillait, donna une si vigoureuse impulsion à la diplomatie anglaise, que bientôt elle domina le monde. Or, voici quelle fut son immense tâche.

L'Europe, avec sa pensée dominante d'agir contre Bonaparte, n'avait ni argent ni crédit, à ce point que la Prusse, par exemple, ne pouvait disposer d'un million de florins ; l'Angleterre non seulement fournit des subsides, mais encore des moyens d'emprunts : elle cautionna la Prusse, l'Autriche, la Suède, la Russie, prenant sur elle-même le crédit du monde. Ces subsides, elle ne les payait pas toujours en argent, elle envoyait des armes, des habits, des munitions ; et cet effort extraordinaire employait ses machines, faisait travailler ses ouvriers et donnait à sa navigation un mouvement immense. Sa libéralité inépuisable imposait en échange l'abaissement des tarifs, la libre entrée de ses marchandises, regagnant ainsi les avances qu'elle faisait. Pour s'en convaincre, il faut consulter le cours du change, presque toujours favorable à Londres : c'est à dire, que tout en ayant l'air de fournir de l'argent, il ne s'agissait que d'un simple revirement de fonds ; Hambourg, Francfort, Vienne, Berlin, devaient à Londres, et l'emprunt se compensait ; prodigieuse force du principe commercial, magnifique puissance d'un état aristocratique dirigé par l'intelligence !

Le principal but que se proposait lord Castlereagh, c'était d'amener l'unité persévérante dans la coalition européenne : pensée de M. Pitt et labeur de sa vie ; l'homme d'état avait échoué tant de fois dans son œuvre ! La faiblesse de l'Europe contre Bonaparte résultait toujours de ses divisions, de ses luttes d'intérêts, et de la séparation des cabinets les uns des autres : il fallait donc les réunir dans une cause commune, et ce n'était pas la tâche la moins difficile. Si on pouvait compter sur la Russie fermement décidée à aller jusqu'au bout contre Napoléon, si l'esprit national se manifestait dans la Prusse pour activer la chute de l'empire, trouverait-on le même concours, le même dévouement absolu de la part de l'Autriche et de la Suède sous Bernadotte ? Que d'obstacles et d'oppositions lord Castlereagh n'eût-il pas à surmonter durant cette année 1813, au moment de l'armistice de Plesswitz et du congrès de Prague! A chaque instant c'étaient des discussions nouvelles, et la coalition était toujours prête à se dissoudre par la tendance égoïste des intérêts privés; quant à lui, il n'avait qu'une seule idée, qu'une préoccupation unique : la chute de Napoléon, la dissolution de l'empire français, et nul ne sait la puissance d'un homme qui vit avec une pensée et la poursuit jusqu'au bout. C'est cette pensée absorbante de lord Castlereagh qui amena la dissolution du congrès de Prague : il enlaça M. de Metternich d'une manière plus ferme dans la coalition ; il fut comme le chasseur intrépide qui sonne le halali, à la poursuite du glorieux cerf aux abois.

Le plan si vaste de lord Castlereagh reposait sur deux combinaisons : énergie des gouvernements pour activer la marche des armées, soulèvement des populations pour seconder l'action des cabinets. L'impulsion de guerre venait de la Russie : il la laissa marcher et se développer, car cette grande puissance entraînait avec elle-même la Prusse et l'Autriche, et cet effort était suffisant pour la délivrance de l'Allemagne. Au nord maintenant, il faut pousser la Suède à se montrer sur le champ de bataille, et, avec elle, le Danemarck et la Hollande. C'est donc vers ce point que tous les efforts se portent, et de là la mission de sir Ch. Stewart et du colonel Graham. Un soulèvement sera facile pour les populations belges et hollandaises opprimées, et la maison d'Orange sera restaurée par un mouvement populaire. Au midi, les armées se développent par le Portugal et l'Espagne, elle prend la France par ses deux points extrêmes. C'est sa politique de tous les siècles : il lui faut une influence en Portugal, en Espagne, en Belgique ; par ce moyen elle empêche la France de se mouvoir dans sa sphère commerciale et diplomatique. Les hommes d'état, en Angleterre, dans quelque situation qu'ils soient placés, ne perdent jamais de vue les traditions héréditaires de la diplomatie ; un plan se transmet à travers les générations, ainsi que dans notre monarchie, en d'autres temps, sous les rois et les grands ministres. Là, rien ne s'improvise ; comme tout vient de loin, tout va loin, et l'on trouve l'Angleterre au dix-neuvième siècle avec les mêmes desseins qu'au seizième.

Cependant la tâche de lord Castlereagh devenait d'autant plus difficile, qu'à mesure que les armées alliées s'approchaient de la France, les intérêts devenaient plus personnels et plus divisés : l'Autriche voudrait-elle renverser Bonaparte et l'empereur François II sacrifierait-il son gendre ? La Russie allait-elle consentir à l'agrandissement de la Prusse et de l'Autriche, dans des proportions considérables ? Et en tout cela quelles seraient les compensations de l'Angleterre ? Telles étaient les difficultés qui a chaque pas s'élevaient, depuis que les armées de la coalition avaient salué le Rhin. Alors, et pour sonder les dispositions du ministre anglais, le comte Pozzo di Borgo fut envoyé à Londres, avec le dessein fixe d'entraîner lord Castlereagh sur le continent ; sa présence y devenait indispensable dans ce hérissement de pensées et pour les concilier toutes. L'Angleterre seule pouvait resserrer ce faisceau de tant de forces prêt à se dissoudre. Lord Castlereagh vint sur le Rhin pour s'aboucher avec les lords Aberdeen, Cathcart et sir Ch. Stewart, son frère ; dès lors la légation anglaise fut complète et prépondérante. L'intervention de lord Castlereagh sur le continent, je le répète, était nécessaire pour fortifier les liens de cohésion entre les divers cabinets, et surtout pour faire dominer cette pensée, qu'il n'y avait aucun traité possible avec Napoléon. Dans des conférences du prince de Metternich avec M. de Saint-Aignan à Francfort, la légation anglaise avait remarqué une certaine tendance des alliés vers une solution pacifique, qui laisserait à la France les frontières du Rhin, et par conséquent la Belgique : abandonner Anvers à la France, jamais l'Angleterre ne l'aurait souffert, elle qui convoitait depuis de longues années la flotte, et le grand arsenal ! combien d'expéditions n'avait-elle pas entreprises dans ce but !

L'opinion de Castlereagh fut donc inflexible : la France devait être réduite à ses anciennes limites, et de là naquit pour lui la conviction profonde qu'avec les anciennes frontières il fallait l'ancienne dynastie. Ce n'était pas que lord Castlereagh eût pris des engagements avec la maison de Bourbon ; le parti tory pouvait voir la restauration de Louis XVIII comme une solution souhaitable dans le bouleversement de l'Europe, mais il n'en faisait pas une condition nécessaire de la paix générale; l'intérêt égoïstement anglais le dominait trop. Cette conviction se révèle dans la correspondance de lord Castlereagh avec les princes français réfugiés en Angleterre : s'il peut insinuer à M. le comte d'Artois et au duc d'Angoulême de se rendre sur le continent, il n'approuve pas officiellement leur conduite; il se garde de poser la restauration comme une condition absolue du rétablissement de la paix. Ceci explique la conduite du duc de Wellington après le passage des Pyrénées : il tolère la présence du duc d'Angoulême au midi; mais le drapeau blanc ne sera pas encore arboré, car lord Castlereagh s'est complétement engagé dans les négociations de Châtillon.

Dans ces conférences si fatales pour nous, la prépondérance du ministre anglais se manifeste à son plus haut degré. Comme l'Angleterre dispose des subsides, elle demeure pour ainsi dire maîtresse du mouvement des alliés, et souvent lord Castlereagh parle et décide en maître. Aux premières hésitations de l'Autriche, le ministre déclare que l'Angleterre ne garantira plus les emprunts faits par le cabinet de Vienne, s'il traite séparément; et il est secondé dans son dessein d'unité contre Bonaparte par le général Pozzo di Borgo qui ne l'a point quitté depuis son voyage de Londres. D'ailleurs, l'esprit de lord Castlereagh, inflexiblement logique, ne croyait pas possible à ce moment de traiter avec Bonaparte. Pouvait-on se reposer tant qu'il aurait la couronne au front? N'était-ce pas une lutte incessante et répétée? Aussi la maxime du parti tory « l'ancien territoire avec l'ancienne dynastie, » formait-elle sa conviction d'homme d'état.

Durant les conférences de Châtillon, Castlereagh, sans caractère diplomatique reconnu, domina néanmoins toutes les résolutions du congrès ; il fut le principal auteur du traité de Chaumont qui plaça la direction militaire de la campagne sous l'influence anglaise, unique exemple du pouvoir que peut exercer un gouvernement commercial financier et sur la force des armes. L'Angleterre n'avait presque pas de soldats à elle, et remuant un million d'hommes, par la seule action de ses subsides, elle les façonnait et les dirigeait dans son intérêt national et exclusif. Là, il fut admis en principe que la France serait réduite à ses anciennes limites ; et le but de l'Angleterre se réalisa, car Anvers nous fut arraché : son vaste arsenal cessa d'être menaçant, et la flotte même dut être partagée. On peut dire que le traité de Paris en 1814, conséquence de la convention de Châtillon, fut en quelque sorte l'accomplissement de la pensée du torysme, à savoir : reconstruction de la maison d'Orange, avec un territoire s'étendant jusqu'à nos frontières ; la Prusse forte et agrandie ; l'Autriche prépondérante pour le midi de l'Allemagne, et toutes deux barrières opposées à la Russie ; puis, au-dessus de tout, la suprématie maritime et commerciale de l'Angleterre, à ce point que, dans les conventions secrètes de 1814, lord Castlereagh exigea impérativement la rupture du pacte de famille entre les diverses branches de la maison de Bourbon, dans le dessein d'assurer sa domination sur l'Espagne comme sur la Hollande.

Il semble qu'après cette pénible et inflexible lutte contre Bonaparte, lord Castlereagh pouvait enfin se reposer en pleine sécurité; il n'en fut rien : car à peine l'immense colosse était-il brisé, que des dissensions intestines s'élevèrent au milieu de cette coalition qui avait remué le monde. A Vienne, ces intérêts s'agitèrent sourdement : les questions de la Saxe, de la Pologne, de l'Italie, vinrent profondément inquiéter lord Castlereagh. Certes, durant la longue période de la révolution française, l'Angleterre avait joué le rôle principal, et sa seule persévérance avait sauvé le continent d'une oppression universelle ; mais en diplomatie comme en politique, il s'agit moins des services anciens que des situations nouvelles ; l'Angleterre s'était trop mêlée des intérêts continentaux pour ne pas s'en inquiéter encore, et quand il s'agit de la Pologne, lord Castlereagh, se trouvant en opposition avec le cabinet de Pétersbourg, ne se contint pas dans l'expression de ses mécontentements sur la suzeraineté polonaise que voulait se réserver l'empereur Alexandre. Nul ne possédait mieux que lord Castlereagh la fermeté de caractère sous les formes les plus polies, condition d'un véritable gentleman; il fut admirable de tenue, et l'on peut dire de noblesse dans ses conférences intimes avec Alexandre, au milieu des splendides salons de Vienne.

Aucune aristocratie de l'Europe n'est plus magnifique que

celle de l'Angleterre : les réceptions de lady Castlereagh à Vienne, plus somptueuses que celles de l'empereur d'Autriche même, offraient tous les plaisirs, toutes les distractions; et lady Castlereagh, femme de prodigieusement d'esprit, aidait la diplomatie de son mari. Les manières un peu hardies, un peu présomptueuses de sir Charles Stewart, frère de lord Castlereagh, étaient corrigées par la douceur étudiée du comte d'Aberdeen et les prodigalités militaires de lord Cathcart, et l'on citait les soirées de la légation anglaise comme les plus brillantes au milieu même de celles des souverains. Toutefois, lord Castlereagh n'était pas content de la tendance spécialement russe du congrès ; il avait profondément étudié le caractère d'Alexandre, et il ne lui échappait pas qu'à travers ce mysticisme religieux qui se développait sous le charme de Mme Krudner, il y avait des pensées vastes, des ambitions infinies. Placé à ce point de vue, il avait naturellement conclu que si la politique anglaise avait sauvé le continent de la puissance absorbante de Bonaparte, il fallait aujourd'hui prévenir un nouveau danger et empêcher l'influence trop absolue de la Russie sur les destinées du monde, afin qu'échappant ainsi à un péril, on ne se trouvât pas jeté dans un autre. Ce sentiment commun rapprocha lord Castlereagh, M. de Metternich et M. de Talleyrand, tous également convaincus que ce n'était pas trop de l'union des trois grandes souverainetés pour s'opposer aux projets de la Russie. Les mécontentements grandirent tellement pen-

reagh et le duc de Wellington se partagèrent les rôles : l'un dirigeait les débats du parlement, l'autre organisait l'armée. Il fallut encore d'immenses subsides pour soulever de nouveau la coalition, et faire mouvoir un million d'hommes contre le glorieux aventurier qui, d'une seule enjambée, arrivait du golfe Juan à Paris. Lord Castlereagh avait voué une haine implacable à toutes ces dynasties ridicules qui s'abritaient sous le manteau de Bonaparte; et il révéla au parlement les correspondances de Murat avec l'empereur, voulant ainsi préparer la chute de ce roi de mélodrame, qui paradait au milieu des lazzaroni, au palais de Portici ou à la Villa Réale. Dans les séances orageuses des chambres, lord Castlereagh déploya toujours cette ténacité de principes, cette fermeté de volonté, qui l'avait soutenu pendant la crise de la période impériale. Il puisait même dans cette situation l'orgueil d'un homme d'état qui a réalisé une grande chose pour son pays : la suprématie était désormais à l'Angleterre; aucune nation ne pouvait lui disputer le sceptre des mers; les Américains, un moment en guerre avec elle, venaient de conclure la paix, et toutes ces causes triplaient la puissance de la nation anglaise.

Dans la lutte que lord Castlereagh engage hardiment contre le géant qui s'élance de Notre-Dame sur la frontière belge, il ne se préoccupe que d'un seul dessein : en 1814, il a fait quelques concessions à la France; il a cru tout finir en lui assurant ses anciennes limites, agrandies de la Savoie et du comté Venaissin sous sa vieille dynastie, et il s'aperçoit que cette œuvre est tombée ; il en conclut que cette puissance de la France est encore trop grande, trop dominatrice sur le continent ; et afin de s'assurer les applaudissements de l'Allemagne, l'appui de la Prusse, il entre sans hésiter dans toutes les haines que la Germanie nous a vouées. Waterloo a mis la France sous la direction spéciale des Anglais et des Prussiens ; en dehors de l'influence russe ; dès lors la pensée de lord Castlereagh peut éclater, et son système recevoir sa pleine exécution. Tout entier lié de principes avec le duc de Wellington, il lui communique ses vues sur l'avenir de la France : il faut d'abord que le système ministériel soit purement anglais ; d'intelligence avec M. de Talleyrand à Vienne, ce sera lui qui sera premier ministre ; les tories n'aiment pas les révolutionnaires français ; mais comme ceux-ci s'adressent les mains jointes aux Anglais, comme les patriotes sous l'égide de Fouché et de la chambre des représentants s'agenouillent devant le duc de Wellington même pour obtenir un prince étranger, Fouché sera imposé au ministère avec M. de Talleyrand.

Ceci n'est encore que la première partie du système. Lord Castlereagh s'est aperçu que la force matérielle de la France est trop considérable dans la balance de l'Europe ; la Belgique n'est pas assez couverte ; il faut adopter une autre ligne de frontières pour prévenir toute irruption sur ce point. Comme l'Angleterre veut s'assurer l'opinion allemande, lord Castlereagh appuiera au besoin la cession de l'Alsace et de la Lorraine à la confédération germanique. De là ces notes de l'Angleterre si inflexibles, et la nécessité pour la France de recourir à l'empereur Alexandre afin d'obtenir de meilleures conditions après ses immenses malheurs.

A l'égard de Bonaparte, lord Castlereagh développa la ténacité de son caractère. En 1814, il avait repoussé la pensée d'une souveraineté indépendante à l'île d'Elbe; aujourd'hui, ce même Bonaparte est dans ses mains. Ce ne fut pas un mouvement libre, spontané, comme l'a dit l'histoire vulgaire, qui entraîna Napoléon, après son départ de Rochefort, à venir se placer sous la générosité de la protection britannique. Bonaparte savait trop bien qu'il y avait là un caractère impitoyable et une nation irritée contre lui. Quand il vint à bord du vaisseau de guerre anglais, c'est qu'il ne pouvait plus échapper aux croisières : autour de lui étaient mille navires, et les marins peut-être lui auraient fait un mauvais parti en souvenir du supplice du capitaine Wright mort si étrangement au temple. Sa lettre au prince régent ne fut qu'une manière d'échapper à sa destinée, en se posant comme un homme libre, lorsque, quelques heures plus tard, il n'eût plus été qu'un prisonnier de guerre. Une fois Bonaparte embarqué sur le Bellérophon, lord Castlereagh se hâta de communiquer la nouvelle de cette capture aux plénipotentiaires des puissances, réunis à Paris, et alors naturellement il revint à son idée, caressée en 1814, de placer Napoléon sous la garde des alliés, dans un endroit assez éloigné du continent pour que désormais l'Europe n'eût plus à redouter un coup de hardiesse de Bonaparte. Ce ne fut point ici haine personnelle, sentiment d'animosité, mais le résultat d'une conviction profonde et réfléchie. Au reste, tout fut fait avec égard et convenance; nul ne fut plus boudeur, plus maussade, et je dirai même plus petit, que Bonaparte dans le malheur. Comment avait-il traité le duc d'Enghien? N'avait-il pas poursuivi et traqué Louis XVIII partout en Europe? Était-ce trop, le lendemain de son aventure des Cent-Jours, qui nous avait tant coûté, que de le placer dans un lieu sûr, d'où il ne pourrait plus tourmenter l'Europe? Bonaparte s'offense de ce qu'on ne lui donne pas le titre de majesté, de ce qu'on ne lui laisse pas la liberté de vivre bourgeoisement en Angleterre ou aux États-Unis (ce qu'il demandait aussi sincèrement que d'être juge de paix de son canton avant le 18 brumaire). Voyez-vous Bonaparte citoyen de Westminster ou de Charlestown! Après un si long drame, quand on n'a pu mourir, il faut savoir s'effacer. A Sainte-Hélène, Bonaparte n'eut pas la grandeur de ses souvenirs et de sa gloire, et j'aime à croire que ses flatteurs ont tronqué ses paroles dans les récits sur son exil.

Par le traité du mois de novembre 1815, complément des transactions de Vienne, l'Angleterre obtenait un magnifique lot. Au midi, elle s'assurait le Portugal et brisait le pacte de famille en Espagne; au nord, elle construisait sous son patronage un royaume hollando-belge aux mains du prince d'Orange, un de ses officiers généraux; elle avait la Prusse profondément liée à son système, l'Elbe pour lui ouvrir l'Allemagne, le Hanovre comme une annexe à sa couronne ; absorbant les comptoirs et les établissements français dans l'Inde, elle acquérait le cap de Bonne-Espérance, l'île de France et Ceylan, puis Malte et les Sept-Iles, dans la Méditerranée. C'était le plus haut point de puissance où il fût permis à un état de monter ; et ces résultats, c'était la fermeté de lord Castlereagh qui les donnait à l'Angleterre, car si l'opinion molle et décousue des whigs avait réussi, si la paix avec Bonaparte eût été signée d'après les conditions de Fox et de lord Grey, l'Angleterre aurait-elle atteint ce haut degré de force et de splendeur? Dans ces luttes mortelles, il fallait que l'un ou l'autre parti pérît, et Bonaparte succomba ; le captif de Sainte-Hélène s'en souvint dans ses haines, car il n'accuse jamais de sa chute que lord Castlereagh et l'aristocratie anglaise, qu'il voue à l'exécration des âges, sans doute pour avoir fait la grandeur de l'Angleterre, comme Napoléon avait rêvé les magnificences de sa nation et de sa race.

Dans la durée des états, il est généralement deux périodes : lorsqu'il y a une vive préoccupation de guerre à l'extérieur, il est rare que les partis remuent au-dedans ; la société violemment entraînée vers les grandes choses n'a pas le temps de voir ses plaies et d'approfondir ses douleurs intimes ; mais la guerre terminée, alors elle fait un retour sur elle-même et les partis sont en armes. Ainsi fut un peu l'Angleterre après le traité de Paris de 1815 ; il se manifesta dans son sein des troubles, des irritations. Il faut expliquer cette tendance. Qu'il y eût des souffrances dans les diverses classes des sujets britanniques, c'est incontestable ; ce malaise provenait de plusieurs causes ; les emprunts successifs avaient démesurément agrandi les impôts ; un état de vingt ans de luttes, ce passage rapide à la paix avaient blessé bien des intérêts. La guerre, en donnant une surexcitation à toutes les industries, avait employé des milliers de bras, car le commerce du monde demeurait aux mains de l'Angleterre. La paix ouvrait une large concurrence : la Grande-Bretagne, naguère seule sur les marchés, allait y trouver les Français, les Américains, et les débouchés ne seraient plus exclusivement ouverts à ses manufactures. Avec cela le paupérisme, considérablement agrandi, sorte de lèpre des populations, devenait la plaie profonde du gouvernement britannique une vermine sur les riches velours de ses lords.

Il s'était fait aussi dans les esprits un mouvement radical, profond : on ne remue pas un peuple, sans qu'il en reste quelque fermentation ; les doctrines révolutionnaires s'étaient placées sous l'égide de la réforme parlementaire ; ce cri de la réforme devint un prétexte aux agitateurs, et l'Angleterre se trouva couverte non point de sociétés secrètes, comme en Allemagne, car sur le sol britannique elles respiraient à l'aise, mais de clubs et d'ardentes tribunes qui retentirent par les pétitions. Il fallait donc déployer cette fermeté incessante, que l'inflexible caractère de lord Castlereagh pouvait seul opposer à des doctrines qui se manifestaient par des révoltes de quelques cent mille hommes réunis en tumulte dans les cités.

Indépendamment de ces difficultés intérieures, il y avait encore à l'extérieur des questions d'une nature non moins sérieuse. L'Europe, depuis 1792, n'avait été préoccupée que d'un seul danger : la prépondérance absorbante de la république et de l'empire de Napoléon. L'Angleterre, toujours à la tête du mouvement implacable qui poursuivait le pouvoir révolutionnaire en France, avait naturellement dominé toutes les transactions; l'Europe alors n'examinait pas si le cabinet de Londres allait se grandir trop démesurément dans cette protection des intérêts; Bonaparte faisait peur, et on recourait à la Grande-Bretagne pour le combattre. Mais une fois ce puissant colosse détruit, il se forma une politique continentale sous l'influence de l'empereur de Russie; de là tous ces congrès, annuellement répétés, qui venaient préoccuper la diplomatie, et, dans tous ces congrès, l'Angleterre ne pouvait prendre une part active et prépondérante. Les hommes d'état de la Grande-Bretagne, whigs ou tories, repoussent également les théories du pouvoir absolu; élevés dans les principes de la constitution de 1688, ils ne veulent pas, ils ne peuvent pas adopter les maximes du droit divin. Ainsi, lord Castlereagh même ne pouvait s'associer à tous ces manifestes, à toutes ces déclarations de principes que l'empereur Alexandre multipliait dans ses idées mystiques sur la sainte-alliance. Cette circonstance, il ne faut pas la perdre de vue dans les quatre dernières années de la vie de lord Castlereagh.

A peine la convention de 1815 était-elle signée, que l'Angleterre vit surgir dans son sein une formidable conspiration du radicalisme en armes ; ce n'était pas seulement quelques émeutes facilement réprimées, mais des masses de cent mille âmes qui brisaient les métiers, pillaient les maisons, comme si le sol tremblait pour engloutir la vieille aristocratie ; et cependant, tel est l'esprit d'ordre, de bonne tenue de la population anglaise, tel est l'ascendant des lois, que l'émeute n'y est pas dangereuse. Dans ces circonstances, l'esprit tenace, répressif, de lord Castlereagh se manifesta tout entier ; il vint demander sans crainte au parlement, la suspension de toute liberté, même de l'*habeas corpus*, garantie puissante du citoyen anglais. Les troupes, réunies pour frapper vigoureusement l'émeute, le firent sans pitié, parce que l'agitation était sans mesure. Combien d'accusations ne portèrent pas sur lord Castlereagh à la suite des troubles de Manchester et de Birmingham ? Les pamphlets le présentèrent comme un boucher de chair humaine ; et Byron laissa tomber quelques strophes sur la froide physionomie de lord Castlereagh. Fallait-il laisser périr l'Angleterre pour plaire à des poëtes ? Fallait-il seconder les desseins des brûleurs de métiers et des voleurs de maisons ? Lord Castlereagh ne fit que son devoir d'homme d'état ; il sauva la société, et que veut-on de plus ? au péril même de sa renommée ;

immense sacrifice de ceux qui se vouent aux idées d'ordre au milieu du désordre. Des bills fort vigoureux furent adoptés, sur la demande du ministère, contre les étrangers, et les fauteurs de troubles. Castlereagh se consacra dans le parlement à cette pénible tâche d'obtenir des mesures répressives; en Angleterre, il y a des ressources même dans les plus grands dangers, parce qu'il existe une école d'hommes d'état, celle des tories qui ne s'agenouille jamais devant des clameurs; l'émeute la plus terrible garde respect à la loi et s'arrête devant une sommation de constable.

Cette situation agitée dura près de cinq années; les comtés étaient en feu, et alors le procès de la reine devint le prétexte de ces soulèvements tumultueux. Nul ne put prendre intérêt à cette reine vieillie qui avait promené ses passions en Syrie, en Grèce, en Italie, avec cette insouciance anglaise qui est encore une excentricité. Tout le monde savait l'irrégulière conduite de la princesse de Galles, devenue reine par la mort de Georges III, et gardant auprès d'elle encore le complice et le témoin de ses excès, le beau et mâle Bergami, son chambellan d'honneur. Mais le parti radical n'y regardait pas de si près; ce qu'il voulait, c'était un prétexte pour soulever les esprits; il s'empara du procès de la reine afin d'amener des agitations et des désordres. Le parti tory, profondément pénétré des embarras de la patrie, et voulant, s'il était possible, épargner un scandale, fit proposer des transactions à la princesse : pourvu que son nom ne fût point invoqué dans la liturgie, elle serait reine, mais elle voyagerait incessamment avec une dotation considérable. Le parti radical consulté, la vieille reine se refusa à tout, et il fallut faire un procès immense, retentissant. Lord Castlereagh s'y décida avec une respectueuse et ferme énergie ; autant il avait été lent à se prononcer, autant il mit de vigueur dans la poursuite. Quand on voit l'angélique image d'Anne de Boylen à côté du grossier et sensuel Henri VIII, on sent un vif et puissant intérêt pour la victime ; mais que peut-on éprouver pour cette reine, vieillie dans une passion d'antichambre ?

Ici, en face de lui, Castlereagh trouva son ancien adversaire Canning, visant alors à l'extrême popularité, parce que ces sortes de caractères exagèrent tout. Canning se fit le chevalier de la reine, non pas qu'il l'estimât, mais parce qu'il y trouvait un moyen de violente opposition au ministère auquel présidait lord Castlereagh. Le procès commencé, on en vint aux débats ; et l'on sait les indécentes révélations des enquêtes, des témoins, pénétrant jusque dans les mystères de la chambre à coucher. C'est dans ce procès de la reine que grandirent les renommées oratoires de Brougham et de Canning ; leur popularité devint immense, et lord Castlereagh fut frappé d'une réprobation à laquelle les hommes d'état de quelque portée doivent s'accoutumer dans leur œuvre de peines et de soucis.

Tous ces événements intérieurs arrivaient à une époque

où l'Europe, encore agitée, se réunissait incessamment en congrès pour exposer des principes ou arrêter des résolutions communes. Depuis la déclaration de l'empereur Alexandre, désignée sous le titre de traité de la sainte-alliance, l'Angleterre avait pris une position à part : ses hommes d'état, et lord Castlereagh lui-même, avaient déclaré que les principes de cette convention étaient trop vagues pour que des ministres anglais pussent les admettre sous leur responsabilité légale. De cette première séparation avec l'Europe, il résulta deux politiques : l'une russe, qui domina presque entièrement les congrès ; l'autre anglaise, et opposée à toute délibération commune sur des intérêts maintenant divisés.

C'est en se posant de cette manière que lord Castlereagh assista aux congrès de Troppau et de Laybach ; il en signa les protocoles, sans adopter le système de la sainte-alliance, mais comme conséquence des traités de 1815 et des articles du congrès de Vienne. Dans ses causeries avec M. de Metternich, lord Castlereagh avança ce principe : que si l'Europe pouvait franchement s'entendre pour réprimer des troubles attentatoires à la sûreté des couronnes, elle ne devait et ne pouvait pas se mêler des modifications qu'un peuple pouvait faire à son gouvernement intérieur par une volonté libre, spontanée. Cette déclaration se rapportait à trois questions d'une nature fort sérieuse qui surgissaient alors : 1° la séparation des colonies espagnoles d'avec la mère-patrie ; 2° les troubles de la Grèce ; 3° la révolution d'Espagne. L'émancipation des colonies espagnoles, ancienne de date, avait pour origine les intérêts commerciaux de l'Angleterre, qui veulent incessamment être satisfaits ; les débouchés de la paix devaient remplacer ceux de la guerre ; il fallait un monde nouveau pour l'inonder des produits manufacturés ; sous ce rapport, l'émancipation des colonies espagnoles assurait des marchés à l'Angleterre, devenue favorable dès lors à leur indépendance ; ses consuls résidèrent, avec leur exequatur, dans ces colonies. Lord Castlereagh se trouvait donc dans une position délicate au moment des agitations de l'Angleterre ; car d'une main il favorisait la sédition des colonies, et de l'autre il réprimait violemment les troubles des comtés.

Partisan de l'émancipation des colonies, lord Castlereagh ne dut avoir aucune répugnance pour le gouvernement des cortès à Madrid : ce qui importe à l'Angleterre, ce n'est pas la forme du pouvoir qu'adopte un peuple, mais la tendance de ce pouvoir par rapport à elle-même, à ses intérêts ; rarement elle brise une lance pour une idée chevaleresque ; whigs et tories ont ce même esprit d'égoïsme national qui n'est au fond que le patriotisme ; avec cette doctrine que l'Angleterre ne doit point se mêler de la forme intérieure des gouvernements, la place reste large pour se décider selon les intérêts. Quant à ce qui touche l'émancipation grecque, lord Castlereagh la voyait sous son véritable point de vue, sans faiblesse comme sans aucune sentimentalité, en laissant la question sur le terrain russe et ottoman : émanciper la Grèce, c'était agrandir les destinées de la Russie, lui ouvrir les portes du Bosphore, refouler les Turcs en Asie ; et cette politique était fausse, puérile, pour l'Angleterre ; son intérêt, au contraire, était de protéger l'empire ottoman par le pavillon britannique, de développer ses forces et de se créer là une alliance pour son commerce.

Ainsi, tout à la fois donner un nouveau monde à l'industrie par l'émancipation des colonies espagnoles ; ne point s'inquiéter des révolutions de Naples et d'Espagne, mais surveiller la Russie en secondant la Porte ; telle fut la politique de lord Castlereagh dans les premières années qui succédèrent à sa vigoureuse lutte contre Napoléon.

Les troubles de la Grande-Bretagne se calmaient un peu lorsque l'Irlande vit surgir encore cette vieille guerre civile entre les orangistes et les catholiques, éternellement renouvelée comme entre deux races qui se détestent profondément. Tous les esprits graves sentaient qu'il fallait faire quelque chose pour les catholiques ; les causes de l'oppression cessant d'exister, l'Irlande ne pouvait être éternellement esclave. Lord Castlereagh connaissait bien cette contrée où il avait passé ses plus jeunes années. Toutes les fois que les affaires lui laissaient un peu de loisir, il allait visiter les antiques tours de Londonderry, les beaux lacs, les vieux pêcheurs que ses munificences aidaient pour la reconstruction de leurs villages ou de leurs bateaux, pour les dots de leurs filles, pour leur bien-être personnel. On discutait alors le bill d'admission des lords catholiques dans le parlement. Les orangistes s'y opposaient en Irlande ; ce bill, adopté par les communes, fut repoussé par la chambre des lords, et ici fut l'origine de ces troubles ensanglantés qui jetèrent l'Irlande dans tous les désordres ; le ministère se montra impitoyable, car le sang coulait à flots ; le gouverneur général, lord Wellington déclara enfin, que si l'on voulait sauver ce pays plus agité que l'Océan, il fallait le placer sous un régime vigoureux d'exception législative. Les antiques lois de la conquête furent réveillées contre les bandes de Whyte-Boys, qui, sous la blanche couleur, désolaient la contrée par leurs émeutes. Peu à peu ces démonstrations s'apaisèrent par la vigueur de la pénalité.

Quand donc tout fut rentré dans l'ordre, le ministère de Castlereagh dut se préoccuper des souffrances des trois royaumes, et il le fit avec un grand dévouement. Une vérité historique, et les agitateurs devraient s'en pénétrer, c'est qu'ils sont la cause de la servitude de tous pour le plaisir si vain de quelques ovations pour eux-mêmes. Le despotisme ne vient qu'à la suite du désordre ; il y a plus de force dans la raison résignée que dans les bruyantes acclamations des places publiques. O'Connell me paraît l'homme destiné à amener l'asservissement absolu de l'Irlande ; il sera le bourreau de sa patrie pour un peu de vanité personnelle, pour les applaudissements de quelque cent mille âmes réunies autour des hustings. Les tories ont tout fait pour l'Irlande quand elle a été calme ; les Wellesley furent les promoteurs de l'émancipation des catholiques, et ils ne s'arrêtèrent point là.

Profondément pénétré de l'idée qu'il y avait souffrance réelle dans toutes les classes, lord Castlereagh développa son vaste plan d'économie avec toute la logique de Pitt dans son admirable budget de 1796. Partant de cette base qu'il y avait détresse dans l'agriculture et les éléments du crédit, Castlereagh alla droit aux retranchements; les dépenses de l'armée et de la marine furent réduites de deux millions de liv. sterl.; l'intérêt de la dette publique fut réduit de 5 à 4 p. 0/0; l'amortissement, en même temps, fut largement doté. Ces mesures permirent la diminution dans l'impôt, la suppression de toutes les taxes additionnelles et un système de prêts à l'agriculture au moyen de la banque, le grand instrument dont se servit Castlereagh pour faire des avances aux paroisses, et surtout aux producteurs de grains, de manière à en tenir toujours le taux abaissé : vigoureuse et dernière lutte que lord Castlereagh eut à soutenir dans cette session ! En même temps, il put s'apercevoir qu'à ses côtés s'accroissait immense la renommée de son vieil adversaire Canning. Celui-ci devenait l'homme de la popularité; il était caressé par la multitude; tandis que lui, Castlereagh, l'intelligence ferme et persévérante, qui avait remué le monde, sauvé l'Angleterre, était flétri par le cri de ce peuple qui brisait les panneaux de sa voiture. Se laisserait-il traîner à la remorque, lui, si fier, si hautain, par Canning, dans les voies illuminées de l'esprit révolutionnaire ? Rapproché de son ad-

remise, enfin finalement, sur l'émancipation des catholiques, Castlereagh ne put qu'une part secondaire dans ce débat, et il vit avec désespoir que, si à l'extérieur il était débordé par la sainte-alliance, en Angleterre, Canning devenait l'homme nécessaire, parce qu'il répondait mieux à la nouvelle situation libérale dans laquelle on s'engageait; il en manifesta à plusieurs reprises sa douleur. En Angleterre, où les questions de gouvernement s'adoptent comme une maison, où les convictions d'hommes d'état sont profondes, la mort d'un système, c'est pour ainsi dire la mort de l'homme : M. Pitt s'était éteint violemment à la nouvelle de la victoire d'Austerlitz, et Castlereagh était de cette noble école. Lui, qui avait commencé si poétiquement la vie, et n'avait craint ni le duel, ni la mer en furie dans son naufrage de l'île de Mull, ne devait pas redouter la mort. Comme il la voyait venir, son caractère était devenu plus irritable; à la chambre des communes, il s'était exprimé avec une aigreur, avec une fierté sombre, et je dirais presque qu'il avait pris en pitié cette opposition des whigs qui marchait vers de nouveaux orages. Il y a des temps où l'on veut tout en finir avec une situation qui vous pèse, avec des adversaires qui vous fatiguent; on leur dit son dernier mot à la face, et après ce dernier mot, l'on meurt sans regrets.

Castlereagh annonçait sa résolution de partir pour le continent, avec le désir, sinon d'assister au congrès de Vérone, au moins d'y voir les souverains réunis. Canning espérait qu'une fois sur le continent, son collègue donnerait sa démission, et que, par conséquent, il le laisserait maître des affaires. Les choses marchèrent plus vite : lord Castlereagh était souffrant depuis quelques jours; une grande irritation nerveuse se manifestait dans sa personne ; quelques paroles, çà et là jetées, faisaient entrevoir qu'il avait de sinistres desseins, et lorsqu'il vit le roi pour prendre congé, cette situation d'esprit n'échappa pas au monarque, qui l'estimait (1). Depuis ce moment, il se plaignit d'une oppression de tête. Le rapport de son médecin, M. Bankhead, affirme que, quand il le visita, il était calme, néanmoins avec quelques symptômes d'impatience et de caprice ; des phrases courtes et saccadées furent tout ce qu'on put en tirer ; il dit quelques mots sur les douleurs de la vie, ce qui fit craindre un suicide, et on le surveilla. Le lundi, 12 août (1822), tandis que son docteur entrait dans son cabinet de toilette, Castlereagh ne prononça que ces paroles : « Docteur, laissez-moi tomber sur votre bras, tout est fini. » Et, en effet, il tomba avec la pesanteur d'un cadavre. Le sang jaillissait à flots d'une blessure profonde qu'il s'était faite, avec une précision médicale, à l'artère jugulaire, au moyen d'un petit canif qu'il cachait dans un porte-lettres. Ainsi tout fut dit pour l'homme qui avait conduit si fermement l'Angleterre pendant dix années.

(1) Voir la lettre du roi à lord Liverpool.

Depuis, on voulut faire croire que lord Castlereagh était fou à lier ; les partis cherchèrent à constater que cette énergie de gouvernement tenait à une aliénation mentale : n'est-on pas toujours fou, quand on veut lutter contre eux avec vigueur ? Non, Castlereagh n'était point fou ; seulement, il eut cette douleur profonde de l'homme d'état qui, après avoir rempli un grand devoir, est méconnu et brisé à la fin de sa carrière. M. Pitt était mort à l'œuvre quand elle marchait à son accomplissement ; lord Castlereagh put la voir finie par la chute de Bonaparte. Mais à son tour il eut à lutter contre l'esprit révolutionnaire qui envahissait le monde ; Canning fut comme son mauvais génie ; et puisque dans une longue vie politique, ils se trouvèrent tous deux en face, on peut demander ce qu'ils firent pour l'Angleterre. Castlereagh lui donna cette haute domination qu'elle exerce partout : signataire des traités de 1815, il assura à son pays de vastes stations, des colonies, des mondes nouveaux ; et il fut obligé d'échapper par le suicide à la réprobation du peuple. Canning, le déclamateur, renégat des opinions de Pitt et menaçant tous les cabinets, n'osa même pas s'opposer à l'expédition d'Espagne de 1823 ; il eut pourtant une mort paisible, et conserva les applaudissements de tous. Hélas ! c'est que les hommes qui se consacrent avec dévouement aux affaires sérieuses de leur pays, sont en général persécutés, méconnus : pour le peuple, il faut faire moins de bien que de bruit. Disons néanmoins, à l'éloge de l'Angleterre, qu'elle revient maintenant aux hommes qu'elle a flétris ; les tories grandissent, parce qu'en eux est la capacité. Cette noble hiérarchie d'hommes d'état qui part de Pitt et de Castlereagh, pour s'étendre jusqu'à M. Peel, le comte d'Aberdeen et le duc de Wellington, est maintenant saluée comme l'école protectrice de la Grande-Bretagne, et l'on ne parle plus de Fox, de Sheridan, de M. Canning, que comme de quelques beaux diseurs qui ont amusé les longues nuits de la chambre des lords et de la chambre des communes.

FIN.

TABLE

	Pages
M. de Metternich.	1
M. de Talleyrand.	65
M. Pozzo di Borgo.	123
M. Pasquier.	191
Lord Wellington.	217
M. de Richelieu.	245
M. de Hardenberg.	275
M. de Nesselrode.	317
Lord Castlereagh.	359

FIN DE LA TABLE

ERRATUM.

Page 247 (art. *Richelieu*), lisez : 5 *et* 6 *octobre* 1789, au lieu de 5 et 6 octobre 1791.

Imprimerie Belin-Leprieur fils